江苏高校哲学社会科学研究重大项目

（2020SJZDA058）资助

休闲研究专著系列

中国城镇居民休闲消费潜力研究

刘　松　著

上海交通大学出版社
SHANGHAI JIAO TONG UNIVERSITY PRESS

内容提要

当前,居民消费需求正面临向休闲消费为主的转型升级。本书从休闲消费潜力视角切入,综合运用系统分析、比较研究、面板数据模型、地理加权回归模型以及空间分析方法,构建城镇居民休闲消费潜力影响因素的分析框架,同时结合社会经济生活的关键议题,探索住房价格和人口年龄结构影响休闲消费潜力的理论机制,实证研究其影响效应并进一步考察空间异质性特征,以期寻找城镇居民休闲消费潜力的有效释放路径。

本书适用于产业经济、消费经济、旅游、休闲及相关领域科研人员使用,也可作为高等院校相关专业研究生和本科生的教学参考书。

图书在版编目(CIP)数据

中国城镇居民休闲消费潜力研究/ 刘松著.—上海:
上海交通大学出版社,2020
ISBN 978‐7‐313‐23611‐1

Ⅰ.①中… Ⅱ.①刘… Ⅲ.①城镇—居民消费—消费
力—研究—中国 Ⅳ.①F126.1

中国版本图书馆 CIP 数据核字(2020)第 153247 号

中国城镇居民休闲消费潜力研究
ZHONGGUO CHENGZHEN JUMIN XIUXIAN XIAOFEI QIANLI YANJIU

著　　者:刘　松
出版发行:上海交通大学出版社　　　　　　　　地　　址:上海市番禺路 951 号
邮政编码:200030　　　　　　　　　　　　　　电　　话:021‐64071208
印　　制:常熟市文化印刷有限公司　　　　　　经　　销:全国新华书店
开　　本:710 mm×1000 mm　1/16　　　　　　印　　张:15
字　　数:183 千字
版　　次:2020 年 10 月第 1 版　　　　　　　　印　　次:2020 年 10 月第 1 次印刷
书　　号:ISBN 978‐7‐313‐23611‐1
定　　价:58.00 元

前　言

　　休闲消费几乎涵盖了居民食住等基础型消费外的所有内容,是居民消费的重要组成部分,一定程度上能够反映居民生活质量的高低。党的十九大报告指出,人民日益增长的美好生活需要和不平衡不充分发展之间的矛盾是新时代我国社会的主要矛盾。居民消费是满足人民美好生活需要的重要手段,同时人民日益增长的美好生活需要也正在并将继续引发消费方式发生革命性演化,进而推动消费结构的升级。适应人民群众日益增长的美好生活需要和解决社会主要矛盾的关键,即是实现居民消费结构转型升级,具体而言,就是要引导居民由传统消费转变为休闲消费等新型消费方式。因此,研究居民休闲消费潜力释放能够极大丰富消费经济学的理论成果,同时具有很强的现实指导意义。

　　本书综合运用系统分析、比较研究、面板数据模型、地理加权回归模型以及多种空间分析方法,对中国城镇居民休闲消费潜力展开研究。在分析我国城镇居民休闲消费演变特征基础上,通过构建休闲消费潜力评价指标体系对城镇居民休闲消费潜力进行综合测度和时空演化分析。基于城镇居民休闲消费潜力影响机理的探讨,实证研究住房价格波动和人

口年龄结构变化对城镇居民休闲消费潜力的影响,并进一步考察城镇居民休闲消费潜力影响因素的空间异质性。主要结论如下:

第一,近二十年来我国城镇居民休闲消费总量和结构均发生重要变化,这些变化呈现出明显的地区差异特征,同时具有一定空间相关性。休闲消费规模整体递增,不过休闲消费增长率逐渐放缓。休闲消费结构不断优化,其中教育文化娱乐、交通通信和医疗保健消费增速较快。交通通信消费地区差异较大,医疗保健消费差异较小。教育文化娱乐消费的空间交互作用相对明显。

第二,休闲消费能力、休闲消费支出和休闲消费环境能够综合反映和评估城镇居民休闲消费潜力水平。休闲消费支出在彰显城镇居民休闲消费潜力方面地位更加突出,不过休闲消费环境的重要性日益凸显。伴随休闲消费潜力水平不断提升,城镇居民休闲消费潜力出现阶段性演进,空间布局发生较大变化,类型归属出现相应调整。

第三,居民收入水平、居民生活成本、家庭固定资产、居民家庭负担和休闲消费意愿是影响休闲消费潜力的重要方面。由于我国现阶段人口政策出现调整,老龄化进程不断加快,住房价格和人口年龄结构成为影响居民休闲消费潜力的关键要素。机制分析认为,住房价格通过财富效应、挤出效应和抵押品效应对居民休闲消费潜力产生综合影响,人口年龄结构则基于生命周期假说和家庭储蓄需求模型的微观机制,以及通过休闲供给、产业结构、经济增长等外部因素影响居民休闲消费潜力。

第四,住房价格和老年抚养比正向影响城镇居民休闲消费潜力,然而少儿抚养比则具有显著负向影响。住房价格对休闲消费潜力表现出明显的财富效应和抵押品效应;老年人口增加有助于加速城镇居民休闲消费潜力的提高;子女数量增加对休闲消费潜力产生一定抑制作用。从区域比较结果来看,东部地区老年抚养比、中部地区住房价格和西部地区少儿抚养比的影响系数相对较大;泛长三角经济区少儿抚养比影响系数较大,而泛珠三角经济区住房价格和老年抚养比影响系数相对较大。

第五,城镇居民休闲消费潜力存在较为明显的省际空间差异。东部尤其是东南沿海地区城镇居民休闲消费潜力处于明显优势地位;休闲消费潜力空间格局由竖"川"字形向横"川"字形转变;城镇居民休闲消费潜力空间格局变中趋稳。从空间分布的方向性来看,南北走向省市城镇居民休闲消费潜力变化要快于东北—西南走向省市。

第六,住房价格和人口年龄结构对城镇居民休闲消费潜力的影响具有显著空间异质性。社会经济发达地区居民绝对支付能力相对较强,休闲消费潜力对住房价格上涨的敏感程度较弱。由于消费习惯和"养儿防老"观念等的作用,不同地区在少儿抚养比影响方面呈现差异性。社会经济欠发达地区老年人医疗保健等消费具有相对刚性,老年人口增加对休闲消费潜力的拉动效应较明显。然而随着休闲消费在人们生活中重要性的日渐凸显,住房价格和人口年龄结构对休闲消费潜力影响的空间异质程度将会相应减小。

目　录

图目录

表 目 录

第一章 绪 论

经济学上一般把投资、消费和出口比喻为拉动一国经济增长的"三驾马车",其中,消费需求对经济增长具有决定性作用。然而从最终消费率的变化轨迹来看,改革开放至今我国最终消费率基本呈现下滑趋势。根据历年《中国统计年鉴》数据可知,我国最终消费率由 1978 年的 61.4% 下降至 2016 年的 53.6%,尤其是 2008—2011 年间维持在 50% 以下,可见消费在我国国民经济发展中的基础性地位未得到良好体现,其根本性作用仍然没有得到发挥。值得关注的是,居民的消费潜力也没有完全释放,居民最终消费率持续低迷。世界银行 WDI 数据库统计显示,我国居民最终消费率由 1978 年的 48.8% 下降至 2015 年的 37.1%,降低了近 24 个百分点。通过与世界其他国家的比较可以发现,我国居民最终消费率远低于发达国家水平,如 2015 年美国居民最终消费率为 68.4%,较我国高出 31.3 个百分点;日本的居民最终消费率是 58.6%,亦高出我国 25.1 个百分点。国内外经济发展经验表明,消费率偏低将最终不利于经济的稳定增长和良性循环。因此,如何解决消费需求不足和提高居民消费率,进而扩大消费对经济增长的拉动作用,成为未来中国经济持续稳定增长的战略性问题。

值得欣慰的是,伴随国家宏观经济政策的适时调整,消费的基础性地位日益凸显。自 2000 年中央提出扩大内需长期战略方针以来,2007 年党的十七大明确要求转变经济增长方式,由主要依靠投资、出口拉动经济增长向依靠消费、投资、出口协调拉动经济增长转变。《中华人民共和国国民经济和社会发展第十二五规划纲要(2011—2015 年)》(简称《十二五规划》)强调,要建立扩大消费需求的长效机制,把扩大消费需求尤其是居民消费需求作为扩大内需的战略重点,从而进一步释放城乡居民消费潜力。2012 年党的十八大进一步指出,要使经济发展更多依靠内需特别是消费需求拉动。《中华人民共和国国民经济和社会发展第十三五规划纲要(2016—2020 年)》(简称《十三五规划》)提出,要适应消费加快升级趋势,以供给改善和创新更好地满足和创造消费需求,不断增强消费拉动经济的基础性作用。2017 年党的十九大和中央经济工作会议同样要求,要不断完善促进消费的体制机制,增强消费对经济发展的基础性作用。

消费的基础性作用如何有效发挥,能否找到居民消费的突破口和关键点,是摆在政府和学界面前的重要议题。党的十九大指出,在新时代背景下和全面建设小康社会的决胜阶段,人民日益增长的美好生活需要和不平衡、不充分发展之间的矛盾成为我国社会的主要矛盾。需要指出的是,休闲消费(Leisure Consumption)几乎涵盖了居民食住等基础型消费以外的所有内容,它是居民消费的重要组成部分,能够反映居民生活质量的高低。因此,人民对于美好生活需要的满足,在很大程度上可以通过休闲消费的水平和质量予以彰显和体现。大致可以判断,休闲消费可作为提升居民消费率和发挥消费基础性作用的重要突破口和关键环节,从而实现居民休闲消费对区域经济增长的拉动,不失为缓解新时代社会主要矛盾的主要手段和重要方式。

第一节　研究背景与意义

一、研究背景

（一）扩大休闲消费是我国经济发展进入新常态的必然要求

2014年5月,习近平同志在河南考察时首次提及"新常态"的概念,强调目前中国经济发展已经进入由高速增长向中高速增长转变,规模速度型粗放增长向质量效率型集约增长转变,要素投资驱动向创新驱动转变的新常态。新常态的本质是提质增效,然而其最终指向则是国民生活质量的提高和老百姓"获得感"的提升[1],这恰恰与居民消费水平和结构存在紧密联系。在经济新常态背景下,居民消费是国家和政府重点关注的内容,它逐渐成为未来经济增长的主要动力,对国民经济发展的贡献率将会稳步提升。为此,我国在宏观经济政策层面需要不断加强对居民消费的引导和推动。2018年下半年,中共中央、国务院发布《关于完善促进消费体制机制 进一步激发居民消费潜力的若干意见》,目标在于全面营造良好消费环境和不断提升居民消费能力,进而切实增强消费对经济发展的基础性作用。值得注意的是,我国最终消费率在近些年开始出现反弹势头,由2011年的49.6%提升到2016年的53.6%,居民最终消费率也由2010年的35.9%提高到2015年的37.1%。

休闲消费是指在闲暇时间进行的休闲产品和服务的消费活动,内容上包含了体育、旅游、家庭娱乐耐用消费品、享受型服务体验等满足健康娱乐的消费,知识技能学习活动等的满足发展需要层次的消费,以及满足

---

[1]　透过两会热词　看到"中国信心"(解码会内会外)[N/OL].人民日报.(2015 - 03 - 09).http://lianghui.people.com.cn/2015cppcc/n/2015/0309/c393682-26658031.html.

精神需要层次的消费活动。在经济新常态背景下,居民消费出现一定变化,模仿型、排浪式消费阶段基本结束,个性化、多样化消费渐成主流[1],消费结构升级逐渐成为我国未来扩大消费需求的有利因素之一[2]。可以看出,居民消费呈现的新特点和新变化与休闲消费的旨趣和内容有着密切关联。因此,扩大休闲消费需求,增加居民休闲消费总量,进而提高其在居民消费中的比重,成为我国经济发展进入新常态的必然要求。

(二)提升休闲消费是我国供给侧结构性改革的终极目标

经过全面调研和深入研讨,2017年党的十九大正式提出深化供给侧结构性改革的战略目标。具体来讲,就是要通过调整经济结构实现要素最优配置,使经济增长质量和数量得以提升,最终满足人们对于高质量消费的需求,从而实现供需有效平衡。也就是说,我国经济可持续增长目标的实现,需要从供需两端发力,不可偏废。

近些年,我国居民消费总量逐年上升,消费结构变化明显。彭博社2017年12月28日以《中国消费者如今已经统治了世界》为题报道称,我国最终消费总量占GDP的比重达63.4%,家庭消费出现迅猛增长,增至4.5万亿美元,零售销售以年均10%的增长率稳步上升。仅仅是2017年的"双11"购物节,我国零售业的销售额约合250亿美元,这一数字几乎是美国"黑色星期五"网络购物狂欢节销售额的五倍。从消费结构上来看,低端大众商品逐步退出市场,高端品牌产品正在实现替代,医疗保健、教育、娱乐、财务规划和旅游支出明显增加,居民休闲消费需求旺盛。然而值得关注的是,我国居民正在实现全世界范围的"采购",尤其是我国已经成为世界最大的奢侈品市场。同时,居民境外旅游支出大幅上升,世界旅

---

① 中央经济工作会议闭幕　首提经济新常态九大特征[EB/OL].搜狐新闻,(2014-12-11).http://news.sohu.com/20141211/n406872393.shtml.

② 汪伟.经济新常态下如何扩大消费需求?[J].人文杂志,2016,60(4):20-28.

游组织发布的《2016 年世界旅游的晴雨表》显示,2016 年中国出境旅游支出 2 610 亿美元,居世界第一。种种迹象表明,目前我国国内供给市场尚不能满足居民不断上涨的消费需求,尤其是不能充分满足多样化的休闲消费需求。因此,大力实施供给侧结构性改革,最终满足并全面提升居民休闲消费成为当前国家社会经济发展的重要任务。

（三）改善休闲消费是质量时代消费发展的应有之意

2014 年 9 月,李克强总理在"中国质量（北京）大会"上提出"质量时代"的崭新概念,认为这是一个营造"人人重视质量、人人创造质量、人人享受质量"社会氛围的时代。质量时代具有极为丰富的内涵,它对我国生产企业和服务行业提出了更高的要求,充分体现着人们对于美好生活的殷切向往。从物质需求上讲,人们日益增长的美好生活需要已经从原来的低质量、低工艺产品需要,转变为对高质量、高工艺产品的需要。相应地,要从过去保障基本物质文化需求转变到提供优质供给体系上来,进而满足人们的高质量消费需求。

从某种意义上讲,休闲消费水平和结构正是居民高质量消费需求满足的充分体现和集中反映,它是当代消费发展的重要趋势所在。根据国际经验,当一国的人均 GDP 达到 8 000～9 000 美元时,消费偏好和消费结构将会发生变化,消费需求的增长将从生存型、数量型向发展型、享受型转变。从世界银行发布的数据来看,2017 年我国人均 GDP 达到 8 643 美元,具备了进行高层次消费的物质条件,我国居民消费需求正面临向以休闲消费为主的转型和升级。因此,改善休闲消费是当前居民社会生活的基本诉求,它迎合了国家经济发展的宏大战略,也符合我国社会经济发展的主要目标,是质量时代我国消费发展的应有之意。

（四）发展休闲消费是全面建成小康社会的关键环节

在新世纪初,党的十五届五中全会提出,我国已经进入全面建设小康社会新的发展阶段。2020 年国内生产总值和城乡居民人均收入要比 10 年前翻一番,我国人民的生活水平和质量得到普遍提高,是全面建设小康社会的主要目标之一。党的十八大又进一步明确提出,要全面建成小康社会,人民生活水平全面提高成为"五位一体"战略部署①的重要内容。需要指出的是,人民生活水平和质量的提高,在很大程度上可以从居民休闲消费水平提高、结构优化和质量改善上得以集中体现。

"十三五"时期是我国全面建成小康社会的决胜时期。《十三五规划》指出,"消费发展必须充分关注发展的质量与效益,既坚持消费数量的适度扩大,更着眼于消费结构优化、消费方式升级、消费理念和谐,以及促进消费质量提高和效益增加"。消费质量提高和消费结构优化,有助于促进产业结构的转型升级,是促进我国社会经济持续增长和实现全面建成小康社会的核心目标。提高居民消费质量就是要在扩大消费领域的同时,更加注重优化居民消费结构,不断增加享受资料和发展资料的比重,进而提高休闲消费质量。可以看出,发展休闲消费进而优化居民消费结构,契合全面建成小康社会的主要目标,是现阶段引导居民消费的重要任务所在。

(五)休闲消费是我国居民消费全面转型升级的重中之重

当前,居民消费在我国社会经济发展中占据越来越重要的地位,居民消费形态正发生着日新月异的变化,消费结构的转型升级已渐凸显。在居民消费结构中,休闲消费的规模不断扩大,居民休闲消费的意愿渐趋强烈。主要表现在以下两个方面。

(1)越来越多的居民开始注重闲暇生活,愿意花费更多时间和精力去

---

① 党的十八大报告指出,建设中国特色社会主义的总布局是五位一体。五位一体总体布局的具体阐述是,全面推进经济建设、政治建设、文化建设、社会建设、生态文明建设,实现以人为本、全面协调可持续的科学发展。

享受生活,享受型的休闲消费比重得到极大提高。肖立和杭佳萍(2016)基于江苏千户城乡居民家庭消费专项调查数据,分析了大众消费时代居民消费的主要特征,发现居民家用汽车拥有率为26.1%,冰箱、洗衣机、热水器、空调、彩电、计算机、接入互联网的手机这样的耐用消费品家庭拥有率分别高达96%、97%、94%、94.2%、98.3%、70.7%、56.5%,并且有38.4%的受访者有近期出游计划[①]。可以看出,休闲消费逐渐成为居民生活消费的重要内容。

(2)居民深度休闲活动参与频繁,使得休闲消费总量大幅增加。深度休闲是休闲活动的一种重要类型,已然成为我国普遍的社会现象,摄影、观鸟、攀岩、露营、骑乘等深度休闲活动受到人们的热衷追求。时间、精力的投入尤其是金钱的较多支出是参与深度休闲的前提条件,因此具有明显的消费属性。随着深度休闲活动的多样化和深度休闲参与群体的大众化,深度休闲消费总额急剧提升,这在一定程度上能够带来休闲消费规模的较快扩大,进而有助于促进居民消费结构的转型升级。

二、问题提出

党的十九大指出,人民日益增长的美好生活需要和不平衡、不充分发展之间的矛盾是新时代我国社会的主要矛盾。居民消费是满足人民美好生活需要的重要手段,人民日益增长的美好生活需要正在并将继续引发消费方式发生革命性演化,进而推动消费结构和层次不断升级。伴随着人民生活水平的不断提高和市场供给端的长足进步,居民消费由实物型向服务型转变,文化娱乐、休闲旅游、大众餐饮、教育培训、医疗卫生、健

---

① 肖立,杭佳萍.大众消费时代的居民消费特征及消费意愿影响因素分析——基于江苏千户居民家庭消费专项调查数据[J].宏观经济研究,2016,38(2):120-126+136.

康养生等成为新的消费热点①。可以看出,休闲消费的持续发展是这一变动过程中的重要趋势之一。因此,适应人民群众日益增长的美好生活需要和解决社会主要矛盾的关键,即是实现居民消费结构转型升级。具体而言,就是要引导居民由传统消费转变为休闲消费等新型消费方式。

基于此,本书围绕消费转型升级目标,从居民休闲消费视角切入,研究我国城镇居民休闲消费潜力议题。试图解决的问题主要有以下几点。

(1)休闲消费的内涵和外延分别是什么?何谓休闲消费潜力?它与休闲消费能力、休闲消费意愿等概念是何关系?

(2)我国居民的休闲消费现状是什么样的?休闲消费水平怎么样?休闲消费结构状况如何?

(3)居民休闲消费潜力如何测度?居民休闲消费潜力存在怎样的时空演变特征?

(4)居民休闲消费潜力的影响因素有哪些?核心要素对其影响机制如何?影响程度多大?是否存在时空异质性?

(5)在当前新时代背景下,我国应该采取哪些政策和措施以全面释放居民休闲消费潜力?

带着这些问题,本书以我国31个省、自治区和直辖市城镇居民作为研究对象,在考察城镇居民休闲消费水平和结构基础上,对其休闲消费潜力进行综合测度分析,进而研究休闲消费潜力的影响因素和机理,并最终给出城镇居民休闲消费潜力全面释放的政策建议。

三、研究意义

当前,中国特色社会主义已进入一个全新的时代,新时代呼唤新要

---

① 国家统计局.国内市场繁荣活跃　消费结构转型升级[EB/OL].(2018-09-05). http://www.stats.gov.cn/ztjc/ztfx/ggkf40n/201809/t20180905_1621054.html.

求,新时代彰显新特点。居民消费转型升级已见端倪,渐成趋势,成为我国国民经济供给侧结构性改革的核心动力。居民消费向休闲消费为主的转型升级是不争的事实,因此研究城镇居民休闲消费潜力具有重要理论和现实意义。

（一）理论意义

1. 丰富消费经济学的理论成果

消费经济学是一门新兴交叉学科,20 世纪 80 年代后我国消费经济学开始走上快速发展道路,在民生消费、消费转型、新兴消费等领域有着一定深入研究,但是量化研究成果仍显有限。本书正是基于居民消费理论和现有文献成果,实证研究我国城镇居民休闲消费潜力及其影响机理。

2. 拓展休闲消费研究的理论基础

国内外学者基于社会阶层、文化资本等理论,在休闲消费行为模型构建以及社会经济影响分析等方面形成了一定研究积累,但是总体而言基础理论仍显局限,尤其是经济学视角的理论分析成果较少。本书从消费经济学视角切入,针对城镇居民的休闲消费潜力展开研究。

3. 完善国内休闲消费研究的现有成果

国内有关休闲消费的研究主要集中在内涵和特征、能力和结构以及休闲消费决策选择等方面。本书着眼消费经济学领域,在方法选取上主要以经济计量分析为主,对国内休闲消费研究有所补充,并能够为后续研究提供基础和方向。

（二）现实意义

1. 政府层面的决策参考

通过采集全国范围的统计数据,研究城镇居民休闲消费的影响因素以及全面释放休闲消费潜力的政策引导建议,能够为政府制定促进居民消费转型升级的相关政策提供有力借鉴。

2. 企业层面的产品设计

我国城镇居民休闲消费状况的考察和休闲消费潜力的综合评价,一定程度上能够为休闲服务相关企业的产品生产和服务设计提供较为明确的思路和方向。

3. 城市层面的功能打造

休闲功能是现代城市的根本属性和重要功能之一,本书在休闲消费需求端的考察和研究,能够为城市在供给端休闲功能的打造和休闲设施的建设方面提供直接的和可行的指导和引领。

4. 消费者层面的活动建议

休闲消费的优劣关乎居民的幸福感、获得感和对美好生活的诉求,本书对于休闲消费潜力评价指标的研究,同样能够为城镇居民休闲时间安排和休闲活动选择提供借鉴和参考。

第二节　研究内容、思路与方法

一、研究内容

城镇居民休闲消费潜力受到来自多个层面因素的影响,本书试图将休闲消费潜力影响机理纳入相对完整的分析框架,然后基于我国社会经济发展实际,重点研究住房价格波动和人口年龄结构变化对城镇居民休闲消费潜力的影响。本书主要内容和框架结构安排如图 1-1 所示。

第一章绪论,首先介绍本书的研究背景,基于现实状况提出研究问题并阐明研究意义;其次交代本书的研究内容框架、思路与方法;最后指出本书的主要创新之处。

绪论

研究回顾与理论基础

中国城镇居民休闲消费演变特征

中国城镇居民休闲消费潜力测度

城镇居民休闲消费潜力影响机理分析

中国城镇居民休闲消费潜力影响实证研究

中国城镇居民休闲消费潜力影响因素空间异质性考察

基本结论、政策建议与研究展望

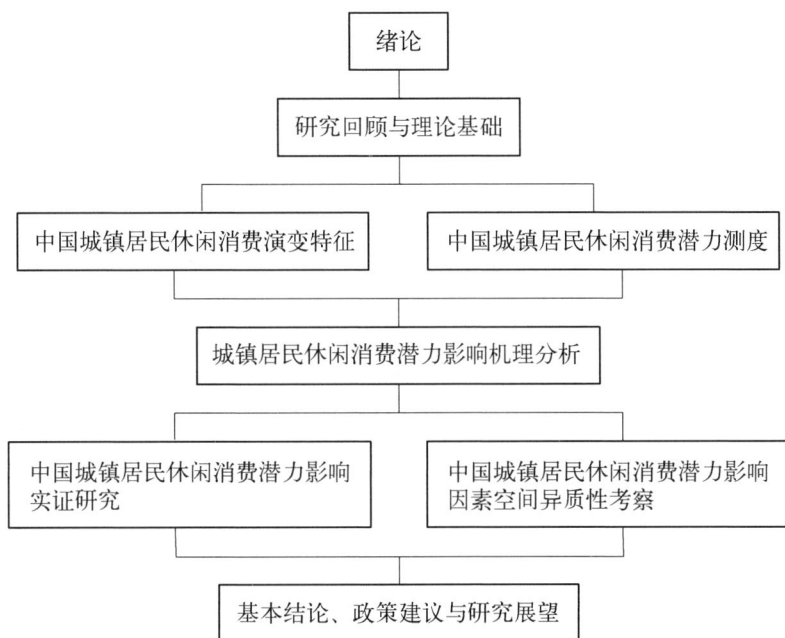

图 1-1 本书研究框架结构图

第二章研究进展与基本理论,首先对国内外现有研究成果进行梳理并做简要述评;其次对涉及的相关概念进行界定和梳理,并介绍本书所依据的相关理论。

第三章中国城镇居民休闲消费的演变及特征分析,一是从总量角度考察我国城镇居民休闲消费的变动特征;二是从结构视角分析我国城镇居民休闲消费的演化及地区差异性。

第四章对中国城镇居民休闲消费潜力的综合测度进行分析。首先从理论上梳理、分析并构建休闲消费潜力评价指标体系,同时选择恰当的测度方法对我国城镇居民休闲消费潜力进行测度和综合评价,进而分析休闲消费潜力变化的时序特征和空间分布规律。

第五章从理论层面分析影响城镇居民休闲消费潜力的机制。一方面,从基础理论出发寻找该问题研究的逻辑起点,进而勾勒休闲消费潜力影响机理的分析框架;另一方面,重点分析住房价格波动和人口年龄结构变化影响城镇居民休闲消费潜力的机制。

第六章和第七章是本书的实证研究部分。其中,第六章主要基于上述有关休闲消费潜力影响机理的分析,构建计量模型以实证检验住房价格波动和人口年龄结构变化对我国城镇居民休闲消费潜力的影响;第七章则进一步考察我国城镇居民休闲消费潜力影响因素的空间异质性。

第八章根据以上研究和分析得出结论,给出建议与展望。首先概括本书研究的主要结论;其次基于上述结论给出全面释放城镇居民休闲消费潜力的政策建议;最后交代本研究的局限性以及未来研究方向。

二、研究思路

本书按照"提出问题—研究基础—现状分析—综合测度—机制分析—实证分析—解决问题"的逻辑思路展开。当前我国社会主要矛盾发生变化,国民经济进入新常态,呼应供给侧结构性改革战略部署以实现居民消费结构转型升级,进而满足人们对于美好生活的需要是新时代赋予的新任务,本书即是在此背景下针对我国城镇居民休闲消费潜力问题展开研究。

研究的核心内容和思路如下:首先,从总量和结构两个角度,分析城镇居民休闲消费的演变特征;其次,通过构建休闲消费潜力评价指标体系,对我国城镇居民休闲消费潜力进行综合测度分析;再次,基于消费经济学的消费函数理论,从理论层面分析休闲消费潜力的影响机理,并在实证检验的同时,考察休闲消费潜力影响因素的空间异质性;最后,给出我国城镇居民休闲消费潜力释放的政策建议,为政府制定宏观经济政策提供参考和依据。

本书研究技术路线具体如图 1-2 所示。

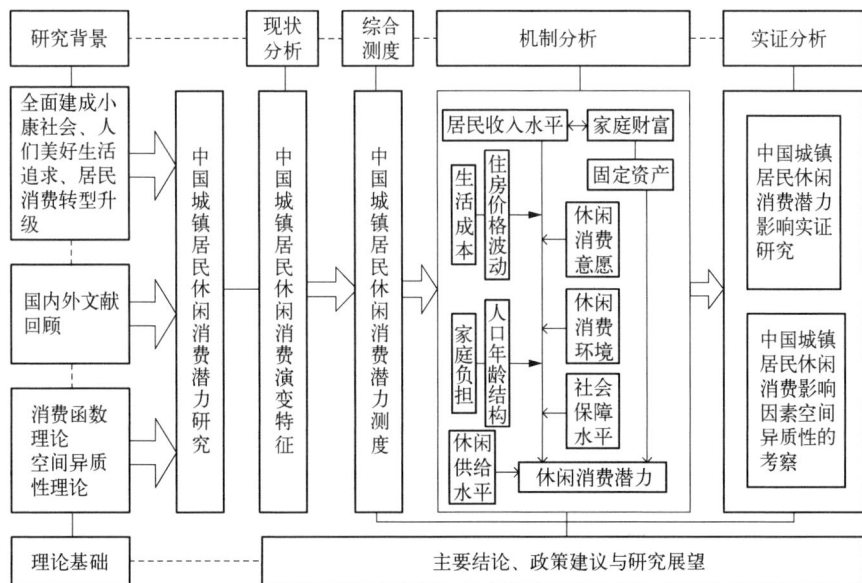

图 1-2 本书研究技术路线图

三、研究方法

为达到研究目标,本书综合运用多种方法展开研究,力求做到规范研究与实证分析相结合、纵向考察与横向分析相结合、定性分析与定量研究相结合。具体研究方法如下:

（一）系统分析方法

系统分析方法的运用主要体现在两个方面:一是在文献梳理和现状描述基础上,系统分析休闲消费潜力评价指标,进而构建指标体系对城镇居民休闲消费潜力进行综合测度;二是在对城镇居民休闲消费潜力影响机理分析中,基于现有成果和研究基础,综合考虑影响休闲消费潜力的诸多因素,进而结合我国社会经济实际,研究住房价格和人口年龄结构变化对城镇居民休闲消费潜力的影响。

（二）比较研究方法

比较研究方法的使用贯穿本书始终，首先在城镇居民休闲消费演变特征分析中，分析不同省、自治区和直辖市城镇居民休闲消费的地区差异；其次在休闲消费潜力综合测度中，比较分析不同省、自治区和直辖市城镇居民休闲消费潜力的时空差异特点；最后在休闲消费潜力影响机理研究部分，进一步考察影响因素的空间异质性。

（三）经济计量分析方法

书中多处使用经济计量分析方法，一是在城镇居民休闲消费结构演变分析中，对休闲消费的边际消费倾向和收入弹性进行测算；二是在城镇居民休闲消费潜力影响实证检验部分重点运用该方法，计量研究住房价格波动和人口年龄结构变化对城镇居民休闲消费潜力的影响。

（四）空间分析方法

本书在城镇居民休闲消费总量和结构分析以及休闲消费潜力综合测度中，均从空间角度考察不同地区之间的差异性。我国城镇居民休闲消费潜力影响因素的空间异质性研究，更是空间分析方法得以运用的集中体现。

第三节　研究主要创新点

本文在选题角度、研究内容和数据使用等方面均有着一定创新之处。

一、研究选题的创新

休闲消费理应成为学术界热切关注和深入研究的重要课题，这正是本书选题所在。一方面，休闲消费是新时代和现阶段社会经济运行实现突破的方向。这是因为,一是当前我国社会主要矛盾已然发生变化,人们对于美好生活的追求渐趋强烈,形式多样的休闲活动参与已成常态,满足人们多元化休闲消费需求是社会发展的主要任务所在;二是我国社会经济改革进入深水区,亟须转型升级以维持发展的可持续性,其中发挥消费在经济增长中的基础性作用,进而实现居民消费结构转型是重中之重。因此,需要加强休闲消费研究以给予实践发展更多的指导。另一方面,国内休闲消费研究已具备一定学理基础。理由在于,一是西方社会对于休闲消费问题涉猎较多,我们完全可加以汲取和借鉴;二是国内休闲研究也已近 40 年,形成了一定学术积累,这为休闲消费研究领域的开拓奠定了重要基础。

二、研究内容的创新

国内外休闲消费研究仍存在诸多局限。总结来看,国外学者更多的是从微观视角切入研究休闲消费的行为特征及其影响因素,而国内有关休闲消费的直接文献仍显有限。所以,本书拟从消费经济学角度出发,基于我国城镇居民休闲消费相关数据,研究城镇居民休闲消费潜力的测度、影响和释放问题,具有一定创新意义。

研究内容创新具体体现在以下四个方面。

(1) 对休闲消费内涵进行重新剖析,对休闲消费潜力及相关概念进行界定,并分析它们之间的相互关系。

(2) 过往文献关于休闲消费潜力的评价鲜有涉及,本书基于现有文献成果和研究基础,通过构建指标体系对城镇居民休闲消费潜力进行综合测度及分析。

(3) 构造休闲消费潜力影响框架,并重点解析住房价格和人口年龄结构对于休闲消费潜力的影响效应。

（4）基于住房价格和人口年龄结构对休闲消费潜力影响的实证检验，进一步考察该影响关系的空间异质性。

三、数据使用的创新

本书主要采用宏观统计数据进行城镇居民休闲消费潜力影响的检验和分析。宏观尺度省际面板数据的使用，一定程度上能够保证研究结果更加科学和客观，同时因研究区域的覆盖面较大，从而使得研究结论更具推广价值。另外，在数据采集过程中，本书的数据来源综合考虑了权威性、代表性和多元化等选取原则。

第二章 研究进展与基本理论

全面厘清国内外休闲消费的文献成果，能够为休闲消费潜力研究提供较好"养料"，同时居民消费研究的相关理论也可以为该研究提供必要的理论支撑。本章内容安排如下：一是梳理国内外休闲消费研究文献，重点把握学者在休闲消费影响因素识别方面的研究成果；二是阐明休闲消费潜力的概念框架，并厘清概念间的相互关系；三是阐释休闲消费潜力研究的相关理论，包括消费函数理论和异质性理论等。本章内容是本书的基本准备工作，在很大程度上反映休闲消费潜力研究的学理价值。

第一节 国内外研究进展

勾勒国内外休闲消费文献成果的研究图景，一定程度上有助于寻求休闲消费潜力研究的突破口和切入点。纵观相关研究文献发现，国内外休闲消费研究主要集中在休闲消费行为及影响因素、休闲消费与经济增长的关系、休闲消费的社会文化影响等三个方面。需要指出的是，有关休闲消费影响因素的研究成果较为丰富，这为城镇居民休闲消费潜力影响因素的研究提供了较好的文献参考。

一、国外研究进展

（一）有关休闲消费行为的研究

国外学者对于休闲消费行为的研究，呈现出两个较为明显的特点：一是早期研究主要集中于经济学领域，后期研究则更多地转向社会学的考察；二是基于经济学的研究主要来自欧美学者，而韩国学者近年来则从社会学角度出发，取得了休闲消费行为研究的一些成果。

1. 研究文献

经济学范畴的休闲消费行为研究文献主要集中在以下三个方面。

（1）有关休闲和消费决策选择的研究。Becker(1965)最早指出，所有休闲都含有某种消费，所有消费活动都含有某种休闲[1]。Eichenbaum，Hansen，Singleton(1988)构建了不确定条件下消费和休闲决策的整合模型[2]。Phelan(1994)研究了激励、保险在消费和休闲选择变化中的作用[3]。Seckin(2001)考察了工资不确定性和习惯性消费条件下的跨期消费—休闲选择，发现消费和休闲呈反方向变化[4]。Dane，Arentze，Timmermans，et al.(2014)则提出了一个时间和预算约束下的户外休闲活动模型，预测了时间和消费的分配问题，发现在不同休闲活动的选择中时间和消费存在一定替代关系[5]。

（2）休闲和消费效用最大化的检验。Patterson(1991)采用非参数方法评估了休闲和消费的效用最大化问题[6]。Koskievic(1999)实证检验了非预期效用的跨期消费—休闲模型[7]。Choi，Shim，Shin(2008)研究了不

① Becker G S. A Theory of the Allocation of Time[J]. Economic Journal, 1965, 75(3): 493-517.
② Eichenbaum M S, Hansen L P, Singleton K J. A Time Series Analysis of Representative Agent Models of Consumption and Leisure Choice under Uncertainty[J]. Quarterly Journal of Economics, 1988, 103(1): 51-78.
③ Phelan C. Incentives, insurance, and the variability of consumption and leisure[J]. Journal of Economic Dynamics & Control, 1994, 18(3-4): 581-599.
④ Seckin A. Consumption-leisure choice with habit formation[J]. Economics Letters, 2001, 70(1): 115-120.
⑤ Dane G, Arentze T A, Timmermans H J P, et al. Simultaneous modeling of individuals' duration and expenditure decisions in out-of-home leisure activities[J]. Transportation Research Part A-Policy and Practice, 2014, 10(3): 93-103.
⑥ Patterson K D. A non-parametric analysis of personal sector decisions on consumption, liquid assets and leisure[J]. Economic Journal, 1991, 101(4): 1103-1116.
⑦ Koskievic J M. An intertemporal consumption-leisure model with non-expected utility[J]. Economics Letters, 1999, 64(3): 285-289.

变替代弹性函数效用下的最优投资组合、消费休闲和退休选择问题[1]。Kilponen(2012)推导和估计了一个总体欧拉消费方程,发现在假定当期消费依赖于劳动和资产(住宅)价格前提下,劳动对居民消费能够产生更大影响,并且消费对收入也不具较强敏感性[2]。Boadway,Gahvari(2006)则研究了时间作为休闲或劳动替代纳入消费时的最优税收问题[3]。

(3) 休闲和消费的弱可分性检验。Swofford,Whitney(1987)运用非参数方法检验了消费、休闲和货币的弱可分性,发现消费品和休闲满足了弱可分离性的充分必要条件[4]。在接下来的研究中,Swofford,Whitney(1988)分别使用年度和月度数据进行了消费、休闲和货币弱可分性非参数检验的比较[5]。Drake(1997)重新检验了英国私人部门弱可分性效用函数,发现商品、服务、休闲和货币资产是弱可分的[6]。Kiley(2010)通过对经验法则行为、习惯持续性以及过度消费和闲暇偏好不可分的探讨,解释了消费增长的可预见性[7]。Baranano,Moral(2013)利用卢卡斯(1988)人力资本投资模型的扩展版本,研究了消费和休闲的不可分是否能够有助于解释 GNP 增长的持久性[8]。然而,Fernandez,Novales,Ruiz(2004)在

---

① Choi K J, Shim G, Shin Y H. Optimal portfolio, consumption-leisure and retirement choice problem with CES utility[J]. Mathematical Finance, 2008, 18(3): 445–472.

② Kilponen J. Consumption, Leisure and Borrowing Constraints [J]. The B E Journal of Macroeconomics, 2012, 12(1): 1–15.

③ Boadway R, Gahvari F. Optimal taxation with consumption time as a leisure or labor substitute[J]. Journal of Public Economics, 2006, 90(10–11): 1851–1878.

④ Swofford J L, Whitney G A. Nonparametric-Tests of Utility Maximization and Weak Separability for Consumption, Leisure and Money[J]. Review of Economics and Statistics, 1987, 69(3): 458–464.

⑤ Swofford J L, Whitney G A. A Comparison of Nonparametric Tests of Weak Separability for Annual and Quarterly Data on Consumption, Leisure, and Money[J]. Journal of Business & Economic Statistics, 1988, 6(2): 241–246.

⑥ Drake L. Nonparametric demand analysis of UK personal sector decisions on consumption, leisure, and monetary assets: A reappraisal[J]. Review of Economics and Statistics, 1997, 79(4): 679–683.

⑦ Kiley M T. Habit Persistence, Nonseparability between Consumption and Leisure, or Rule-of-Thumb Consumers: Which Accounts for the Predictability of Consumption Growth? [J]. Review of Economics & Statistics, 2010, 92(3): 679–683.

⑧ Baranano I, Moral M P. Consumption-Leisure Trade-Offs and Persistency in Business Cycles[J]. Bulletin of Economic Research, 2013, 65(3): 280–298.

分析公共消费的单部门增长模型时则发现,消费和休闲的非可分性在效用函数中具有不确定性[①]。Matheny(1998)在研究消费和休闲替代帕累托时货币供给冲击的非中性反应时同样发现,如果休闲的边际效用是消费的递减函数的话,那么暂时货币冲击可能具有持久的真实效果[②]。Jacobs(2007)通过估计消费和休闲不可分偏好的非线性欧拉方程,也指出了资产市场参与的重要性[③]。Hjertstrand(2016)在 Swofford,Whitney(1987,1988)研究的基础上,运用混合整数规划分析了弱可分性假设的偏好条件,发现弗里德曼和施瓦兹(1963)定义的货币 M1 和广义集合定义的货币是弱可分的,而 M2、M3 和零期限货币 MZM 是非弱可分的[④]。

2. 社会学领域的休闲消费行为研究

(1)休闲消费动机和偏好。Pritchard,Kharouf(2016)通过开发休闲消费的四维模型,考察了英国板球运动休闲消费群体的时间利用和偏好形式[⑤]。Celsi,Rose,Leigh(1993)研究了高风险休闲消费的宏观环境、个体和人际影响以及参与动机,发现参与动机的演化能够解释高风险休闲活动的最初和持续性参与目的[⑥]。

(2)休闲消费满意度和忠诚度。Huh,Cha,Yoo(2015)基于时间和金钱态度的类型,比较了不同群体的休闲消费行为和休闲满意度,发现休闲消费行为在时间和金钱态度与休闲满意度关系中发挥着调

① Fernandez E, Novales A, Ruiz J. Indeterminacy under non-separability of public consumption and leisure in the utility function[J]. Economic Modelling, 2004, 21(3): 409-428.
② Matheny K J. Non-neutral responses to money supply shocks when consumption and leisure are Pareto substitutes[J]. Economic Theory, 1998, 11(2): 379-402.
③ Jacobs K. Consumption-leisure nonseparabilities in asset market participants' preferences [J]. Journal of Monetary Economics, 2007, 54(7): 2131-2138.
④ Hjertstrand P, Swofford J L, Whitney G A. Mixed Integer Programming Revealed Preference Tests of Utility Maximization and Weak Separability of Consumption, Leisure, and Money[J]. Journal of Money Credit and Banking, 2016, 48(7): 1547-1561.
⑤ Pritchard A, Kharouf H. Leisure consumption in cricket: devising a model to contrast forms and time preferences[J]. Leisure Studies, 2016, 35(4): 438-453.
⑥ Celsi R L, Rose R L, Leigh T W. An Exploration of High-Risk Leisure Consumption through Skydiving[J]. Journal of Consumer Research, 1993, 20(1): 1-23.

节作用[1]。Lee,Manthiou,Jeong,et al.(2015)强调参与者消费情绪的重要性,探讨了节庆参与者的消费情绪对心理结果的影响,认为节庆参与者的情绪行为与其总体满意度呈显著正相关,并且是忠诚度和生活质量的重要预测因子[2]。马尔科夫模型的一个理论和研究假定是:重复假日旅游和对目的地的忠诚。Huan,Beamon,Kozak(2003)通过构建重复休闲消费马尔科夫模型,分析了从英国到土耳其和从澳大利亚、日本和英国到美国的旅行,确认了奥普曼(Oppermann,1998)的观点,即简洁的马尔科夫模型带来与现实的不良接近,同时发现扩展状态空间模型更加接近真实[3]。

(3) 休闲消费特征和趋势。Sohn(2011)[4],Park,Park(2008)[5]研究了大学生群体的休闲消费及其心理特征。Won,Ha(2005)考察了在职韩国女性生活方式和休闲消费模式类型的关系[6]。Han(2011)运用家户和国家游憩调查数据,通过计算 1997—2010 年的不平等指数(基尼系数)和极化指数(沃尔夫森指数)分析了韩国休闲消费的极化趋势[7]。Kim,Park(2005)则基于 1995—2004 年的休闲研究成果,分析了休闲消费的趋势和

① Huh Kyungok, Cha Kyung-Wook, Yoo Soohyun. Structural Analysis of Time and Money Attitudes, Leisure Consumption Behavior and Leisure Satisfaction[J]. Journal of Korean Family Resource Management Association, 2015, 19(2): 127 - 148.

② Lee S, Manthiou A, Jeong M, et al. Does Consumers' Feeling Affect Their Quality of Life? Roles of Consumption Emotion and Its Consequences[J]. International Journal of Tourism Research, 2015, 17(4): 409 - 416.

③ Huan T-C, Beaman J, Kozak M. Issues in Modeling Repeat Leisure Consumption Markov Modeling Examples[J]. Loisir et société/Society and Leisure, 2003, 26(1): 183 - 207.

④ Sohn Young Mi. The effect of leisure lifestyle on leisure consumption and psychological characteristics among university students[J]. korean Journal of lesure & recreation, 2011, 35(2): 33 - 48.

⑤ Park Min-gyu, Park Soon-hee. A Study on the Leisure Consumption of Korean Female University Students[J]. Journal of Leisure Studies, 2008, 6(2): 83 - 107.

⑥ Won hyungjoong, Ha Jiyoun. A Relationship Study on Lifestyle and Leisure Consumption Pattern Types as Reflected by Employed Korean Women[J]. Journal of Sport and Leisure Studies, 2005, 25: 601 - 611.

⑦ Han Beom-Soo. A Study on the Polarization of leisure consumption in Korea[J]. Journal of Tourism Sciences, 2011, 35(9): 53 - 72.

政策计划[①]。

（4）休闲消费的体验和质量。Park，Ju(2006)通过研究俱乐部休闲消费的体验质量，发现俱乐部休闲活动能够提供可感知的自由和畅爽体验，满足了参与者对于自由的需要[②]。罗森(1974)的隐含市场模型指出，消费舒适度是以附近住房的价值为资本的。Kuang(2017)基于 Yelp 网站的消费者评级或价格估计，提出并验证了一种区别于消费设施在质量维度方面的测量方法[③]。Xiong，Liu，Jiang(2017)研究了消费者寻求多样性和习惯形成市场中的价格和质量竞争问题，认为多样性寻求被视为前一次产品购买意愿的下降，而习惯性消费可能会增加未来的边际效用[④]。Grzeskowiak，Lee，Yu，et al.(2014)基于消费生命周期的幸福感模型，考察了耐用商品对消费者感知生活质量(PQOLI)的影响[⑤]。Lipovcan，Brkljacic，Tadic(2013)对于烟草和酒精消费与主观生活质量之间关系的研究，发现非吸烟者比吸烟者和以往吸烟者的生活质量高，偶尔饮酒的人比经常饮酒的人生活质量更高[⑥]。Fleischer，Rivlin(2009)讨论了旅游消费的数量和质量问题[⑦]。Kates(2002)通过亚文化消费质量的考察，讨论

[①] Kim Yeong-suk，Park Sun-mee. The Analysis of Leisure Consumption Life Trend and the Policy Plan -For Results of Leisure Study (1995—2004)[J]. Consumer Policy and Education Review，2005，1(1)：63 - 93.

[②] Park Eun-aha，Ju Kyung-mee. A Study of the Club Leisure Consumption Experiences[J]. The Korean Journal of Consumer and Advertising Psychology，2006，7(1)：23 - 45.

[③] Kuang C. Does quality matter in local consumption amenities? An empirical investigation with Yelp [J]. Journal of Urban Economics，2017，100：1 - 18.

[④] Xiong L Y，Liu G，Jiang S. Competition with Variety Seeking and Habitual Consumption：Price Commitment or Quality Commitment? [J]. Mathematical Problems in Engineering，2017(3)：1 - 14.

[⑤] Grzeskowiak S，Lee D J，Yu G B，et al. How Do Consumers Perceive the Quality-of-Life Impact of Durable Goods? A Consumer Well-Being Model Based on the Consumption Life Cycle[J]. Applied Research in Quality of Life，2014，9(3)：683 - 709.

[⑥] Lipovcan L K，Brkljacic T，Tadic M. Tobacco consumption，alcohol intake frequency and quality of life：results from a nationally representative croatian sample study[J]. Drustvena Istrazivanja，2013，22(4)：627 - 649.

[⑦] Fleischer A，Rivlin J. More or Better? Quantity and Quality Issues in Tourism Consumption[J]. Journal of Travel Research，2009，47(3)：285 - 294.

了亚文化的界限和灵活的亚文化对消费的解释框架①。Perry(2016)研究了色情消费、宗教信仰、性别和婚姻质量的关系,认为宗教的嵌入可能会加剧色情作品使用与婚姻质量之间的负相关关系②。

（二）休闲消费影响因素的识别

影响因素的识别是休闲消费研究的重要内容,得到国外学者的广泛关注。现代社会,显在消费俨然是一种社会行为,成为个体身份的重要表征。伴随休闲消费的产品化和商业化,休闲消费一定程度上代表着消费者的社会地位。反过来讲,收入水平和特定社会因素也必然影响着休闲消费的状况和水平。纵观国外休闲消费影响因素的研究,发现主要集中于如下两个方面。

1. 不同来源和形式的收入

Pawlowski,Breuer(2012)运用德国连续住户预算调查数据,评估了休闲服务衍生需求系统,提供了休闲服务支出弹性的一致衍生工具③。Maitra(2001)研究了消费平滑的易变休闲成本,通过使用分散的一般均衡模型检验了休闲消费对意外收入的冲击反应④。Ko,Han(2013)讨论了可支配收入和面子价值对户外休闲消费的影响,以及上述条件的变化在休闲消费中的作用机制⑤。

2. 休闲消费的观念和社会心理特征

Choi,Lee(2011)考察了社会地位和自尊感对炫耀性休闲消费的影

① Kates S M. The protean quality of subcultural consumption: An ethnographic account of gay consumers[J]. Journal of Consumer Research, 2002, 29(3): 383 - 399.
② Perry S L. From Bad to Worse? Pornography Consumption, Spousal Religiosity, Gender, and Marital Quality[J]. Sociological Forum, 2016, 31(2): 441 - 464.
③ Pawlowski T, Breuer C. Expenditure elasticities of the demand for leisure services[J]. Applied Economics, 2012, 44(26): 3461 - 3477.
④ Maitra P. Is consumption smooth at the cost of volatile leisure? An investigation of rural India[J]. Applied Economics, 2001, 33(6): 727 - 734.
⑤ Ko Jongbo, Han Beom-Soo. A Study on the Effects of Materialism and Face on Outdoor Leisure Consumption[J]. Journal of Tourism Sciences, 2013, 37(5): 197 - 218.

响,发现休闲体育参与者的社会地位和自尊感与炫耀性休闲消费呈正相关[1]。人际纽带如朋友、家属、同事和邻居等,同样会影响到休闲消费的属性和内容。Warde,Tampubolon(2002)基于社会资本情境讨论了人际纽带关系影响休闲消费的发生机制,指出社会资本是一个有缺陷的概念,网络化纽带的更为复杂和多样化的评估是有必要的[2]。Kim,Jang(2017)考察了韩国 Y 世代咖啡消费者的潜在影响因素,并探讨了个人物质条件、社会从众和炫耀心理以及功能质量对休闲消费的影响[3]。Park,SooJung(2018)考察了休闲约束中包括时间约束、环境约束、身体约束、人际约束、经济约束和态度约束对不同休闲消费类型的影响[4]。另外,退休对休闲消费支出的影响也得到部分学者的关注,Weagley(2004)调查发现,退休、总支出和教育对休闲支出具有正面影响[5]。Mao,Ostaszewski,Wang(2014)研究了最优退休年龄、最优休闲时间和最优消费的确定,并用最优控制理论分析了它们之间的关系[6]。

（三）休闲消费的社会文化影响

消费和休闲是一个国家或地区居民重要的社会经济活动,这对人们社会经济生活的诸多方面均会产生重要影响,在这一方面国外学者主要讨论了休闲和消费的福利问题。Bilancini,D'Alessandro(2012)研究了消

① Choi Young-rae, Lee Jae-hee. The Effects of Consciousness of Social Position and Dignity of Participants in Leisure Sports on Conspicuous Leisure Consumption[J]. The Korean Journal of Physical Education, 2011, 50(4): 1 - 11.
② Warde A, Tampubolon G. Social capital, networks and leisure consumption[J]. Sociological Review, 2002, 50(2): 155 - 180.
③ Kim D, Jang S. Symbolic Consumption in Upscale Cafes: Examining Korean Gen Y Consumers' Materialism, Conformity, Conspicuous Tendencies, and Functional Qualities [J]. Journal of Hospitality & Tourism Research, 2017, 41(2): 154 - 179.
④ Park SooJung. An Exploration of Types of Leisure Consumption of Workers[J]. Journal of Leisure Studies, 2018, 16(2): 67 - 97.
⑤ Weagley R O, Huh E. The impact of retirement on household leisure expenditures[J]. Journal of Consumer Affairs, 2004, 38(2): 262 - 281.
⑥ Mao H, Ostaszewski K M, Wang Y L. Optimal retirement age, leisure and consumption[J]. Economic Modelling, 2014, 43: 458 - 464.

费、休闲和生产外部性下的长期福利,通过构建消费、休闲和生产外部性的内生增长模型,讨论了增长与幸福感之间的关系[①]。以往研究表明消费成本只有将相应收益包括在内时才可以进行成本效用的分析,Nyman(2011)则进一步认为消费的福利影响是已知的,也就是说消费代表福利的增加,收益必须超过成本方能实现消费[②]。然而,质量调整生命年(QALY)可以作为聚焦健康效果的衡量标准,但是不能满足代表性效用的所有标准,因为目前实行的成本效用分析是不评估福利的。因此,成本—QALY应区别于成本效用分析,需要开发新的、更广泛的衡量指标,满足代表性效用的标准,从而被用来评估福利。

　　休闲消费与环境之间的关系也得到国外学者的关注。Aall(2011)讨论了休闲消费的环境影响,发现随着休闲消费的快速增长,能源使用强度增长很快[③]。Ropke(2007)考察了工作、休闲和环境的关系,认为由于个人没有将工作努力与不利环境影响以及强加的个人成本联系起来,导致工作—生活平衡的破坏,并且当代社会过度工作和工作—生活的不平衡是环境退化的重要原因[④]。

　　社会学研究的对象是整个人类社会,偏重于强调社会整体,一个最基本的研究方法就是对复杂的研究聚合体和研究对象进行分类。基于社会阶层理论,国外学者针对休闲消费展开了广泛的研究,主要集中于以下两个方面。

1. 基于文化资本理论的讨论和检验

　　Cho(2006)认同皮埃尔·布尔迪厄(Pierre Bourdieu)的文化资本理

① Bilancini E, D'Alessandro S. Long-run welfare under externalities in consumption, leisure, and production: A case for happy degrowth vs. unhappy growth[J]. Ecological Economics, 2012, 84(6): 194 - 205.
② Nyman J A. Measurement of QALYS and the welfare implications of survivor consumption and leisure forgone[J]. Health Economics, 2011, 20(1): 56 - 67.
③ Aall C. Energy use and leisure consumption in Norway: an analysis and reduction strategy[J]. Journal of Sustainable Tourism, 2011, 19(6): 729 - 745.
④ Ropke I. Work, leisure, and the environment, the vicious circle of overwork and over consumption[J]. Ecological Economics, 2007, 65(1): 202 - 203.

论(Cultural Capital Theory)在解释个体休闲活动选择的适用性,认为休闲偏好、态度、目的地选择等,因个体文化和经济资本的不同而存在差异,休闲品位是个体主观生活的产物,社会地位必然对其产生重要的影响[①]。布尔迪厄的文化资本理论,认为根据社会等级划定的休闲消费形式是相同的,然而彼得森(Peterson)的杂食性理论(Omnivore Theory)则认为,高等级阶层倾向于显示出休闲消费的更宽领域。Han(2011)[②],Han,Han(2012)[③]考察了上述理论在韩国现代社会的适用性,发现上层社会整体上倾向高档艺术和文化形式,而低等阶层倾向于大众文化。尽管如此,上层社会不仅参与高档艺术和文化,而且积极参与大众文化,如看电影等,说明杂食性理论更适于解释韩国社会阶层的休闲消费。Cho,Doh(2010)研究了法国社会学大师布尔迪厄建议的经济和文化资本以及年龄、休闲花费占家庭收入的比例等对体育活动参与者的影响,发现参与者受各种社会和个体因素的影响,许多体育活动与参与者社会阶层紧密相关[④]。Lenartowicz(2016)通过对波兰家庭休闲消费和青年运动社会化模式、父母过去的运动经验和目前的参与状况、家庭休闲和运动消费等的研究,发现运动实践和品位存在显著的阶层差别[⑤]。Park(2006)讨论了文化资本对休闲消费的影响,发现文化和经济资本是休闲消费的重要决定因素,并且在休闲消费参与成本较低的情况下,文化资本的影响会更大[⑥]。

---

① Cho Kwang-ick. Mode of Leisure Consumption and Cultural Capital: Bourdieu's Cultural Theory[J]. Journal of Tourism Sciences, 2006, 30(1): 379 - 401.

② Han Beom-Soo. Differentiation between Social Class Leisure Consumption in Korea: By Focusing on Art and Culture[J]. Journal of Tourism Sciences, 2011, 35(10): 181 - 199.

③ Han Kyo-nam, Han Beom-Soo. Changes in Distinction of Leisure Consumption between Social Classes[J]. Journal of Tourism Sciences, 2012, 36(9): 197 - 219.

④ Cho Kwang-ick, Doh Kyung-Rok. Relationship between Leisure Consumption and Cultural Capital—"Distinction" Based on Sports Activities in Korea [J]. Korean Journal of Tourism Research, 2010, 25(5): 291 - 314.

⑤ Lenartowicz M. Family leisure consumption and youth sport socialization in post-communist Poland: A perspective based on Bourdieu's class theory[J]. International Review for the Sociology of Sport, 2016, 51(2): 219 - 237.

⑥ Park Suk-Hee. Effects of Cultural Capital on Leisure Consumption[J]. Journal of Tourism Sciences, 2006, 30(6): 241 - 258.

2. 炫耀式消费和炫耀式休闲的识别

人们普遍认为,由于相对消费似乎是重要的,因此人们必须参与"老鼠赛跑",也就是要更努力地工作。由于消费比所能得到的最佳公共政策还要多,因而尽管现在的相对消费有所改善,但是将来的相对消费会恶化。Arrow,Dasgupta(2009)通过识别两个效应相互抵消的幸福函数结构,对此进行了尝试性解释,认为即使相对消费具有明显的重要性,但是家庭的消费行为并没有明确指出相对消费效应的存在[①]。Kilponen(2012)推导和估计了一个总体欧拉消费方程,认为消费、休闲和借贷约束的不可分性使家庭当期消费依赖于劳动力和资产(住宅)价格,并发现当劳动力被包括在总消费方程中时,它的波动比住房价格更重要,同时消费对收入过度敏感性的证据几乎消失[②]。Aronsson,Johansson-Stenman(2013)构建了考虑相对消费和相对休闲的两类最优非线性所得税模型,发现增加消费意味着带来更高的边际税率,而休闲能够产生抵消作用,不过这种抵消作用不是对称的。许多实证研究考察了模仿富人的愿望对个人时间分配的影响,其中大多数都是在相对地位被关注时,可能会导致更多的工作时间而不是闲暇时间[③]。然而 Huang,Shi(2015)的研究发现这一结论并不适用,认为收入差距扩大与工时的减少有关,说明炫耀式休闲比炫耀性消费更受关注[④]。

(四)休闲消费与经济增长的关系

有关休闲消费与经济增长关系的研究方面,国外学者主要是针对休

---

① Arrow K J, Dasgupta P S. Conspicuous Consumption, Inconspicuous Leisure[J]. Economic Journal, 2009, 119(541): F497 - F516.

② Kilponen J. Consumption, Leisure and Borrowing Constraints [J]. The B. E. Journal of Macroeconomics, 2012, 12(1): 1 - 25.

③ Aronsson T, Johansson-Stenman O. Conspicuous Leisure: Optimal Income Taxation When Both Relative Consumption and Relative Leisure Matter[J]. Scandinavian Journal of Economic, 2013, 115(1): 155 - 175.

④ Huang L, Shi H L. Keeping up with the Joneses: from conspicuous consumption to conspicuous leisure? [J]. Oxford Economic Papers-New Series, 2015, 67(4): 949 - 962.

闲和消费的外部性展开理论探讨和实证检验。Duernecker(2008)采用动态一般均衡模型研究了非标准偏好结构对经济短期动态的影响[1]。Gomez(2008)分析了消费和休闲外部性对经济增长和福利的影响,发现这两种类型的外部性都以相当不同的方式影响长期均衡和最优增长率,轻度消费和休闲外部性的增长和福利效应明显存在[2]。Escobar-Posada,Monteiro(2017)则通过扩展以往只考虑生产和消费外部性的模型,研究了生产性、消费性和休闲性外部性条件下的最优税收政策[3]。Frensch(2002)将休闲消费均衡引入垄断竞争模型,认为如此可能导致关税保护的福利效应模糊不清,当贸易条件的影响小于国际规模效应时,一个小的关税即代表福利的相应减少[4]。

二、国内研究进展

(一)有关休闲消费行为的研究

相较于国外学者的研究,国内休闲消费行为研究也呈现由浅入深、由一般到具体、由理论探讨到实证分析的基本轨迹。

1. 有关休闲消费概念、特征和意义的讨论

宋瑞(2005)认为,休闲消费是指伴随休闲活动发生的社会性消费现象,是人们为了开心享有、心轻气爽、消遣放松或休闲娱乐而进行的消费[5]。张永红(2010)从消费能力、消费意义和资本主义社会的消费状况等方面分析了马克思的休闲消费理论,确认了休闲与消费的内在统一关系,

① Duernecker G. To begrudge or not to begrudge: consumption and leisure externalities revisited[J]. Applied Economics Letters,2008,15(4):245 - 252.
② Gomez M A. Consumption and leisure externalities, economic growth and equilibrium efficiency[J]. Scottish Journal of Political Economy,2008,55(2):227 - 249.
③ Escobar-Posada R A,Monteiro G. Optimal tax policy in the presence of productive, consumption, and leisure externalities[J]. Economic Letters,2017,152:62 - 65.
④ Frensch R. Tariffs in monopolistic competition models with leisure-consumption trade-off[J]. Economics Letters,2002,77(2):255 - 263.
⑤ 宋瑞.休闲消费和休闲服务调查:国际经验与相关建议[J].旅游学刊,2005,20(4):62 - 66.

认为休闲消费的旨趣在于人的精神文化需求的满足以及自由全面发展的促进①。耿莉萍(2004)认为休闲消费是一种现代生活方式，一种多层次、多形式的消费和以精神消费为主的多目的的消费②。

2. 休闲消费理论模型的构建

基于传统的工作—休闲模型，郭鲁芳(2004)对效用最大化的休闲消费选择进行了翔实的分析，同时在家庭生产函数引入基础上，构建了休闲消费的理论模型③。卿前龙和吴必虎(2009)讨论了闲暇时间约束下的休闲消费增长以及消费者面临的休闲抉择④。肖杰(2011)利用消费函数理论构建休闲选择模型，分析了休闲与工作时间的替代关系，认为休闲消费与工作时间相互替代，而且休闲消费能够产生收入效应与替代效应⑤。周永博等(2010)利用休闲形象感知、休闲体验质量和价格敏感程度衡量休闲消费行为模式，通过考察生活方式、信息刺激和休闲消费行为模式的结构关系，提出了国民休闲消费行为理论模型，探讨了国民休闲消费的驱动机制⑥。

3. 休闲消费能力和结构的考察

居民休闲消费能力指的是，在一定时期内城市居民为了满足休闲需要而进行消费的能力，休闲产品的支付能力和消化能力是其重要的外在表现。楼嘉军等(2015)通过构建城市居民休闲消费能力评价指标体系，对中国36个城市居民休闲消费能力进行分析测度，发现中国城市居民休闲消费能力总体上处于较低水平，人均可支配收入是影响城市居民休闲消费能力的最重要因素，并且在空间上呈现出由沿海发达地区向内陆较

① 张永红.马克思的休闲消费理论探析[J].探索,2010,26(2)：154-158.
② 耿莉萍.论休闲消费的特征、发展趋势与企业商机[J].商业经济与管理,2004,24(3)：8-10.
③ 郭鲁芳.休闲消费的经济分析[J].数量经济技术经济研究,2004,21(4)：12-21.
④ 卿前龙,吴必虎.闲暇时间约束下的休闲消费及其增长——兼论休闲消费对经济增长的重要性[J].杭州师范大学学报(社会科学版),2009,31(5)：89-94+99.
⑤ 肖杰.休闲消费选择的动态经济学分析[J].求索,2011,31(9)：20-22.
⑥ 周永博,沙润,田逢军.国民休闲驱动机制研究——生活方式、信息刺激与休闲消费行为的结构模型分析[J].经济地理,2010,30(6)：1033-1037.

不发达地区递减的特点①。马红涛等人(2018)对我国城市居民休闲消费质量进行了综合测度,并发现其存在明显的空间差异,而个人可支配收入、城市经济实力、地理环境差异、闲暇时间、休闲动机和城市文化等是差异形成的主要因素②。休闲消费结构能够反映居民休闲消费的质量变化状况,它是休闲消费内在构成合理化程度的重要标志。郭鲁芳(2006)认为休闲消费结构主要有简朴型、粗放型、集约型和舒展型等4种类型,她进一步研究发现,目前我国居民休闲消费结构处于粗放型结构主导的较低层次,在内容上表现出"三重三轻"的倾斜型结构特征③。

4. 休闲消费行为的实证调查分析

刘菲(2009)调研分析了北京城市中心商业区的休闲消费状况,发现在居民和游客休闲消费构成中,基本消费刚性强,对消费力的拉动作用有限,而非基本消费弹性大,且各类非基本消费内容相互带动的影响力强,是提高旅游休闲消费水平和消费质量的重要切入点④。宋瑞(2005)通过分析国外休闲消费调查的基本情况,发现相关调查主要是从需求角度展开,包括休闲时间利用、休闲支出和休闲活动参与状况三个方面⑤。

(二)休闲消费影响因素的识别

休闲消费影响因素的识别同样得到国内学者的广泛关注。尹世杰(2007)在《闲暇消费论》一书中深刻剖析了影响闲暇消费的四大因素分别为居民收入水平、消费环境、闲暇消费品及劳务供应、人的价值观和消费观⑥。

---

① 楼嘉军,马红涛,刘润.中国城市居民休闲消费能力测度[J].城市问题,2015,34(3):86-93+104.
② 马红涛,楼嘉军,刘润,等.中国城市居民休闲消费质量的空间差异及其影响因素[J].城市问题,2018,37(9):65-73.
③ 郭鲁芳.中国休闲消费结构:实证分析与优化对策[J].浙江大学学报(人文社会科学版),2006,52(5):122-130.
④ 刘菲,白贺玲.城市中心商业区休闲消费实证分析——以北京为例[J].北京工商大学学报(社会科学版),2009,29(1):75-80.
⑤ 宋瑞.休闲消费和休闲服务调查:国际经验与相关建议[J].旅游学刊,2005,20(4):62-66.
⑥ 尹世杰.闲暇消费论[M].北京:中国财政经济出版社,2007.

纵观国内休闲消费影响因素的研究,发现主要集中于以下三个方面。

1. 不同来源和形式的收入

杨勇(2007)实证研究了城镇居民可支配收入、恩格尔系数以及家庭耐用消费品支出对我国城镇居民休闲消费支出的影响[①]。

2. 闲暇时间的多寡和配置

通过引入"时间约束"概念,郭鲁芳(2006)构建了休闲消费的理论模型,探讨了消费者最优休闲消费选择的基本条件,并实证分析了工资率、工作时间变化和非工资收入对休闲消费选择的差异化影响[②]。王琪延和侯鹏(2012)通过实证分析发现政府财政支出、城镇居民可支配收入等是影响我国居民休闲消费的重要因素[③]。

3. 休闲消费的观念和社会心理特征

吴泗宗和郭海(2010)通过构建休闲消费的享乐性/功用性态度二维结构,实证检验了其对休闲消费意愿的影响[④]。然而值得一提的是,休闲消费并非仅仅受到单一因素的影响,它是社会经济多种因素综合作用的结果。金晓彤等(2012)分析了影响台湾地区老年人口休闲消费的主要因素,包括历史自然进程、法律氛围、政治政策、可支配收入、临近休闲兴起、交通运输便利、休闲观念和外在因素等[⑤]。申广斯和杨振之(2016)实证检验了经济发展水平、恩格尔系数、城镇居民收入和闲暇时间等对城镇居民休闲消费变迁的影响[⑥]。

---

① 杨勇.我国城镇居民休闲消费行为的地区差异性分析——基于1995—2005年省级面板数据的检验[J].商业经济与管理,2007,27(11):68-74.
② 郭鲁芳.时间约束与休闲消费[J].数量经济技术经济研究,2006,23(2):117-125+160.
③ 王琪延,侯鹏.节假日与休闲消费关系研究——兼论我国假日制度改革[J].北京社会科学,2012,27(1):15-21.
④ 吴泗宗,郭海.休闲消费的享乐性/功用性态度研究[J].旅游学刊,2010,25(3):55-60.
⑤ 金晓彤,戴美华,王天新.台湾地区老龄人口休闲消费的影响因素与趋势展望[J].亚太经济,2012,29(1):138-142.
⑥ 申广斯,杨振之.中国城镇居民休闲消费变迁及影响因素研究[J].河南大学学报(社会科学版),2016,56(2):44-50.

（三）休闲消费与经济增长的关系

相较于国外的研究文献，国内学者更多的是对休闲消费与经济增长关系进行直接研究。郑鹏等（2011）通过国际旅游消费与地方经济增长关系的计量分析，发现两者存在明显的协整关系[①]。周文丽（2011）基于投入产出模型，实证研究了国内旅游消费对国民经济及各部门产出增长的贡献率，发现城镇居民的贡献率在上升，相反农村居民的贡献率在下降[②]。庞世明（2014）对我国城乡居民国内旅游消费与收入之间的数量关系重新进行了实证检验，认为周文丽和李世平（2010）[③]得出的结论不能使人信服。他认为中国居民旅游消费和当期收入之间不存在长期协整关系，基于绝对收入假说构建的旅游消费函数也不能很好地解释中国居民的旅游消费行为[④]。通过具体分析文化、文化产品和文化消费的经济学特征，胡雅蓓和张为付（2014）构建了"生产供给、流通载体和消费需求（SMD）"的文化消费分析范式，探讨了在经济基础与上层建筑互动关系作用下扩大文化消费的机理与途径[⑤]。赵迪和张宗庆（2016）的研究认为文化消费不仅有助于我国总消费水平提升，也能够显著改善我国消费的内部结构[⑥]。

（四）休闲消费特定类型的研究

旅游消费、文化消费、体育消费、娱乐消费和教育消费等是休闲消费的重要内容和表现形式，国内学者在上述方面尤其是旅游消费和文化消费领域，形成了相对较多的研究成果。

① 郑鹏,马耀峰,王洁洁,等.基于格兰杰因果检验的陕西省国际旅游消费与地区经济增长关系研究[J].干旱区资源与环境,2011,25(12):190-195.
② 周文丽.基于投入产出模型的旅游消费对经济增长的动态影响研究[J].地域研究与开发,2011,30(3):79-83,88.
③ 周文丽,李世平.基于凯恩斯消费理论的旅游消费与收入关系实证研究[J].旅游学刊,2010,25(5):33-38.
④ 庞世明.中国旅游消费函数实证研究——兼与周文丽、李世平商榷[J].旅游学刊,2014,29(3):31-39.
⑤ 胡雅蓓,张为付.基于供给、流通与需求的文化消费研究[J].南京社会科学,2014,25(8):40-46.
⑥ 赵迪,张宗庆.文化消费推动我国消费增长及其结构改善吗?——基于省际面板数据的实证研究[J].财经论丛,2016,32(2):3-10.

在旅游消费行为研究方面,杨阿莉和高亚芳(2015)对旅游主客体系统进行了符号化解读,对旅游消费的符号表象化危机进行了反思①。李怀和程华敏(2014)探析了特定职业习惯、制度环境和文化资本等非经济因素与同质性游客群体的旅游消费体验之间的关系②。金晓彤等(2012)发现,在多方因素交互作用影响下,因收入水平、认知因素与情感考虑的差异,台湾地区老年人呈现出多元而复杂的旅游消费行为及趋势③。姚唐等(2014)构建了网络旅游消费者参与心理和行为的概念模型④。刘燕等(2016)基于沉浸理论,探索了交互速度等6个维度与旅游消费者在线体验间的关系,重点考察旅游消费者体验与再次预订间的关系,并检验了信任的中介作用⑤。陈素平和成慕敦(2016)基于 S - O - R(刺激—有机体—反应)模型系统,实证分析了单身女性的休闲旅游消费行为⑥。此外,也有学者专门研究了旅游消费的结构问题。夏杰长和胡东兰(2014)基于扩展性支出系统(ELES)模型,从边际消费倾向、基本需求、收入弹性及价格弹性四个方面实证分析了城镇居民的国内旅游消费结构⑦。胥兴安等(2011)提出了基于旅游本质理论的旅游消费浓度理念,同时引入旅游消费浓度指标,对我国城镇居民国内旅游消费结构变化趋势进行了初步分析⑧。

---

① 杨阿莉,高亚芳.后现代语境下符号化旅游消费解读与审视[J].内蒙古社会科学,2015,36(1):106 - 110.
② 李怀,程华敏.旅游消费的体验镜像:一个合法性逻辑的分析[J].兰州大学学报(社会科学版),2014,42(5):58 - 66.
③ 金晓彤,戴美华,王天新.中国台湾地区老龄人口旅游消费现状与发展趋势分析[J].经济问题探索,2012,33(11):136 - 140.
④ 姚唐,郑秋莹,邱琪,等.网络旅游消费者参与心理与行为的实证研究[J].旅游学刊,2014,29(2):66 - 74.
⑤ 刘燕,蒲波,官振中.沉浸理论视角下旅游消费者在线体验对再预订的影响[J].旅游学刊,2016,31(11):85 - 95.
⑥ 陈素平,成慕敦.基于 S - O - R 模型系统的单身女性休闲旅游消费行为分析[J].贵州社会科学,2016,37(3):154 - 162.
⑦ 夏杰长,胡东兰.基于 ELES 模型的城镇居民国内旅游消费结构实证分析[J].河北经贸大学学报,2014,35(4):82 - 86.
⑧ 胥兴安,申健健,杨懿.基于浓度理念的旅游消费模型研究——以我国城镇居民国内旅游为例[J].西南民族大学学报(人文社科版),2011,32(1):130 - 134.

在旅游消费影响因素研究方面,袁宇杰(2011)[①]、张金宝(2014)[②]、陈灿平等(2011)[③]定量研究了影响家庭旅游消费支出的影响因素。刘晶晶等(2016)从住房的双重属性出发,融入居民未来收入预期和旅游消费习惯等因素,探索了我国现阶段房地产价格与居民旅游消费关系的规律性[④]。周文丽和李世平(2010)基于凯恩斯消费理论,构建了城乡居民年总国内旅游消费支出与年总可支配收入、城乡居民基尼系数与国内旅游平均消费倾向间的消费模型,实证分析了可支配收入对旅游消费支出的影响[⑤]。王莹和杨晋(2012)以来杭旅游者和当地居民问卷调查为基础,归纳总结影响旅游消费的五大政策性因素,即"优惠政策""保障政策""管理政策""假日政策""财政政策",并进一步分析了 5 种政策性因素对不同游客的差异化影响程度[⑥]。杨勇(2014)对我国农村居民不同收入来源与旅游消费需求关系进行了实证检验,并在区域比较层面上对不同收入来源结构演进各维度的旅游消费效应进行了分类实证研究[⑦]。杨勇(2015)还分类检验了农村居民收入结构演进各维度与旅游消费之间的数量关系[⑧]。依绍华和聂新伟(2011)则从全国和区域两个层面,对农村居民旅游消费特征以及收入与旅游消费的关系进行实证分析,解析了不同地区的旅游消费需求及发展趋势[⑨]。

---

① 袁宇杰.基于面板模型的城市居民国内旅游消费实证分析[J].旅游科学,2011,25(4):28-35.
② 张金宝.经济条件、人口特征和风险偏好与城市家庭的旅游消费——基于国内 24 个城市的家庭调查[J].旅游学刊,2014,29(5):31-39.
③ 陈灿平,刘梅,张国峰.居民收入增长、金融资产发展与国内旅游消费的动态关系[J].财经科学,2011,55(9):25-31.
④ 刘晶晶,黄璐璇,林德荣.房地产价格对城镇居民旅游消费的影响研究——基于动态面板数据的分析[J].旅游学刊,2016,31(5):26-35.
⑤ 周文丽,李世平.基于凯恩斯消费理论的旅游消费与收入关系实证研究[J].旅游学刊,2010,25(5):33-38.
⑥ 王莹,杨晋.旅游消费的政策影响因素研究及启示——基于在杭消费者的调查[J].经济地理,2012,32(1):163-167.
⑦ 杨勇.收入与我国农村居民旅游消费——基于来源结构视角的省级面板数据实证研究(2000—2010)[J].经济管理,2014,36(8):117-125.
⑧ 杨勇.收入来源、结构演变与我国农村居民旅游消费——基于 2000—2010 年省际面板数据的实证检验分析[J].旅游学刊,2015,30(11):19-30.
⑨ 依绍华,聂新伟.我国农村居民旅游消费与收入关系的实证研究[J].经济学动态,2011,52(9):83-87.

国内文化消费行为研究主要集中于以下三个方面的讨论。

(1) 文化消费的特征及趋势。徐雪高和张振(2014)发现我国城乡居民文化消费边际消费倾向分别呈非对称的倒 U 形和较对称的倒 U 形,并且城镇居民文化边际消费倾向要大于农村居民[1]。毛中根和孙豪(2016)在描述文化消费增长的基础上,总结出我国居民文化消费增长阶段性规律[2]。

(2) 文化消费的结构。陈劲(2015)实证分析了重庆市城市居民的日常文化消费支出、家庭文化耐用品拥有和日常消费结构,揭示了文化消费水平与文化资本和经济资本的内在关系[3]。

(3) 文化消费的区域差异。王亚南(2015)透析了居民文化消费的区域差距。田虹和王汉瑛(2016)采用面板门槛模型检验了不同区域经济发展水平在城乡居民收入水平对文化消费影响中的门槛效应[4]。基于文化消费总量和结构特征的分析,李蕊(2013)发现我国城乡居民文化消费存在显著的城乡、地区和结构性差异,同时发展性文化消费与娱乐性文化消费的比例不均衡[5]。张冲和刘已筠(2016)、王俊杰(2012)研究了农村居民文化消费的影响因素及其地区差异[6]。此外,何昀等(2016)还尝试对文化消费质量的科学内涵进行刻画,借此构建文化消费质量的评价指标体系,对我国居民文化消费质量状况进行测度[7]。

在文化消费影响因素研究方面,张苏秋和顾江(2015)在对传统消费

[1] 徐雪高,张振.我国城乡居民文化消费的特征及趋势[J].经济纵横,2014,30(10): 35-38.
[2] 毛中根,孙豪.中国居民文化消费增长阶段性分析——兼论文化消费"国际经验"的不适用[J].财经科学,2016,60(1): 111-120.
[3] 陈劲.城市居民文化消费结构及其资本积累:重庆例证[J].改革,2015,27(7): 110-119.
[4] 王亚南.公共文化投入和居民文化消费区域差距透析——中国社会结构"非均衡性"的一种检测[J].北京联合大学学报(人文社会科学版),2015,13(2): 52-63.
[5] 李蕊.中国居民文化消费:地区差距、结构性差异及其改进[J].财贸经济,2013,34(7): 95-104.
[6] 张冲,刘已筠.中国农村居民文化消费影响因素的地区差异研究——基于东中西部地区面板数据[J].农村经济,2016,34(7): 65-71.
[7] 何昀,谢迟,毛中根.文化消费质量:内涵刻画、描述性评价与现状测度[J].财经理论与实践,2016,37(5): 115-120.

模型与文化消费模型进行分析的基础上,针对不同阶段居民教育支出对文化消费溢出效应的作用差异做了实证研究①。高莉莉和顾江(2014)从文化消费的特性出发,考察了可支配收入和消费习惯等因素对城镇居民文化消费的影响②。陈广等(2016)构建了一个包含农村地区人口结构与居民文化消费关系的分析框架,具体分析了农村地区年龄结构、家庭抚养比、教育状况、家庭规模及人口自然增长与居民文化消费支出之间的关系③。王宋涛(2014)④、向明(2015)⑤分析了收入分配对文化消费的个体和宏观影响效应。姜宁和赵邦著(2015)实证研究了长三角地区文化消费的影响因素,发现文化需求与文化消费存在着稳定的相关关系,文化传播和文化消费的相关关系呈现出稳定和强度有限的特征⑥。张梁梁和林章悦(2016)从文化消费自身影响、个人因素以及社会因素三个层面着手分析,最终确定了基于中国客观实际的动态空间面板模型,并通过莫兰指数(Moran's I)检验证实了我国居民文化消费的确存在较强的空间集聚效应⑦。

三、国内外研究评价

综观休闲消费现有文献成果可以发现,国内外研究既存在共同点,也有着一定偏差。具体体现在以下几点。首先,国外休闲消费行为研究方面,经济学领域一般是将休闲首先界定为一种时间概念,更多地从理论上

① 张苏秋,顾江.居民教育支出对文化消费溢出效应研究——基于全国面板数据的门限回归[J].上海经济研究,2015,35(9):70-76.
② 高莉莉,顾江.能力、习惯与城镇居民文化消费支出[J].软科学,2014,28(12):23-26.
③ 陈广,顾江,水心勇.农村地区人口结构对居民文化消费的影响研究——基于省际面板数据的实证研究[J].农村经济,2016,34(1):75-80.
④ 王宋涛.收入分配对中国居民文化消费的影响研究[J].广东财经大学学报,2014,29(2):21-27.
⑤ 向明.中国农村居民文化消费研究[J].农业技术经济,2015,34(7):121-128.
⑥ 姜宁,赵邦著.文化消费的影响因素研究——以长三角地区为例[J].南京大学学报(哲学.人文科学.社会科学版),2015,52(5):27-35.
⑦ 张梁梁,林章悦.我国居民文化消费影响因素研究——兼论文化消费的时空滞后性[J].经济问题探索,2016,37(8):56-64.

来分析休闲和消费的关系,社会学视野中的休闲消费则主要是将其视为一种个体活动,进而围绕这种行为本身来研究基础性问题。相对而言,国内学者的研究大多基于后者展开讨论。其次,对休闲消费行为影响因素的研究发现,收入、闲暇和社会心理特征等都会对休闲消费产生重要影响,国内外学者均从不同角度进行了实证检验。然而也不难看出,针对某一解释变量的深入研究仍相对较少。居民收入作为影响休闲消费的主要因素,其对休闲消费的影响过程和作用机理如何,仍然是学术界需要关注和深入探讨的关键问题。再次,国外学者在休闲消费的社会影响研究方面成果相对较多,尤其是炫耀式消费和炫耀式休闲成为较早关注和持续研究的重要课题。然而遗憾的是,国内学者在休闲消费领域研究中,对于社会学理论的引入和炫耀式休闲的探讨明显不足。最后,国内外学者针对休闲消费的经济影响展开了广泛研究,无论是从理论分析还是实证检验均可以判断,休闲消费对宏观经济增长、行业企业发展等方面产生着较为重要的积极影响。但是也不难发现,国外学者对于休闲消费与经济增长的宏观考量仍未充分关注,而国内学者更多的也是针对旅游消费、文化消费等某一层面展开研究。

诚然,国内外学者针对休闲消费进行了跨学科、多层面、多角度的研究。不过值得注意的是,国外学者更多的是侧重社会学领域展开讨论,并且以针对具体休闲消费群体或休闲消费活动参与的考察居多,而将"休闲消费"作为整体概念予以研究的文献仍显较少。随着休闲研究引介中国,越来越多的学者开始关注国人休闲问题研究,在国家消费转型升级势头渐趋和居民休闲参与日渐频繁情境下,休闲消费成为重要的研究热点。然而整体看来,国内学者对于休闲消费的研究尚不够聚焦和深入。一方面,学者们对于休闲消费内涵和外延的探讨仍显偏少,我国居民休闲消费的水平、质量、潜力到底怎么样? 它对国民经济和居民生活质量到底会产生什么样的影响？这些问题仍然需要进一步的深入研究。另一方面，影响居民休闲消费潜力的核心要素有哪些？这些要素影响居民休闲消费潜力的机制如何？对这些问题的讨论和研究显然还不够。

基于此，本书拟以我国 31 个省、自治区和直辖市城镇居民为研究对象，在描述城镇居民休闲消费现状和特征基础上，构建指标体系对其休闲消费潜力进行综合测度。通过从理论层面梳理休闲消费潜力影响的分析框架，识别影响休闲消费潜力的关键要素，并重点研究我国住房价格波动和人口年龄结构变化对城镇居民休闲消费潜力的影响以及影响程度的空间异质性，以此提出我国城镇居民休闲消费潜力全面释放的政策建议。

第二节　概念界定与基本理论

一、概念界定

休闲消费潜力是本书研究的核心问题和关键术语，不过我们需要沿着"休闲—休闲活动—休闲消费活动—休闲消费相关概念—休闲消费潜力"这一线索逐层认识、深入剖析。

（一）国内外学者对于休闲及其活动类型的认识

工作和休闲是人类生命存在的两种主要方式，然而从工作中摆脱出来，更多地拥有休闲和更好地享受休闲，则是人类最古老的梦想之一。尽管如此，直到人类文明发展到一定阶段，尤其是人类社会进入到工业化时期（以 18 世纪 60 年代的英国工业革命为标志），人们才给予了休闲更多的关注和研究。由于休闲几乎涵盖社会经济生活的所有领域，无法运用系统化的方式进行规范、严谨的研究，因此对于休闲的界定一直以来也没有达成一致意见。不过，国外仍有学者对休闲进行了相对全面和系统的解释,比如杰弗瑞·戈比(Geoffrey Godbey)在《你生命中的休闲》(*Leisure in Your Life: An Exploration*)一书中,从自由时间、社会活动、生存方式和心态四个层面阐释了休闲的基本内涵①。

单就社会活动的角度而言,休闲体现为一系列不同的行为方式和活动类型。一般来说,只要是在尽到职业、家庭和社会责任之后自由从事的活动均可以划归到休闲活动范畴之内。尽管如此,针对不同的个体,相同的活动类型是否可以完全界定为休闲活动,又有着一定的复杂性。比如,打篮球对于某些群体而言属于休闲活动,而对于专业运动员来讲就是其工作内容。抛开对于该类问题的讨论,仅是针对休闲活动类型方面,国外学者通过长期积累已形成了一定研究成果。作为休闲活动的重要类型,斯特宾斯(Stebbins,1982)对深度休闲(Serious Leisure)进行了概念性陈述②,之后他通过对深度休闲与随意休闲(Casual Leisure)关系的讨论③以及项目型休闲(Project-Based Leisure)的考察④形成了深度休闲的概念框架,并根据休闲活动的深度性(Seriousness)将其划分为深度休闲、随意休闲和项目型休闲3种类型⑤。但是,也有学者对这一结论产生质疑,认为深度休闲和随意休闲仅仅是休闲活动连续谱的两端而已⑥,然而争议的声音恰恰是对休闲活动类型在理论研究上的进一步完善和补充。

与国外研究历程和深度相比,国内关于休闲及其活动类型的研究呈现出如下特点。

---

① 杰弗瑞·戈比.你生命中的休闲[M].康筝,译.昆明:云南人民出版社,2000:4-6.
② Stebbins R A. Serious leisure:A conceptual statement[J]. Pacific Sociological Review,1982,25(2):251-272.
③ Stebbins R A. Serious leisure[J]. Society,2001,38(4):52-57.
④ Stebbins R A. Project-based leisure:Theoretical neglect of a common use of free time[J]. Leisure Studies,2005,24(1):1-11.
⑤ Stebbins R A. Right leisure:Serious,casual,or project-based?[J]. NeuroRehabilitation,2008,23(4):335-341.
⑥ Shen X S,Yarnal C. Blowing open the serious leisure-casual leisure dichotomy:What's in there?[J]. Leisure Sciences,2010,32(2):162-179.

（1）我国休闲研究起步较晚。20 世纪 90 年代，我国学者才开始关注到休闲在社会经济中的重要地位和角色，才开始对休闲的内涵、属性和本质等尝试性地进行解释和描述。马惠娣（2001）较早地撰文展望了已经来临的 21 世纪与休闲经济、休闲产业、休闲文化之间的相互性，并且呼吁加强对此领域的学术研究[①]。

（2）早期研究主要是对国外研究成果的认同和借鉴。2000 年左右云南大学出版社出版了第一套"休闲研究译丛"，2009 年前后中国经济出版社出版了第二套"休闲研究译丛"，这在一定程度上表明我国休闲研究仍然处于不断学习和积极探讨的阶段。

（3）国内有关休闲活动的研究逐渐增多，然而更多的是基于调查和统计的便利对休闲活动进行的类型划分。比如，蒋奖等人（2011）在研究休闲活动对主观幸福感的影响时，将休闲活动划分为运动性、艺术性、社交性和康乐性 4 种类型[②]；楼嘉军（2016）将休闲活动总结为消遣娱乐、怡情养身、体育健身、观光度假、社会活动和自我发展 6 种类型[③]。此外，也有学者针对我国居民特有的休闲活动展开实证研究，如林敏慧和保继刚（2016）针对广场舞休闲的研究[④]等。不难看出，国内有关休闲活动及其类型研究的学理性分析仍显不足，但是不可否认的是，有关休闲活动的研究已经具备了丰富的材料和经验。

（二）消费与休闲关系辨识

消费是一种复杂的、综合性的社会、经济、政治、心理和文化现象，可以从不同学科、层面和角度展开讨论和分析。从经济学视角入手，消费函数、消费决策、消费水平和结构、消费力、消费需求与经济增长关系等

① 马惠娣.21 世纪与休闲经济、休闲产业、休闲文化[J].自然辩证法研究,2001,17(1):48-52.
② 蒋奖,秦明,克燕南,等.休闲活动与主观幸福感[J].旅游学刊,2011,26(9):74-78.
③ 楼嘉军.休闲学概论[M].上海:华东师范大学出版社,2016:62-72.
④ 林敏慧,保继刚.城市广场舞休闲研究:以广州为例[J].旅游学刊,2016,31(6):60-72.

都是消费研究的重要议题;从社会学角度着眼,人们通过自己的"消费者"角色,与他人结成一定的分工、合作、交换和互动的社会关系,因此围绕消费行为的消费需要、消费认同、消费方式、消费文化和消费环境等问题引起社会学家的极大关注。需要说明的是,尽管消费议题涉及宏观和微观两个层面的研究,但是宏观层面分析仍然需要以微观分析为基础,也就是说,消费首先属于人们的一种个体行为,理应受到更多关注。《辞海》给出了消费类似的解释,强调消费通常指的是个人消费,它是人们消耗物质资料以满足生活需要的过程,是社会再生产过程中的一个环节,是人们生存和恢复劳动力的必不可少的条件,是生产人们的自身。

综合以上分析不难看出,作为人类行为和活动的休闲和消费,某种程度上有着天然的联系。休闲与消费的关系可以侧重于以下两个方面予以理解:第一,并非所有的休闲活动均具有消费的属性。王雅林(2003)将休闲活动方式划分为消遣娱乐(文化娱乐、吧式消费、闲聊闲逛)、怡情养身(养花草宠物、业余爱好、美容装饰)、体育健身(一般健身、时尚刺激型健身)、旅游观光(远足旅游、近郊度假)、社会活动(私人社交、公共节庆、社会公益)、教育发展(参观访问、休闲教育)6种类型[1],其中闲聊闲逛、社会公益以及参观访问中的部分活动并不具有明显的消费成分。第二,休闲消费是人们消费活动的重要组成部分。居民消费活动门类众多、错综复杂,根据中国统计年鉴中给出的消费支出数据可知,居民消费主要包括食品、衣着、家庭设备用品及服务、医疗保健、交通和通信、娱乐教育文化服务、居住、杂项商品和服务八大类。不难看出,食品、衣着、居住等消费并非带有明显的休闲属性。

---

[1]　王雅林.城市休闲——上海、天津、哈尔滨城市居民时间分配的考察[M].北京:社会科学文献出版社,2003:43-45.

（三）概念框架及相互关系梳理

本书研究所涉及的概念除了休闲消费、休闲消费潜力外，还包含休闲消费能力、休闲消费意愿等。

1. 休闲消费

国内外学者针对休闲消费给出了一定解释。Aall(2011)认为，休闲消费指的是在闲暇时间进行休闲服务和商品消费的各类活动[①]。他进一步指出，在对休闲消费进行定义时，要充分考虑闲暇时间、休闲产品和服务的不同类型，如表2-1所示。Tiia等人(2017)认为，休闲消费是一种额外消费，它在基本需求满足之后才可能实现[②]。宋瑞(2005)指出，休闲消费是指伴随休闲活动发生的社会性消费现象，是人们为了开心享有、神清气爽、消遣放松或休闲娱乐而进行的消费[③]。吴泗宗和郭海(2010)强调，居民从事休闲消费怀有极大的享乐性和功用性态度[④]。不难看出，休闲消费是人们消费活动中层次较高的一种形式，一定程度上带有文化性和享受性的特点。

表2-1　休闲消费类别

	休闲时间类型	休闲产品和服务的类型
核心类别	自由时间	假日旅行 到第二故乡旅行 户外游憩 文化娱乐(图书馆、电影院、音乐会、博物馆等) 业余爱好(宠物、乐器等) 传统家庭娱乐(阅读、传统游戏等) 现代家庭娱乐(计算机、互联网、电视、广播等)

---

① Aall C. Energy use and leisure consumption in Norway: an analysis and reduction strategy[J]. Journal of Sustainable Tourism, 2011, 19(6): 729 – 745.

② Tiia Kekäläinen, Terhi-Anna W, Katja K. Leisure Consumption and well-Being among Older Adults: Does Age or Life Situation Matter? [J]. Applied Research in Quality of Life, 2017, 12(3): 671 – 691.

③ 宋瑞. 休闲消费和休闲服务调查: 国际经验与相关建议[J]. 旅游学刊, 2005, 20(4): 62 – 66.

④ 吴泗宗, 郭海. 休闲消费的享乐性/功用性态度研究[J]. 旅游学刊, 2010, 25(3): 55 – 60.

（续表）

	休闲时间类型	休闲产品和服务的类型
补充类别	常规时间	探亲访友 体育锻炼 有组织的活动
	日常闲暇	园艺 重新装饰 购物
	工作相关的福利时间	会议旅游
	非强制性教育时间	业余爱好有关的夜校

注：根据 Aall(2011)的研究整理得到。

综合上述分析，本书认为，休闲消费是人们为满足放松身心、追求旨趣、社会交往、文化娱乐等休闲需求，利用闲暇时间进行的各种对休闲产品或服务的消费活动。休闲消费具有如下特征：首先，消费属性。休闲消费有别于人们看电视、逛公园、读书看报等休闲活动，它需要以付出金钱为基本前提。其次，层次较高。休闲消费是人们在满足基本生活需要基础上进行的消费活动，因此它更多的是对于享受资料和发展资料的消费。最后，形式多样。休闲消费既包括人们对于基础性休闲品的消费，也包括文化培训、教育发展等消费活动，因此休闲消费涉及面较广、外延相对较宽。

2. 休闲消费能力

消费力是马克思经济理论中的重要概念，它指的是一定时期内消费者的消费能力。消费能力具有以下特征：一方面，消费能力大小取决于人们收入水平高低，提高消费能力的关键在于人们收入水平的不断上涨；另一方面，消费能力与消费结构密切相关，人们对于享受和发展资料的需求越是突出，其消费能力就会越强。与之相对应，休闲消费能力可以理解为人们对于休闲产品和服务的消费能力，它反映的是人们"能不能"甚至

"敢不敢"进行休闲消费的问题。

当然,休闲消费能力与其他消费能力既有联系,也有区别。联系在于两者同属于消费能力范畴,一般来讲,休闲消费能力较强,其他消费能力也会较高。区别在于休闲消费能力有着比其他消费能力更高的要求,这是由休闲消费的固有属性所决定的,主要表现在以下两个方面:一是休闲消费能力对居民收入水平的依赖性更大。二是休闲消费能力还受到人们休闲参与能力的影响,这与其身体状况、教育背景、兴趣爱好等有着天然的联系。

3. 休闲消费意愿

消费意愿指的是在当前物价、利率以及收入水平等情况下,人们倾向于消费的程度和愿望。顾名思义,休闲消费意愿是指居民进行休闲消费的愿望和倾向,它反映的是人们"愿不愿"进行休闲消费的问题。

休闲消费意愿与休闲消费能力彼此联系、相得益彰。一方面,休闲消费意愿与休闲消费能力一样,受到居民收入水平的较大影响;另一方面,休闲消费能力是人们进行休闲消费的重要前提,而休闲消费意愿则进一步体现人们休闲消费的最终达成,它在一定程度上决定着居民休闲消费的规模上限。

4. 休闲消费潜力

从狭义上来讲,消费潜力指的是尚未开发的居民消费需求。然而,现实消费需求对消费潜力有着直接决定作用,同样能够体现消费潜力的最终水平。因此,本书将休闲消费潜力定义为:一定时期内居民为了满足休闲需要而进行消费的潜在能力,它是居民显在休闲消费需求和潜在消费意愿的综合反映,同时受到休闲市场供给和休闲消费环境的极大影响。可以看出,从个体层面来讲,休闲消费潜力与居民休闲消费水平、休闲消费结构、休闲消费能力直接相关;从城市或地区层面看,休闲消费潜力不仅与休闲消费规模结构、居民休闲消费能力有关,它还受到休闲产业供给、休闲设施建设和休闲环境营造等的影响。

此外,休闲消费水平主要是指居民用于休闲的消费支出数量和规模等,休闲消费质量则进一步反映了居民休闲消费的结构以及休闲消费给居民带来的生活质量状况的改变。休闲消费、休闲消费水平、休闲消费质量、休闲消费能力、休闲消费意愿以及休闲消费潜力的关系如图 2-1 所示。

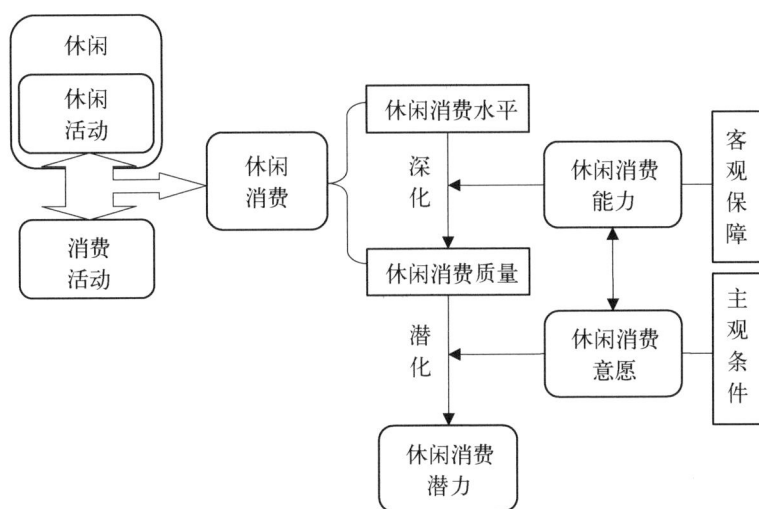

图 2-1　相关概念间的关系

从图 2-1 我们可以得到以下几点认识。第一,休闲消费是与人们休闲有关的消费活动类型,居民休闲消费首先可以从休闲消费水平和休闲消费质量上予以考察。第二,从某种意义上讲,休闲消费质量是休闲消费水平的深化。休闲消费水平代表居民休闲消费质量的高低,而休闲消费质量则表示居民休闲消费的优劣和层次,两者关系受到休闲消费能力的极大影响。第三,休闲消费水平和质量属于显在指标,而休闲消费潜力则属于潜在指标,因为它与人们休闲消费的主观意愿有着较强关联。

二、基本理论

消费函数理论和空间异质性理论是本研究的重要理论基础。一方面,消费函数理论是城镇居民休闲消费潜力研究的理论基石,在休闲消费潜力影响机制的讨论中,居民收入是绕不开也不能绕开的核心要素。另一方面,空间异质性理论能够为城镇居民休闲消费潜力地区差异性及影响因素空间异质性分析提供指导。

（一）消费函数理论

消费函数能够反映消费支出与决定消费的各种因素之间的依存关系。收入、利率、财产、收入分配等都是居民消费水平的重要决定因素,需要指出的是,居民收入是其中最根本的影响因素之一。因此,消费与收入之间的函数关系是消费函数的实质。在消费经济学中,消费函数理论主要有以下 5 种形式。

1. 凯恩斯消费函数理论

凯恩斯(Keynes)于 1936 年在《就业、利息和货币通论》一书中提出,可支配收入与消费之间存在相当稳定的关系。他将消费分为两部分:"自发消费"和"引致消费",其中,不受收入影响以及本能消费需要所形成的消费属于自发消费,受收入因素和边际消费倾向影响所形成的消费则属于引致消费。凯恩斯消费函数的基本表达式为:

$$C_t = a + b \times Y_t \qquad (2-1)$$

式中,b 为边际消费倾向。在凯恩斯消费函数理论提出后,西方经济学家根据大量统计资料开展了广泛的研究。

2. 杜森贝里短期消费函数

杜森贝里(Duesenberry)于 1949 年提出短期消费函数,它又被称为相对收入假设。他认为，"示范性"和"不可逆性"是一个家庭或个人现期消费的重要特征。一方面，消费者的消费支出不仅受到自身收入的影响，同时也受到周围人消费行为及收入与消费关系的极大影响，表现出明显的"攀附性"，称为"示范效应"；另一方面，消费者的消费支出不仅受到目前收入的影响，而且也受到过去收入和消费水平的影响，表现出明显的"不可逆性"，称为"棘轮效应"。相对收入假设消费函数的基本表达式为：

$$C_t = b_0 + b_1 Y_t + b_2 C_{t-1} + \mu_t, \ t = 1, 2, \cdots \qquad (2-2)$$

式中，C_{t-1} 为第 $t-1$ 期的消费支出。

3. 弗里德曼的永久收入假说

弗里德曼（Friedman）于 1957 年提出永久收入假说，它又被称为持久收入假设消费函数模型，是对凯恩斯绝对收入假设的修正与补充。弗里德曼认为，消费中既包括经常性的、必须保证的基本消费，又包括非经常的额外消费；与之相对应，收入中既包括可以预料到的、长久性的、带有常规性的持久收入，又包括非连续性的、带有偶然性的瞬时收入。因此，家庭的恒常消费主要取决于恒常收入，人们的现实消费一般不受意外收入或损失的影响；意外收入全部用于储蓄，也就是说，现实的消费是稳定的。永久收入消费函数的基本表达式为：

$$C_p = b \times Y_p \qquad (2-3)$$

式中，C_p 代表恒常消费，Y_p 代表恒常收入。

4. 莫迪利安尼的生命周期消费函数

莫迪利安尼（Modigliani）的生命周期消费函数理论认为，消费者是理性的。人们只是根据效用最大化原则来使用一生的收入，并安排其一生的消费，如此一来，人们一生中的收入会等于一生的消费。因此，消费者的现期消费不仅仅只与现期收入有关，它与消费者开始时的资产、以后各期收入期望值以及个人年龄大小等紧密相关。生命周期消费函数的基本表达式为：

$$C_t = b_1 Y_t + b_2 A_t + \mu_t,\ t = 1, 2, \cdots \qquad (2-4)$$

式中，C_t 代表现期财产。

5. 霍尔的适应预期消费函数模型

霍尔(Hall)于 1996 年将理性预期理论引入消费函数，进而提出了理性预期生命周期假说，它又被称为适应预期的消费函数模型。适应预期理论认为，人们可以根据原因变量的实际值对结果变量进行预期，但是需要对结果变量的预期值进行调整，这是因为，实际中往往达不到预期的结果。适应预期的消费函数模型计量形态为：

$$C_t = \lambda a + (1-\lambda) C_{t-1} + \lambda B Y_t + \mu_t,\ t = 1, 2, \cdots \qquad (2-5)$$

式中，λ 为调整系数。

（二）空间异质性理论

在解释诸多社会现象时，空间维度是不可忽视的重要方面。Isard(1956)较早地论述了这一问题，他认为，一个综合性的经济理论或社会理论应该包括时间与空间两个维度，原因在于，社会发展与经济增长具有在不同时间和地点独立发生的特质，区域差异明显存在且各地区人民福利间极不平等[①]。空间异质性逐渐得到学者们的讨论和考察安瑟兰(Anselin,1988)认为，空间异质性(spatial heterogeneity，即空间差异性)，指的是每一个空间区位上的事物和现象区别于其他区位上的事物和现象，实证模型中的变量、参数以及误差项方差随着区位或空间的变化而变

---

① 沃尔特·艾萨德.区位与空间经济学——关于产业区位、市场区、土地利用、贸易和城市结构的一般理论[M].杨开忠，等，译.北京：北京大学出版社，2011.

化[①]。由于地理空间上的区域缺乏均质性,经济社会发展存在较大的空间上的差异性,经济地理结构中存在发达地区和落后地区、中心(核心)和外围(边缘)地区等的划分。在对空间异质性的计量中,运用较多的主要有以下 3 种方式。

1. 半变异函数方法

半变异函数是一个关于数据点的半变异值与数据点间距离的函数,设区域化变量 $Z(X_i)$ 和 $Z(X_i+h)$ 分别是 (X) 在空间位置 X_i 和 X_i+h 上的观测值 $[i=1,2,\cdots,N(h)]$,则半变异函数可由下式进行估计。

$$\gamma(h) = \frac{1}{2N(h)} \sum_{i=1}^{N(h)} \left[Z(x_i) - Z(x_i+h) \right]^2 \qquad (2-6)$$

其中, $N(h)$ 是分割距离为 h 的样本量。倘若不同方向测定上观测值的半变异函数趋势不一致,说明观测值在不同方向上有着不同的空间分布特征。

2. 空间扩展模型

空间扩展模型指的是在一个"初始模型"基础上,通过改变一些变量的参数而扩展为一个"终端模型"。当一个"初始模型"存在一些不足之处或者无法满足某些要求时,较妥当的做法即是在它的基础上进行再构或扩展[②]。

假设存在一个初始模型,表现形式为:

$$y_i = \sum_{K=1}^{K} X_{Ki} \beta_K + \varepsilon_i \qquad (2-7)$$

基于位置 i 的坐标系 (u_i, v_i),我们将空间效应考虑进模型参数中,

① Anselin luc. Spatial Economitrics: Methods and Model[M].Boston: Kluwer Academic,1988.
② Emilio Casetti. Generating models by the Expansion Method: Application to Geographical Research [J]. Geographical Analysis,1972,4: 81-91.

得到：

$$\begin{cases} \beta_{1i} = \beta_{11} + \beta_{12}u_i + \beta_{13}v_i \\ \beta_{2i} = \beta_{21} + \beta_{22}u_i + \beta_{23}v_i \end{cases} \quad (2-8)$$

那么，式(2-7)可以扩展为以下形式：

$$\begin{aligned} y_i &= \beta_{1i} + \beta_{2i}x_{2i} + \varepsilon_i \\ &= \beta_{11} + \beta_{12}u_i + \beta_{13}v_i + (\beta_{21} + \beta_{22}u_i + \beta_{23}v_i) x_i + \varepsilon_i \end{aligned} \quad (2-9)$$

3. 地理加权模型

地理加权回归模型（Geographical Weighted Regression，GWR）是一种能够简单而有效地处理空间非平稳性的建模技术。它是一种空间变系数的回归估计方法，是对一般线性回归模型的扩展[①]。地理加权模型一般形式如下：

$$y_i = \beta_0(\mu_i, v_i) + \sum_{j=1}^{n} \beta_j(\mu_i, v_i) x_{ij} + \varepsilon_i \quad (2-10)$$

式中，(μ_i, v_i) 为第 i 个区域的经纬度坐标，$\beta_0(\mu_i, v_i)$ 为区域 i 的常数项，$\beta_j(\mu_i, v_i)$ 为第 i 个区域第 j 个解释变量的待估计参数，ε_i 是第 i 个区域的随机误差项。

---

① Brunsdon C，Fotheringham A S，Charlton M. Geographically weighted Regression：a Method for Exploring Spatial Nonstationarity[J]. Geographical Analysis，1996，28：281-298.

第三章　中国城镇居民休闲消费演变及特征分析

　　休闲消费是城镇居民休闲活动参与的主要形式之一,它指的是人们通过购买休闲商品或服务以满足自身休闲需要的有偿消费活动。改革开放40年以来,我国社会经济得以快速发展,城镇居民生活质量发生了天翻地覆的变化,收入水平的提高和消费观念的变迁使得城镇居民的休闲消费需求显著增加,休闲消费结构不断优化。然而,全社会浓郁的休闲氛围在某种意义上仍然与我国勤俭节约的文化传统有着一定隔阂和偏差,我国城镇居民休闲消费的广度和深度究竟如何? 其进一步拓展的空间还有多大? 这些都是亟须搞清的重要议题。这就需要首先考察和梳理城镇居民休闲消费的现状和特点,分析其总量变化趋势和内部结构存在的问题。

　　本章采集1998—2016年我国31个省、自治区和直辖市休闲消费有关数据,对城镇居民休闲消费的总量变动和结构演化进行描述性统计并分析其地区差异性特征,为城镇居民休闲消费潜力测度分析以及休闲消费潜力影响研究奠定现实基础。

第一节　城镇居民休闲消费的变化

　　本部分所需休闲消费数据包含了教育文化娱乐支出等核心内容,另外交通通信支出、医疗保健支出、生活用品及服务支出、其他用品及服务支出等也纳入分析范畴。经计算和统计分析可以发现,1998—2016 年我国城镇居民休闲消费总量变化主要呈现如下特征。

一、休闲消费规模的变化

（一）城镇居民休闲消费整体呈现递增趋势,但增长速度慢于收入和总消费

改革开放以来我国经济保持快速增长势头,2010 年已超过日本,成为仅次于美国的世界第二大经济体。根据世界银行发布的数据,40 年来我国人均 GDP 增长了 56.8 倍左右,其中 1998—2016 年增长 10.7 倍,由 1998 年的 829 美元增长到 2016 年的 8 866 美元。相应地,人均可支配收入和消费支出也发生了极大变化。根据国家统计局发布的数据（见表 3－1）,1998—2016 年我国城镇居民人均可支配收入由 5 425 元增加到 33 616 元,人均消费支出由 4 331.6 元增加到 23 078.9 元。其中,城镇居民人均休闲消费支出由 1998 年的 1 515.48 元上涨到 2016 年的 9 463.77 元,增长了 6.24 倍。

表 3－1　1998—2016 年我国城镇居民人均可支配收入、
总消费及休闲消费

年 份	人均可支配收入（元）	人均总消费（元）	人均休闲消费（元）	人均休闲消费占可支配收入比例（%）	人均休闲消费占总消费比例（%）
1998	5 425.050	4 331.610	1 515.480	27.935	34.987
1999	5 854.020	4 615.910	1 747.460	29.851	37.857
2000	6 279.980	4 998.000	2 038.730	32.464	40.791
2001	6 859.580	5 309.010	2 213.350	32.267	41.690
2002	7 702.800	6 029.880	2 542.920	33.013	42.172

（续表）

年　份	人均可支配收入(元)	人均总消费(元)	人均休闲消费(元)	人均休闲消费占可支配收入比例(%)	人均休闲消费占总消费比例(%)
2003	8 472.200	6 510.940	2 756.930	32.541	42.343
2004	9 421.610	7 182.100	3 052.180	32.396	42.497
2005	10 493.030	7 942.880	3 419.300	32.586	43.049
2006	11 759.450	8 696.550	3 778.660	32.133	43.450
2007	13 785.810	9 997.470	4 345.160	31.519	43.463
2008	15 780.760	11 242.850	4 671.720	29.604	41.553
2009	17 174.650	12 264.550	5 272.890	30.702	42.993
2010	19 109.440	13 471.450	5 890.270	30.824	43.724
2011	21 809.780	15 160.890	6 574.840	30.146	43.367
2012	24 564.720	16 674.320	7 325.810	29.822	43.935
2013	26 467.004	18 487.539	8 063.559	30.466	43.616
2014	28 843.854	19 968.085	7 851.295	27.220	39.319
2015	31 194.828	21 392.363	8 605.585	27.587	40.227
2016	33 616.246	23 078.897	9 463.768	28.152	41.006

1998—2016 年有关统计数据分析显示,城镇居民人均可支配收入的增长速度要快于人均消费支出的增长,而人均消费支出增长速度又明显快于休闲消费数量的增长,如图 3-1 所示。从城镇居民人均休闲消费的变化趋势上来看,结合 1998—2016 年人均休闲消费的实际情况,以下三点值得关注。

1. 2004 年城镇居民人均休闲消费突破 3 000 元

自新世纪伊始国家提出扩大内需宏观经济战略以来,"假日经济"对城镇居民休闲消费发挥了极大拉动作用,然而 2003 年的"非典"无疑给势头强劲的消费市场泼了一盆冷水。随着"非典"负面影响的逐渐消除,居民消费尤其是休闲消费又重新焕发生机。

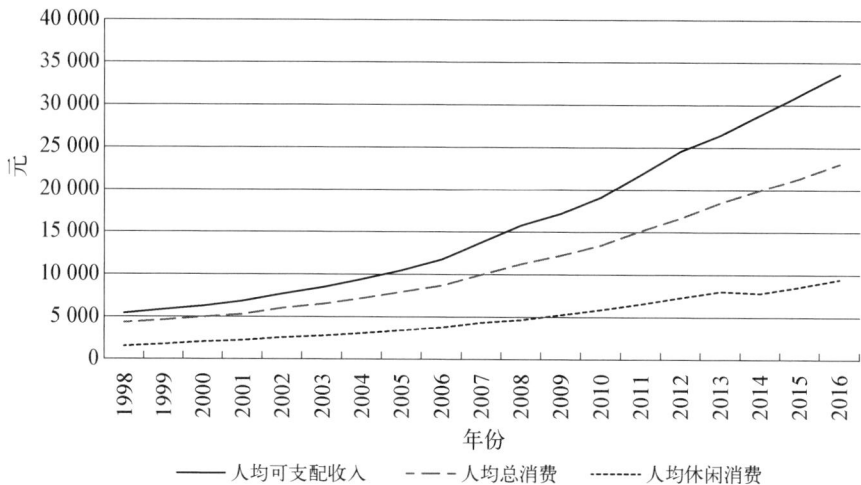

图 3-1　1998—2016 年我国城镇居民人均可支配收入、总消费及休闲消费的变化

2. 2009 年城镇居民人均休闲消费超过 5 000 元

一方面,2007 年党的十七大再次明确,经济增长方式要由主要依靠投资、出口拉动向依靠消费、投资、出口协调拉动转变,这对居民消费的快速增长起到了极大刺激作用;另一方面,2009 年国务院印发《关于加快旅游业发展的意见》,旅游业再度成为休闲消费市场的生力军和领头羊。此外,随着 2008 年全球金融危机的逐渐退却,中国经济形势开始好转,人们收入水平快速提高,这为城镇居民休闲消费提供了坚实保障。

3. 2013 年城镇居民人均休闲消费突破 8 000 元

2012 年党的十八大再次强调,要牢牢把握扩大内需这一战略基点,加快建立扩大消费需求长效机制,释放居民消费潜力。国家宏观经济战略的调整和引领,仍然是休闲消费得以快速增长的重要驱动力。值得关注的是,2014 年城镇居民人均休闲消费出现了略微降幅,而后迅速提升。从居民消费统计数据分析可以发现,北京、上海、广东、江苏、浙江、天津等发达省、直辖市的休闲消费数量下滑严重,这在一定程度上拉低了全国城镇居民休闲消费的平均水平。进一步分析发现,同年上述省、直辖市的居民住房消费有着较大增幅,这就不难得出,住房价格和住房消费的上涨对城镇居民的休闲消费产生一定"挤出效应",从而使得人均休闲消费稍有下降。

(二)城镇居民休闲消费占可支配收入、总消费的比例相对稳定

从上述分析可以看出,1998—2016 年我国城镇居民人均休闲消费、人均可支配收入和人均总消费涨幅不尽相同,尽管如此,休闲消费占可支配收入和总消费的比例仍然维持在一定范围之内。结合表 3-1 和图 3-2 可知,城镇居民人均休闲消费占可支配收入的比例维持在 25%～35%。

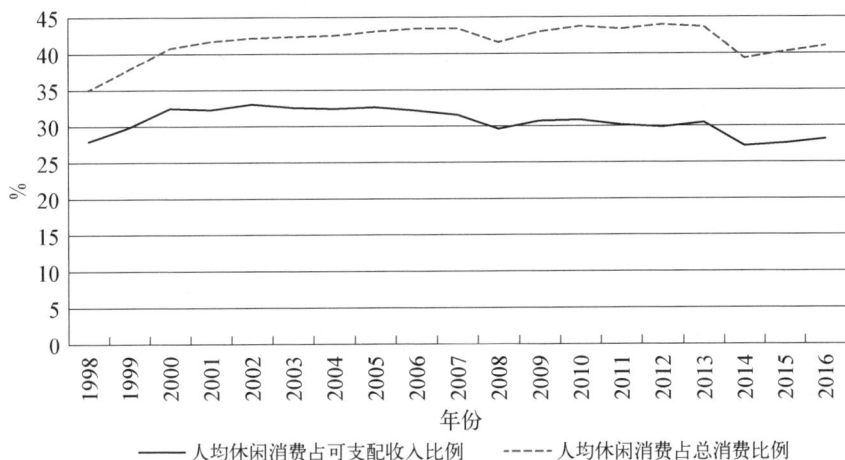

图 3-2　1998—2016 年我国城镇居民人均休闲消费占可支配收入、总消费比例的变化

(1) 自 2000 年开始休闲消费占可支配收入比例显著提高,2002 年该比例高达 33%以上。究其原因主要在于,一方面,1999 年我国开始实行"黄金周"制度,旅游热潮席卷全国,长假制度成为拉动内需、促进消费的一大举措;另一方面,2001 年国务院发布《关于进一步加快旅游业发展的通知》,旅游业从经济产业定位又上升为综合性产业,成为拉动居民休闲消费的重要引擎。

（2）2008 年前后休闲消费占可支配收入比例逐渐放缓。可能的原因是,休闲消费的增长速度远远赶不上人均 GDP 的增长,休闲消费理念的形成需要相对较长的时间,休闲消费行为某种程度上亦存在一定惯性,这使得休闲消费增长呈现循序渐进的趋势。与此相反,我国社会经济发展的利好环境促使人均 GDP 规模快速增加。根据世界银行数据可知,2001年我国人均 GDP 达到 1 000 美元,2006 年突破 2 000 美元,仅在短短两年后的 2008 年就已超过 3 000 美元。人均可支配收入的增长速度同样显而易见,1998 年为 5 425 元,2005 年突破 10 000 元,2008 年就已超过 15 000元,之后增长速度更加趋快。

（3）2014 年休闲消费占可支配收入比例大幅降低,而后缓慢回升。如前所述,该年度城镇居民人均休闲消费数量有所减少,是造成占人均可支配收入比例大幅下降的主要原因。

城镇居民人均休闲消费占总消费的比例基本维持在 35%～45%。从1998—2016 年基本走势来看(见图 3 - 2),它与人均休闲消费占可支配收入比例具有较为相似的变化规律。具体而言,大致可分为如下三个阶段:一是 1998—2007 年从 34.99% 持续增长到 43.46%;二是 2008—2013 年回落至 41.55% 后又上升到 43.62%;三是 2014—2016 年再次回落至39.32% 后迅速提升。不难看出,与人均休闲消费占可支配收入比例相类似,2008 年和 2014 年均是占比数值下降的节点年份,原因分析不再赘述。

二、休闲消费增长率的变化

城镇居民人均休闲消费增长率趋缓,并逐渐同步于收入和总消费的增长。1998—2016 年我国城镇居民人均休闲消费逐年递增,但是增长速度则呈现逐渐趋缓的态势。从人均休闲消费的增长率来看(见表 3 - 2),1999 年和 2000 年保持在 15% 以上的增长速度,2001 年、2003 年、2008 年以及 2014 年后增长率下降至 10％以下，甚至在 2014 年还出现负增长的现象。为更加清晰地考察 1998—2016 年我国城镇居民人均休闲消费增长速度情况，根据年份区间对称的原则，将考察周期划分为四个阶段（需要说明的是，在每一阶段的起始年份，人均休闲消费增长率恰好处在比率的回落点）。通过计算得知，1999—2002 年城镇居民人均休闲消费年平均增长率为 13.858％，2003—2007 年为 11.331％，2008—2012 年为 11.027％，2013—2016 年为 6.755％。可以看出，1998—2016 年我国城镇居民人均休闲消费增长率逐渐趋缓。

表 3‑2　1999—2016 年我国城镇居民人均可支配收入、
总消费及休闲消费的增长率（％）

年　份	人均可支配收入增长率	人均总消费增长率	人均休闲消费增长率
1999	7.907	6.563	15.307
2000	7.276	8.278	16.668
2001	9.229	6.223	8.565
2002	12.293	13.578	14.890
2003	9.989	7.978	8.416
2004	11.206	10.308	10.709
2005	11.372	10.593	12.028
2006	12.069	9.489	10.510
2007	17.232	14.959	14.992
2008	14.471	12.457	7.515
2009	8.833	9.088	12.868
2010	11.265	9.841	11.709
2011	14.131	12.541	11.622
2012	12.632	9.982	11.422
2013	7.744	10.874	10.071
2014	8.980	8.008	(2.632)

（续表）

年 份	人均可支配收入增长率	人均总消费增长率	人均休闲消费增长率
2015	8.151	7.133	9.607
2016	7.762	7.884	9.972
1999—2002 年平均	9.176	8.661	13.858
2003—2007 年平均	12.374	10.665	11.331
2008—2012 年平均	12.266	10.782	11.027
2013—2016 年平均	8.159	8.475	6.755

对比 1998—2016 年我国城镇居民人均休闲消费增长率与人均可支配收入增长率情况,结合图 3-3 可以发现如下特点:第一,1990 年和 2000 年两者之间存在较大差距,人均休闲消费增长率远远高出人均可支配收入增长率;第二,2008 年和 2014 年两者亦存在明显差距,人均休闲消费增长率较多地低于可支配收入增长率;第三,除 2007 年和 2009 年外,两者偏差在 3 个百分点以内。根据上述阶段划分原则,同样可以计算出城镇居民人均可支配收入和人均总消费的年平均增长率,通过对照可以发现:第一,1999—2002 年两者之间存在较大差距,相差近 5 个百分点;

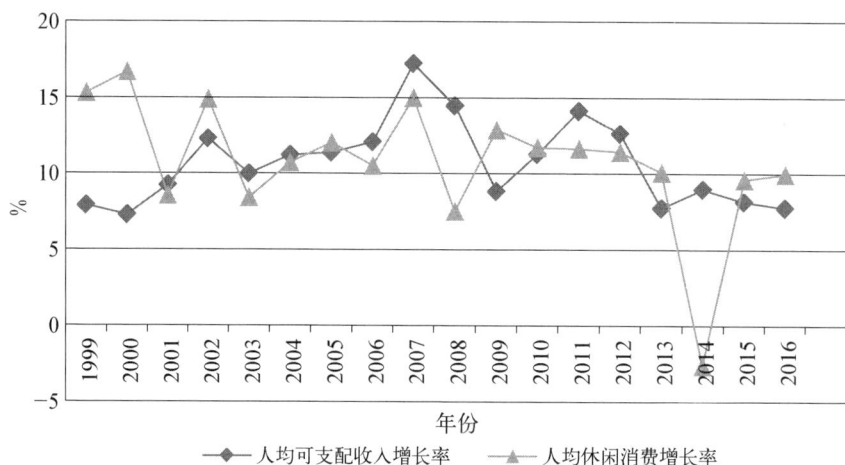

图 3-3　1999—2016 年我国城镇居民人均休闲消费与人均可支配收入增长率的变化

第二,2003—2007 年和 2008—2012 年两者差距较小,人均休闲消费增长率有所下降,而人均可支配收入增长率则有所提升;第三,2013—2016 年两者均有减小,并且保持较小偏差。

对比 1998—2016 年我国城镇居民人均休闲消费增长率与人均总消费增长率情况可以发现,它跟人均休闲消费与人均可支配收入增长率变化对照大致呈现相似的规律,结合图 3-4 总结如下。第一,1990 年和 2000 年两者之间存在较大差距,人均休闲消费增长率远远高出人均总消费增长率;第二,2008 年和 2014 年两者亦存在明显差距,人均休闲消费增长率较多地低于人均总消费增长率;第三,除 2009 年外,两者偏差在 3 个百分点以内。这从侧面也反映出,总消费与可支配收入增长速率基本趋同,而休闲消费更易受到外界因素的影响,产生不尽相同的变化规律。城镇居民人均休闲消费与人均总消费年平均增长率的对比,同样呈现出与人均可支配收入年平均增长率相类似的特点。需要指出的是,2013 年之前人均可支配收入年平均增长率要高于人均总消费年平均增长率,2013—2016 年人均总消费年平均增长率则略高于人均可支配收入年平均增长率。

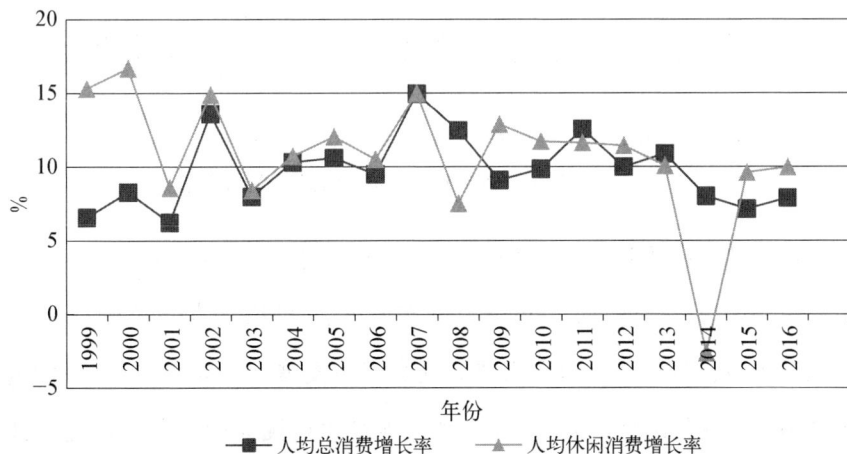

图 3-4　1999—2016 年我国城镇居民人均休闲消费与人均总消费增长率的变化

三、休闲消费的地区性差异

城镇居民休闲消费总体呈现"你追我赶"之势,中位省、直辖市排序变化较为明显。为更加清晰地考察我国城镇居民休闲消费的变化情况,按照均匀分布规则在2001—2016年选取2001年、2006年、2011年和2016年四个时间节点,另外加上1998年的共五个年份,进行1998—2016年我国城镇居民休闲消费的省际比较。根据2016年城镇居民休闲消费规模从高到低排序进行直观表达(见图3-5),以分析不同省、自治区和直辖市在1998—2016年城镇居民休闲消费的排序变化。

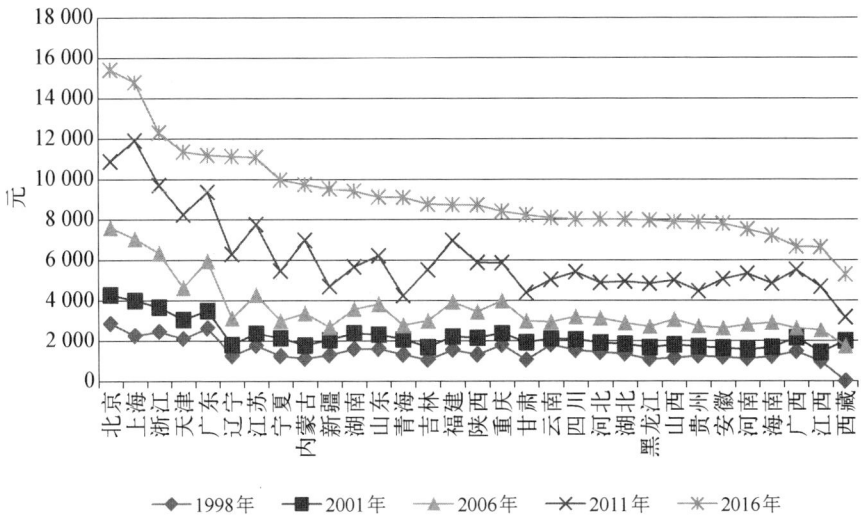

图3-5 主要年份我国城镇居民休闲消费省际变化比较

从城镇居民休闲消费的省际比较中,可以发现以下主要特点。

第一,北京、上海、浙江、天津和广东等省、直辖市一直处于领先位置。可以看出,长三角、珠三角和京津冀社会经济发展程度较高,仍然是休闲消费最为活跃的地区。其中,北京和上海城镇居民休闲消费规模此消彼长,发展势头迅猛。值得一提的是,2017年北京市人民政府发布《关于培育扩大服务消费优化升级商品消费的实施意见》,以培育扩大服务消费、优化升级商品消费为目标,从而充分释放消费新活力;上海市人民政府办公厅也印发了《上海市促进新消费发展发挥新消费引领作用行动计划(2016—2018 年)》,以加快推进上海供给侧结构性改革,更好发挥新消费引领作用,加快培育形成经济发展新供给、新动力。不难判断,随着北京和上海对于居民消费的重点引领,城镇居民休闲消费需求将会得以进一步释放。

第二,辽宁、宁夏、新疆、青海、吉林、甘肃等东北和西北部省、自治区排序具有赶超之势,而福建和重庆等省、直辖市排序则有所下滑。近年来,为贯彻落实《国务院关于积极发挥新消费引领作用加快培育形成新供给新动力的指导意见》(国发〔2015〕66 号),全国各省、自治区和直辖市陆续发布具体实施方案,休闲消费在此推动下实现了优质快速发展,其中辽宁、宁夏、新疆、青海、吉林和甘肃等省、自治区取得较大成效。

第三,后尾分布的省、自治区城镇居民休闲消费规模的排序基本稳定,并且差距尚不明显。另外,个别省、自治区在特定年份排位有一定起伏变化。如贵州和海南在 2011 年排序有所下降,而同年的广西有所提升;西藏在 2001 年排序明显上升。

第二节　城镇居民休闲消费结构的演变

休闲消费结构指的是休闲各项消费占休闲消费的比例以及各项休闲消费之间的比例关系。在休闲消费各项内容中,尽管教育文化娱乐支出属于休闲消费的核心内容,但是其与交通通信支出、医疗保健支出、生活用品及服务支出、其他用品及服务支出等之间的比例关系,在某种意义上依然可以说明休闲消费结构的合理程度。需要说明的是,考察和分析较长时期内城镇居民休闲消费结构的演化规律,有着更加重要的必要性和研究价值。

一、家庭恩格尔系数的变化

家庭恩格尔系数表征的是家庭食物支出占消费支出的比重,系数值越小表明人们的生活水平越高;相反,系数值越大表明人们的生活水平相对越低。改革开放 40 多年以来,随着我国社会经济发展程度和居民收入水平的持续攀高,恩格尔系数呈现逐渐下降趋势。根据联合国粮农组织的划分标准,恩格尔系数在 0.3 以下为最富裕,在 0.3～0.39 为富裕,在 0.4～0.49 为小康,在 0.5～0.59 为温饱,在 0.6 以上为贫困。1998—2016 年我国城镇居民家庭恩格尔系数变化情况如图 3-6 所示,可以看出,我国城镇居民生活在 2000 年既已跨过小康步入富裕阶段,2016 年已接近最富裕水平。城镇居民恩格尔系数的持续下降,说明其在衣物、居住及休闲消费等的支出比例不断提升。更为重要的是,随着社会文明程度的提高和消费观念的变迁,城镇居民各项休闲消费的比例处于变化和调整之中,休闲消费的结构也将得以不断优化。

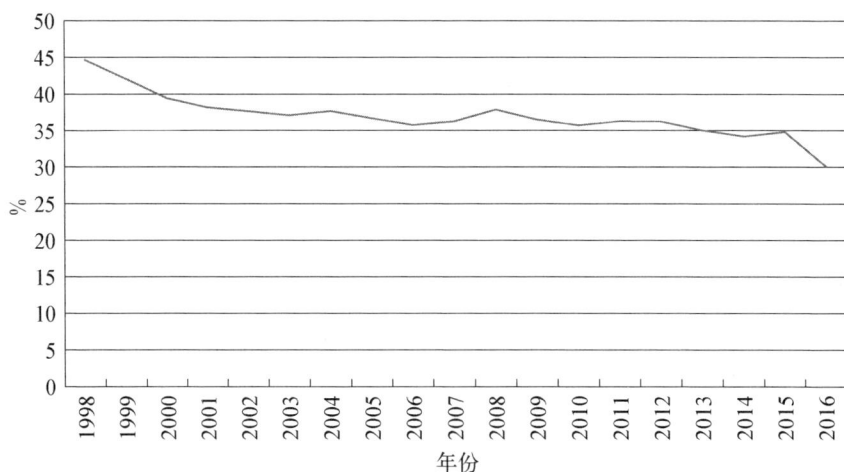

图 3-6 1998—2016 年我国城镇居民恩格尔系数的变化

二、休闲消费结构的变化特征

(一)城镇居民各项休闲消费规模的变化

1998—2016 年我国城镇居民各项休闲消费规模大致呈现逐年递增态势。表 3－3 统计显示,教育文化娱乐消费早在 2004 年就已突破 1 000元,2012 年超过 2 000 元;2016 年,交通通信消费更是达到 3 000 元以上,医疗保健、生活用品及服务消费保持在 1 500 元左右;其他用品及服务消费增长幅度较小,尚未达到 1 000 元的水平。针对各项休闲消费数据的统计分析显示,2016 年城镇居民交通通信消费较 1998 年增长了 12.34 倍,教育文化娱乐消费增长了 5.28 倍,医疗保健消费增长了 7.95 倍。

表 3－3　1998—2016 年我国城镇居民各项休闲消费支出(元)

年　份	生活用品及服务	交通通信	教育文化娱乐	医疗保健	其他用品及服务
1998	356.830	257.150	499.390	205.160	196.950
1999	395.480	310.550	567.050	245.590	228.790
2000	439.290	395.010	627.820	318.070	258.540
2001	438.920	457.020	690.000	343.280	284.130
2002	388.680	626.040	902.280	430.080	195.840
2003	410.340	721.130	934.380	475.980	215.100
2004	407.370	843.620	1 032.800	528.150	240.240
2005	446.520	996.720	1 097.460	600.850	277.750
2006	498.480	1 147.120	1 203.030	620.540	309.490
2007	601.800	1 357.410	1 329.160	699.090	357.700
2008	691.830	1 417.120	1 358.260	786.200	418.310
2009	786.940	1 682.570	1 472.760	856.410	474.210
2010	908.010	1 983.700	1 627.640	871.770	499.150
2011	1 023.170	2 149.690	1 851.740	968.980	581.260

年 份	生活用品及服务	交通通信	教育文化娱乐	医疗保健	其他用品及服务
2012	1 116.060	2 455.470	2 033.500	1 063.680	657.100
2013	1 215.066	2 736.881	2 293.992	1 118.265	699.355
2014	1 233.206	2 637.274	2 142.298	1 305.570	532.947
2015	1 306.482	2 895.375	2 382.836	1 443.370	577.522
2016	1 426.811	3 173.865	2 637.632	1 630.785	594.676

从城镇居民各项休闲消费的变化趋势（见图3-7）来看，教育文化娱乐、交通通信和医疗保健消费增长速度均较快。具体而言，大致呈现如下特点：第一，交通通信和教育文化娱乐消费增长速度最快，医疗保健、生活用品及服务消费次之，其他用品及服务消费增长速度较慢；第二，交通通信消费的增长速度基本上要快于教育文化娱乐消费的增长。可能的原因在于，随着人们工作节奏的加快和互联网、通信技术的快速发展，城镇居民社会交往的广度和深度明显增加，用于该方面的消费支出相应大幅增

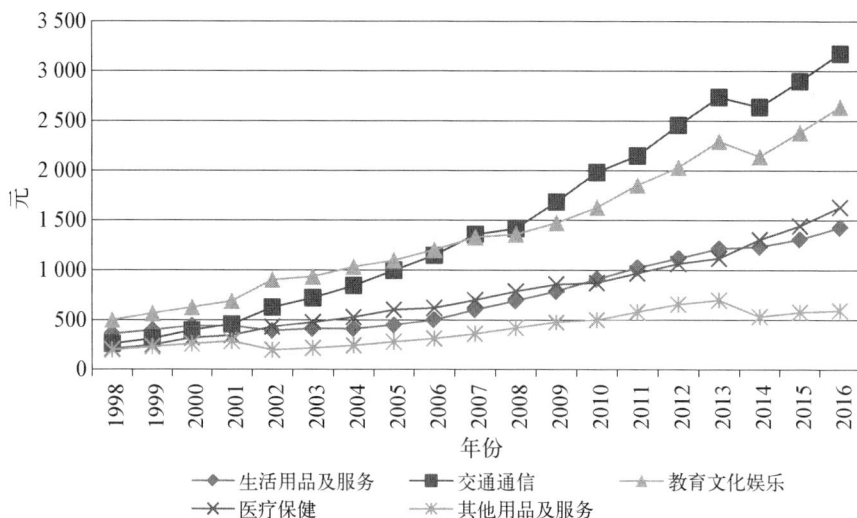

图3-7 1998—2016年我国城镇居民各项休闲消费变化趋势

加;第三,医疗保健、生活用品及服务的增长速度此消彼长。值得关注的
是,交通通信、教育文化娱乐、其他用品及服务等消费在 2014 年均出现一
定幅度的下降。

（二）城镇居民各项休闲消费比例关系的变化

1998—2016 年我国城镇居民休闲各项消费占居民总消费和休闲消费
的比例有增有减(见表 3 - 4)。具体来看:① 交通通信消费占总消费和休
闲消费的比重基本呈上升趋势,尤其是从 2010 年开始已占到休闲消费的
1/3 左右;② 教育文化娱乐和医疗保健消费所占比重先增后减,但是自 2014
年开始又出现缓慢提升;③ 生活用品及服务、其他用品及服务消费长期看来
呈现下降趋势。其中,生活用品及服务自 2007 年占总消费比例基本保持在
6% 左右水平,自 2010 年占休闲消费比例保持在 15% 左右;其他用品及服务
自 2014 年占总消费和休闲消费比例分别维持在 2% 和 6% 左右水平。

表 3 - 4　1998—2016 年我国城镇居民各项休闲消费占比(%)

年份	生活用品及服务		交通通信		教育文化娱乐		医疗保健		其他用品及服务	
	总消费	休闲消费	总消费	休闲消费	总消费	休闲消费	总消费	休闲消费	总消费	休闲消费
1998	8.24	23.55	5.94	16.97	11.53	32.94	4.74	13.54	4.55	13.00
1999	8.57	22.63	6.73	17.77	12.28	32.45	5.32	14.05	4.96	13.10
2000	8.79	21.55	7.90	19.38	12.56	30.79	6.36	15.60	5.17	12.68
2001	8.27	19.83	8.61	20.65	13.00	31.17	6.47	15.51	5.35	12.84
2002	6.45	15.28	10.38	24.63	14.96	35.48	7.13	16.91	3.25	7.70
2003	6.30	14.88	11.08	26.16	14.35	33.90	7.31	17.26	3.30	7.80
2004	5.67	13.35	11.75	27.64	14.38	33.84	7.35	17.30	3.34	7.87
2005	5.62	13.06	12.55	29.15	13.82	32.10	7.56	17.57	3.50	8.12
2006	5.73	13.19	13.19	30.36	13.83	31.84	7.14	16.42	3.56	8.19
2007	6.02	13.85	13.58	31.24	13.29	30.59	6.99	16.09	3.58	8.23

年份	生活用品及服务		交通通信		教育文化娱乐		医疗保健		其他用品及服务	
	总消费	休闲消费	总消费	休闲消费	总消费	休闲消费	总消费	休闲消费	总消费	休闲消费
2008	6.15	14.81	12.60	30.33	12.08	29.07	6.99	16.84	3.72	8.95
2009	6.42	14.92	13.72	31.91	12.01	27.93	6.98	16.23	3.87	8.99
2010	6.74	15.42	14.73	33.68	12.08	27.63	6.47	14.80	3.71	8.47
2011	6.75	15.56	14.18	32.70	12.21	28.16	6.39	14.74	3.83	8.84
2012	6.69	15.23	14.73	33.52	12.20	27.76	6.38	14.52	3.94	8.97
2013	6.57	15.07	14.80	33.94	12.41	28.45	6.05	13.87	3.78	8.67
2014	6.18	15.70	13.21	33.59	10.73	27.29	6.54	16.63	2.67	6.79
2015	6.11	15.18	13.53	33.65	11.14	27.69	6.75	16.77	2.70	6.71
2016	6.18	15.08	13.75	33.54	11.43	27.87	7.07	17.23	2.58	6.28

从城镇居民各项休闲消费占总消费比重的变化速率（见图 3－8）来看，大致呈现如下特点：第一，各项休闲消费所占比重在 2002 年前后发生

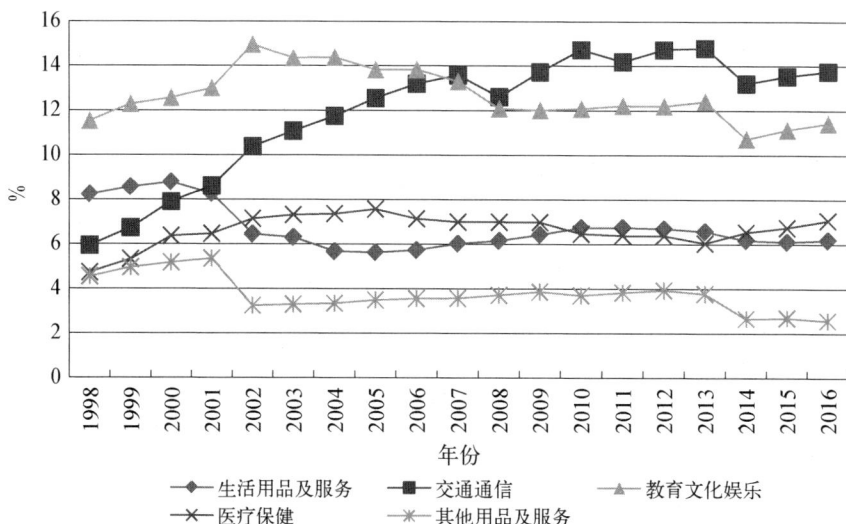

图 3－8　1998—2016 年我国城镇居民各项休闲消费占总消费比例的变化

较大变化,这主要是由于"黄金周"制度的出台、"假日经济"的出现,以及国家对旅游业发展的大力扶持,使得城镇居民消费结构悄然发生变化;第二,2002—2013 年,交通通信消费所占比重出现了三轮增—减变化,教育文化娱乐缓慢下降后基本维持在一定水平,医疗保健、生活用品及服务、其他用品及服务消费所占比重变化幅度较小;第三,自 2014 年开始,教育文化娱乐、交通通信和医疗保健消费所占比重呈上升趋势,生活用品及服务、其他用品及服务消费所占比重略有下降。

从城镇居民休闲各项消费占休闲消费比重的变化速率(见图 3-9)来看,主要有以下几个阶段性特点:一是 1998—2001 年,交通通信和医疗保健消费所占比重有所上升,教育文化娱乐、生活用品及服务消费所占比重略有下降;二是在 2002 年,教育文化娱乐消费所占比重明显上升,其他用品及服务消费所占比重显著下降;三是自 2003 年以后,交通通信消费所占比重增加幅度先快后慢,教育文化娱乐消费下降后略有提升,医疗保健、生活用品及服务、其他用品及服务消费变化幅度不大,但是 2014 年开

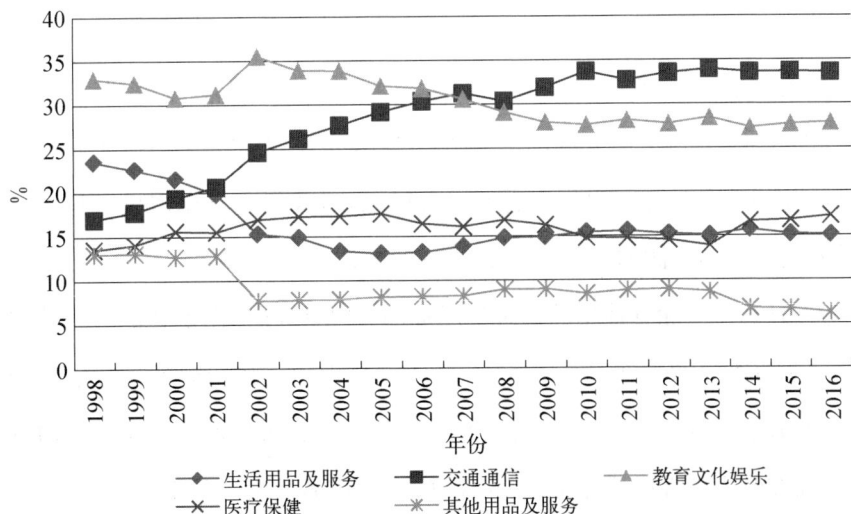

图 3-9　1998—2016 年我国城镇居民休闲各项消费占休闲消费比例的变化

始医疗保健消费所占比重有所提升,而生活用品及服务、其他用品及服务则略有下降。

（三）城镇居民各项休闲消费的边际消费倾向和收入弹性

边际消费倾向是消费增减量与可支配收入增减量的比值,它反映了每增加或减少一个单位可支配收入时消费的变动情况。收入弹性指的是在价格和其他因素不变的条件下,由消费者收入变化所引起的需求数量发生变化的程度大小。边际消费倾向和收入弹性在某种程度上,均能够反映城镇居民休闲消费结构的变化趋势。这里分别设定计量模型对 1998—2016 年我国城镇居民休闲消费的边际消费倾向和收入弹性进行估测,模型如下:

$$c_{it}^k = \alpha_1 + \alpha_2 y_{it} + \varepsilon_{it} \qquad (3-1)$$

$$\ln c_{it}^k = \beta_1 + \beta_2 \ln y_{it} + \mu_{it} \qquad (3-2)$$

其中,c_{it}^k 为城镇居民各项休闲消费实际支出($k = 1, 2, \cdots, 5$,分别表示生活用品及服务、交通通信、教育文化娱乐、医疗保健、其他用品及服务等消费支出);y_{it} 为城镇居民人均可支配收入;i 表示省、自治区和直辖市,t 表示年份。

通过采集我国 31 个省、自治区和直辖市城镇居民相关数据,分别对 1998—2002 年、2003—2007 年、2008—2012 年和 2013—2016 年城镇居民各项休闲消费对可支配收入进行混合回归,最终得到城镇居民各项休闲消费的边际消费倾向和收入弹性(见表 3-5)。

可以看出,除其他用品及服务消费外,其余四项休闲消费的边际消费倾向和收入弹性均在 2013—2016 年达到最大值。各个时期边际消费倾向的均值及排序显示,交通通信、教育文化娱乐和医疗保健依次列名前三位,而在收入弹性的排序中,医疗保健、生活用品及服务位次有所提前,不过生活用品及服务与教育文化娱乐的收入弹性相差不大。综合以上分

表 3-5　1998—2016 年我国城镇居民各项休闲
消费的边际消费倾向和收入弹性

项　　　目		1998—2002 年	2003—2007 年	2008—2012 年	2013—2016 年	均值	排序
边际消费倾向	生活用品及服务	0.128	0.232	0.314	0.323	0.249	4
	交通通信	0.336	0.487	0.774	1.021	0.655	1
	教育文化娱乐	0.418	0.321	0.520	0.653	0.478	2
	医疗保健	0.217	0.244	0.222	0.627	0.328	3
	其他用品及服务	0.099	0.135	0.178	0.060	0.118	5
收入弹性	生活用品及服务	0.055	0.069	0.216	0.683	0.256	3
	交通通信	0.164	0.068	0.267	1.163	0.416	1
	教育文化娱乐	0.103	0.040	0.180	0.695	0.254	4
	医疗保健	0.122	0.058	0.143	1.162	0.371	2
	其他用品及服务	0.083	0.068	0.186	0.079	0.104	5

析,大致可以得出如下结论：伴随城镇居民收入水平的提高,交通通信、教育文化娱乐和医疗保健消费的支出比重出现较大幅度增加。

三、休闲消费结构的地区性差异

(一)空间均衡性分析

引入变异系数(Coefficient of Variation,CV)进行休闲消费结构空间均衡性分析。变异系数又称为离散系数,它在一定程度上能够反映城镇居民休闲消费结构在空间分布上的均衡度,系数值越大表明空间分布越不均衡。计算公式如下：

$$CV = \frac{1}{\bar{x}} \sqrt{\sum_{i=1}^{n} (x_i - \bar{x})^2 / n} \qquad (3-3)$$

借助 Stata 软件运算 1998—2016 年我国城镇居民各项休闲消费的变异系数,从统计结果(见表 3-6)可以看出,生活用品及服务、交通通信、教

育文化娱乐、医疗保健、其他用品及服务消费变异系数的波动范围分别为
[0.232，0.454]、[0.269，0.512]、[0.272，0.425]、[0.242，0.354]、[0.327，
0.430]。从 CV 均值来看，交通通信消费最大为 0.406，医疗保健消费最小
为 0.302。也就是说，城镇居民的交通通信消费支出在各地区间存在较大
差异，而医疗保健消费支出地区差异相对较小。

表 3-6　1998—2016 年我国城镇居民各项休闲消费的变异系数

年　份	生活用品及服务	交通通信	教育文化娱乐	医疗保健	其他用品及服务
1998	0.448	0.375	0.331	0.291	0.335
1999	0.454	0.412	0.333	0.353	0.362
2000	0.421	0.424	0.344	0.300	0.330
2001	0.395	0.391	0.346	0.314	0.355
2002	0.292	0.386	0.366	0.354	0.327
2003	0.344	0.409	0.381	0.317	0.331
2004	0.350	0.428	0.399	0.353	0.338
2005	0.325	0.505	0.398	0.336	0.368
2006	0.329	0.494	0.423	0.352	0.359
2007	0.295	0.512	0.399	0.311	0.344
2008	0.295	0.469	0.417	0.309	0.389
2009	0.310	0.454	0.425	0.271	0.405
2010	0.327	0.432	0.416	0.267	0.389
2011	0.297	0.389	0.413	0.244	0.403
2012	0.272	0.381	0.403	0.242	0.380
2013	0.247	0.390	0.314	0.258	0.430
2014	0.232	0.299	0.277	0.290	0.383
2015	0.234	0.294	0.281	0.286	0.347
2016	0.235	0.269	0.272	0.290	0.360
最大值	0.454	0.512	0.425	0.354	0.430
最小值	0.232	0.269	0.272	0.242	0.327
均　值	0.321	0.406	0.365	0.302	0.365

1998—2016 年我国城镇居民各项休闲消费变异系数的变化趋势(见图 3 - 10)显示,长期来讲,教育文化娱乐、交通通信、生活用品及服务等消费的变异系数波动较大且呈下降趋势,这表明各省、自治区和直辖市城镇居民在这些消费支出规模上的差异在逐渐缩小,而医疗保健、其他用品及服务消费变异系数变化幅度则相对较小。从时间分期角度来看,2002 年之前生活用品及服务消费地区差异最大,2003—2010 年交通通信消费地区差异程度明显较大,2011—2012 年教育文化娱乐消费地区差异略微偏大,2013—2016 年其他用品及服务消费地区差异相对较大。总体而言,1998—2016 年我国城镇居民各项休闲消费的地区差异均有起伏变动,各地区经济社会的发展规模、休闲政策引导下休闲产业的发展程度,以及休闲设施和服务供给状况都会对城镇居民休闲消费的行为倾向和内容选择产生重要影响。

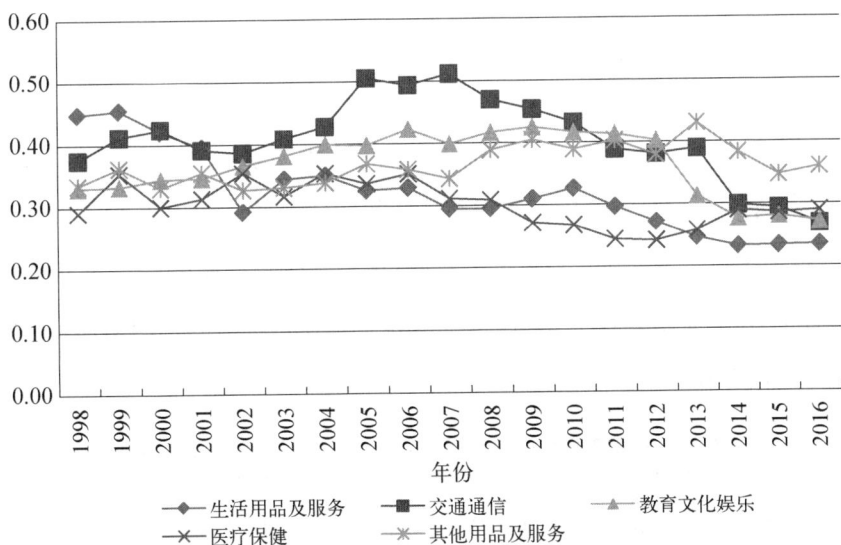

图 3 - 10 1998—2016 年我国城镇居民各项休闲消费变异系数的变化

(二) 空间相关性分析

采用全局莫兰(Moran's I)指数对我国城镇居民休闲消费结构的空间

相关性进行分析。全局莫兰指数是表征空间自相关程度的一个综合性评价指标,用来衡量属性在空间范围内的相互依赖程度。计算公式[1]如下:

$$\text{Moran's I} = \frac{n \sum\limits_{i=1}^{n} \sum\limits_{j=1}^{n} W_{ij}(x_i - \bar{x})(x_j - \bar{x})}{\sum\limits_{i=1}^{n} \sum\limits_{j=1}^{n} W_{ij} \sum\limits_{i=1}^{n} (x_i - \bar{x})^2} \qquad (3-4)$$

式中,n 代表省、自治区和直辖市数量;W_{ij} 为根据各省、自治区和直辖市实际情况构建的空间权重矩阵;x_i 和 x_j 表示空间单元 i 和 j 的属性值;$\bar{x}$ 表示城镇居民休闲消费结构所有空间数据的平均值。莫兰指数越接近 0,表示空间自相关性越弱;相反,莫兰指数越接近 1 或 −1,表示空间自相关性越强。采用 Queen 邻接标准构建我国 31 个省、自治区和直辖市的空间权重矩阵,它反映了上述省、自治区和直辖市之间共边又共点的邻接关系,其显著性的检验公式[2]为:

$$Z(I) = \frac{\text{Moran's I} - E(\text{Moran's I})}{\sqrt{VAR(\text{Moran's I})}} \qquad (3-5)$$

选取 2001 年、2006 年、2011 年和 2016 年四个典型年份,采用 Geoda 空间计量分析软件对我国城镇居民各项休闲消费的莫兰指数进行测算和检验。如表 3−7 所示,城镇居民各项休闲消费的莫兰指数均为正且有波动性上升,但是指数水平相对较低,也就是说,城镇居民各项休闲消费在地区之间存在一定相关性,不过关联程度相对较小。

表 3−7　主要年份我国城镇居民各项休闲消费的 Moran's I 指数

年　份	生活用品及服务	交通通信	教育文化娱乐	医疗保健	其他用品及服务
2001	0.011	0.01	0.027	0.037	0.009
2006	0.057	0.032	0.069	0.043	0.012

---

① 王利,韩增林.不同尺度空间发展区划的理论与实证[M].北京:科学出版社,2010.
② 吴玉鸣,徐建华.中国区域经济增长集聚的空间统计分析[J].地理科学,2004,24(6):654−659.

（续表）

年　份	生活用品及服务	交通通信	教育文化娱乐	医疗保健	其他用品及服务
2011	0.065	0.058	0.069	0.055	0.019
2016	0.107	0.122	0.133	0.122	0.093

从各项休闲消费莫兰指数的比较来看,2001 年医疗保健和教育文化娱乐消费的地区相关程度相对较大,2006 年教育文化娱乐、生活用品及服务消费的地区相关性相对较大,2011 年各项休闲消费的地区关联程度均有所提高,2016 年教育文化娱乐、医疗保健和交通通信消费的地区关联性相对较大。总体而言,作为休闲消费的核心内容,教育文化娱乐消费在各地区之间能够形成一定交互和拉动,说明各地区在城市休闲氛围营造、休闲产业政策引导、休闲基础设施建设等方面能够做到相互借鉴、参考、效仿和学习,使得各地区城镇居民休闲消费产生良性增长,进而切实发挥休闲消费在地区经济增长和居民生活水平提升中的关键性作用。

第四章　中国城镇居民休闲消费
潜力的综合测度

　　毋庸置疑,休闲消费潜力是居民进行休闲消费的潜在能力,它在一定程度上能够体现一个国家、地区或城市居民休闲消费的活跃程度和未来潜力。在第三章内容中,研究了我国城镇居民休闲消费的总量变动和结构演化特征,然而这些内容仍然是对城镇居民休闲消费支出的描述统计和量化分析。可以说,休闲消费潜力不单单是通过休闲消费的现实支出水平和结构予以反映,它还应进一步体现城镇居民休闲消费的内在能力。另外,城镇居民休闲消费潜力难免还会受到城市休闲设施供给和社会经济环境等因素的综合影响。基于上述考虑,本章主要通过构建多指标测度指标体系对1998—2016年我国城镇居民休闲消费潜力进行综合测度,以此考察我国城镇居民休闲消费潜力的现实状况、演变过程及地区差异,同时测度结果也能为休闲消费潜力影响实证分析提供基础数据和参考资料。

第一节　测度指标体系构建

　　指标体系构建是城镇居民休闲消费潜力测度的基础和依据,这就需要在对休闲消费潜力内涵和要义进行深度剖析基础上进行测度指标识别,同时遵循一定构建原则并选取恰当测量指标,以最终形成城镇居民休闲消费潜力测度指标体系。

一、主要指标识别

休闲消费潜力是指一定时期内居民为了满足休闲需要而进行消费的潜在能力,它是居民显在休闲消费需求和潜在休闲消费意愿的综合反映,同时受到休闲市场供给和休闲消费环境的极大影响。具体而言,居民休闲消费潜力可以通过休闲消费能力、休闲消费支出和休闲消费环境三个层面予以体现,它们之间的关系如图4-1所示。

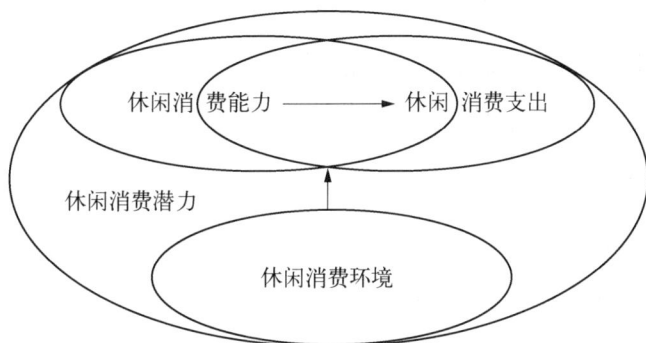

图4-1　休闲消费潜力三个层面间的关系

(一)休闲消费能力

休闲消费能力指的是居民进行休闲消费的支付能力和对休闲产品或服务的消化能力,它直接决定着居民休闲消费需求的最终实现。可以说,休闲消费能力在一定程度上反映的是居民休闲活动中能消费、会消费的问题,主要通过个人可支配收入增加和休闲技能提高作为基础和保证。一方面,随着居民收入尤其是可支配收入的不断提高,居民在满足基本生活需求前提下,相应休闲消费意愿会持续增强,更重要的是,居民拥有了实现消费意愿和完成休闲消费的支付能力;另一方面,现阶段休闲消费类型日趋多样化并不断推陈出新,休闲市场中部分消费内容需要具备一定的休闲知识、经验和技能方能完成,比如深度休闲消费活动[①]即是其中重要类型之一,因此休闲知识的增加和休闲技能的提升自然成为休闲消费能力的重要表征。

(二)休闲消费支出

休闲消费支出反映的是居民休闲消费的显在需求,它是居民休闲消费潜力的直观体现。布尔迪厄的场域—惯习理论[②]认为,人们的行为具有某种惯性,惯习的倾向使行动者偏向于选择根据他们的资源和过去的经验最可能成功的行为方式。当前居民休闲消费支出行为,很大程度上会影响到未来休闲消费的水平和行为习惯,因此与居民休闲消费潜力有着必然和密切的关联。需要说明的是,休闲消费支出结构反映了居民休闲消费质量的变化状况,是休闲消费内在构成合理化程度的重要标志,因而更加能够体现居民休闲消费潜力的大小。此外,耐用休闲消费品如家用汽车、电脑、电话和电视机等是居民休闲消费的特定商品,它具有购买价格相对较高以及对居民休闲活动影响相对持久的属性,所以也是反映休闲消费支出的重要指标。

(三)休闲消费环境

休闲消费环境指的是居民休闲消费面临的宏观社会经济背景以及休闲公共供给状况,它是居民休闲消费潜力大小的间接反映,在很大程度上影响着休闲消费潜力的延展性。一是城市完备的休闲基础设施和优越的自然生态环境,能够为城镇居民休闲消费营造良好休闲氛围;二是相对较高的经济发展水平和成熟的城市服务业,为城镇居民休闲消费创造较好条件和保证;三是完善的养老、卫生、医疗等社会保障环境,又为城镇居民

[①] 深度休闲(Serious Leisure)是休闲活动参与的重要类型之一。斯特宾斯(1982)最早将其界定为"休闲活动参与者有系统地从事业余、嗜好或志愿者活动,他们投入如事业一般的专注,并借此机会获得及展现特殊的技巧、知识及经验"。

[②] 皮埃尔·布尔迪厄.实践理论大纲[M].北京:中国人民大学出版社,2017.

休闲消费消除了后顾之忧。因此,休闲消费环境的优劣在很大程度上影响着城镇居民休闲消费潜力的延展程度。

二、体系构建与指标选取

(一) 构建原则

1. 科学性原则

休闲消费潜力测度指标体系必须遵循经济发展规律和一定社会活动规律,需要采用科学的方法和手段确立相应指标。测度指标的选取必须是能够通过统计、观察等方式得出明确结论的定性或定量指标,如此才能够得出真实、有效的测度结果。

2. 综合性原则

任何整体都是由一系列要素为特定目的综合形成,休闲消费潜力包含了休闲消费支出、休闲消费能力和休闲消费环境等多种要素,仅从任何一个层面作出分析和判断,都有可能存在偏差和片面性,不足以全面和客观地反映城镇居民休闲消费潜力的本来面貌。因此,测度指标体系构建需要注重多因素综合性分析,从而获得最佳的测度结果。

3. 层次性原则

休闲消费潜力是多种因素综合反映和影响的结果,测度指标体系亦应该由多层次的结构组成。因此,在测度指标设置上,应按照指标间层次递进关系,尽可能保证指标间层级分明,充分体现指标体系的层次结构,使得测度指标体系成为有机整体。

4. 系统性原则

休闲消费潜力测度指标体系可以视为一个休闲消费能力、休闲消费支出和休闲消费环境三个子系统相互联系、有机协调的复杂系统。子系统分别由若干要素综合反映和体现,各要素之间相互作用、子系统之间相互影响,从而使得该指标体系能够做出相对准确的综合评估。

（二）指标选取与设置

从上述休闲消费潜力内涵剖析可以看出,城镇居民休闲消费潜力测度系统由休闲消费能力、休闲消费支出和休闲消费环境三个子系统构成。遵循科学性、综合性、层次性和系统性原则,借鉴已有相关研究成果[①],本节尝试构建由 3 个一级指标、9 个二级指标、30 个三级指标构成的休闲消费潜力测度指标体系(见表 4 - 1),以综合反映和评估城镇居民的休闲消费潜力水平。

表 4 - 1　城镇居民休闲消费潜力测度指标体系

一级指标	二级指标	三级	指标	单位
休闲消费潜力（LCP）	休闲消费能力（LCC）	支付水平（PL）	C11	工资性收入	元/人
			C12	经营净收入	元/人
			C13	财产净收入	元/人
			C14	转移净收入	元/人
		知识水平（KL）| C21	在校大学生数	人
			C22	教育经费支出	万元
	休闲消费支出（LCS）	支出水平（SL）	S11	人均消费支出	元
			S12	社会消费品零售总额	亿元
		支出结构（LC）| S21	教育文化娱乐	元/人
			S22	交通通信	元/人
			S23	医疗保健	元/人
			S24	生活用品及服务	元/人
			S25	其他用品及服务	元/人
			S26	城镇居民家庭恩格尔系数	%
		设备支出（FS）| S31	居民家庭年末彩色电视机拥有量	台/百户
			S32	居民家庭年末家用汽车拥有量	台/百户

---

① 秦晓娟,孔祥利.中国农村居民消费潜能测度及省域差异研究[J].经济经纬,2017,34(3)：37 - 42.

（续表）

一级指标	二级指标	三级指标		单位
休闲消费支出（LCS）	设备支出（FS）	S33	居民家庭年末移动电话拥有量	台/百户
		S34	居民家庭年末家用电脑拥有量	台/百户
休闲消费潜力（LCP）	休闲消费环境（LCE）	经济环境（EE）	E11 人均 GDP	元
			E12 第三产业占 GDP 比重	%
		基础环境（BE）	E21 城镇化率	%
			E22 公共图书馆数量	个
			E23 博物馆数量	个
		社会环境（SE）	E31 养老保险参保人数	万人
			E32 失业保险参保人数	万人
			E33 基本医疗保险参保人数	万人
			E34 每千人口医生数	人
			E35 每千人口医疗卫生机构床位数	个
		自然环境（NE）	E41 建成区绿化覆盖率	%
			E42 人均公园绿地面积	平方米

1. 休闲消费能力

休闲消费能力子系统包含支付水平和知识水平两个二级指标。支付水平通过城镇居民实际收入水平予以反映,涉及工资性收入、经营性收入、财产性收入和转移净收入四项内容。其中,工资性收入指的是居民通过各种途径得到的全部劳动报酬和各种福利;经营净收入指的是居民从事生产经营活动所获得的净收入;财产净收入指的是居民将其所拥有的金融资产、住房等非金融资产和自然资源交由其他机构单位、住户或个人支配而获得的回报并扣除相关费用之后得到的净收入;转移净收入是转移性收入与转移性支出的差额,转移性收入主要涉及各种经常性转移支付和住户之间的经常性收入转移,转移性支出主要涉及经常性或义务性转移支付。知识水平主要通过在校大学生数和教育经费支出予以衡量和反映。其中，这里的在校大学生主要是指普通高等学校在校的本科、专科学生。

2. 休闲消费支出

休闲消费支出子系统包含支出水平、支出结构和设备支出三个二级指标。支出水平主要通过人均消费支出和社会销售品零售总额两个指标予以测量。对于支出结构的衡量：一是包含侧重体现休闲消费主要内容的教育文化娱乐、交通通信、医疗保健、生活用品及服务、其他用品及服务等发展型和享受型消费；二是纳入城镇居民家庭恩格尔系数，从侧面体现休闲消费占城镇居民总消费的比例状况。设备支出主要反映的是城镇居民家庭耐用休闲消费品的拥有情况，包括城镇居民家庭年末彩色电视机、家用汽车、移动电话和家用电脑等的拥有量。

3. 休闲消费环境

休闲消费环境子系统包含经济环境、基础环境、社会环境和自然环境四个二级指标。经济环境主要通过人均 GDP 和第三产业占 GDP 比重两个指标予以衡量；基础环境主要通过城镇化率、公共图书馆数量和博物馆数量三个指标予以反映；社会环境则是通过养老保险参保人数、失业保险参保人数、基本医疗保险参保人数、每千人口医生数和每千人口医疗卫生机构床位数来综合体现；自然环境主要涉及建成区绿化覆盖率和人均公园绿地面积两个指标。

第二节　测度方法与数据来源

一、测度方法

城镇居民休闲消费潜力的测度主要包含以下三个步骤：首先是对休

闲消费潜力相关指标数据进行标准化处理,其次是对各项指标赋予合理权重,最后根据测度函数计算分年度各个省、自治区和直辖市休闲消费潜力测度值。

（一）指标数据的标准化处理

为消除因数据量纲不同造成的不利影响,首先需要对数据进行无量纲化处理。这里采用极差标准化的方法对数据进行标准化,指标数据趋大时采用正向指标处理,指标数据趋小时采用负向指标处理。数据处理公式如下:

$$\begin{cases} X_{ij}^{'} = (X_{ij} - \min X_{ij})/(\max X_{ij} - \min X_{ij}) + 0.001 \\ X_{ij}^{'} = (\max X_{ij} - X_{ij})/(\max X_{ij} - \min X_{ij}) + 0.001 \end{cases} \quad (4-1)$$

式中,X_{ij} 为第 i 省、自治区和直辖市第 j 项指标的原始数据,$\min X_{ij}$ 和 $\max X_{ij}$ 分别为第 i 省、自治区和直辖市第 j 项指标的最小值和最大值。为避免标准化数据出现负值或零值,在计算公式后整体加 0.001。

（二）采用信息熵方法计算指标权重

指标权重大小反映了该指标对于城镇居民休闲消费潜力的影响程度,本节采用信息熵方法对休闲消费潜力的各项指标进行权重赋值。具体过程如下:首先,计算第 i 省、自治区和直辖市第 j 项指标的比重:$P_{ij} = X_{ij}^{'}/\sum_{i=1}^{m} X_{ij}^{'}$;其次,计算每一指标的信息熵:$E_j = -K\sum_{i=1}^{m}(P_{ij} \times \ln P_{ij})$;再次,计算信息熵的冗余度:$D_j = 1 - E_j$;最后,计算指标权重:$W_j = D_j/\sum_{j=1}^{n} D_j$。其中,$m$ 为省、自治区和直辖市个数,n 为指标数,$K = 1/\ln m$。

（三）计算综合测度指数

根据指标权重及标准化数据值,计算休闲消费潜力综合测度指数。通过对每一年度各个省、自治区和直辖市 30 个休闲消费潜力三级指标数据的加权汇总,计算得出其综合测度值。休闲消费潜力综合测度函数形式如下:

$$F(LCP) = \sum_{i=1}^{m} W_j X'_{ij} \qquad (4-2)$$

二、数据来源及描述

(一)数据来源

为确保数据的科学性和客观性,所需数据均采集自 1999—2017 年《中国统计年鉴》《中国城市统计年鉴》以及相关行政管理部门公开出版或官方网站发布的统计数据。个别缺失数据以相邻年份均值代替。其中,城镇化率由城镇常住人口占各省、自治区和直辖市常住总人口的比例计算得出。

(二)描述性统计

限于篇幅,仅对 2016 年我国城镇居民休闲消费潜力测度相关指标做描述性统计分析,描述性统计结果如表 4-2 所示。

表 4-2　2016 年我国城镇居民休闲消费潜力指标描述性统计

序号	指　　　标	最大值	最小值	均　　值	最大值/最小值
C11	工资性收入	35 701.13	15 008.56	19 940.69	2.38
C12	经营净收入	7 126.02	723.33	3 346.16	9.85
C13	财产净收入	9 309.77	1 255.37	2 955.16	7.42
C14	转移净收入	13 465.82	1 140.27	6 048.75	11.81
C21	在校大学生数	1 995 880	35 034	869 627	56.97
C22	教育经费支出	30 500 000	1 919 434	10 500 000	15.89
S11	人均消费支出	39 856.76	16 992.82	22 344.04	2.35
S12	社会消费品零售总额	34 739.1	459.40	10 696.05	75.62

（续表）

序号	指　标	最大值	最小值	均　值	最大值/最小值
S21	教育文化娱乐	2 511.03	951.65	1 368.02	2.64
S22	交通通信	5 100.85	1 993.75	3 056.96	2.56
S23	医疗保健	4 533.53	922.48	2 513.78	4.91
S24	生活用品及服务	2 839.93	585.28	1 652.25	4.85
S25	其他用品及服务	1 140.57	299.28	572.26	3.81
S26	城镇居民家庭恩格尔系数	0.45	0.21	0.30	2.14
S31	居民家庭年末彩色电视机拥有量	184.93	99.57	119.51	1.86
S32	居民家庭年末家用汽车拥有量	55.58	15.96	33.82	3.48
S33	居民家庭年末移动电话拥有量	260.09	204.27	232.53	1.27
S34	居民家庭年末家用电脑拥有量	140.53	56.75	76.68	2.48
E11	人均 GDP	118 198	27 643	56 766.23	4.28
E12	第三产业占 GDP 比重	80.23	39.56	48.81	2.03
E21	城镇化率	87.90	29.56	57.85	2.97
E22	公共图书馆数量	203	23	102	8.83
E23	博物馆数量	393	7	132	56.14
E31	养老保险参保人数	48.40	31.12	39.17	1.56
E32	失业保险参保人数	19.77	7.83	13.19	2.52
E33	基本医疗保险参保人数	5 392.43	21.07	1 222.73	255.93
E34	每千人口医生数	3 020.10	15.19	583.51	198.82
E35	每千人口医疗卫生机构床位数	10 150.2	65.4	2 399.72	155.2
E41	建成区绿化覆盖率	19.85	6.92	11.13	2.87
E42	人均公园绿地面积	16.19	5.86	9.01	2.76

表4-2反映了我国31个省、自治区和直辖市休闲消费潜力测度指标的差异程度。在休闲消费能力子系统指标方面,支付水平中的工资性收入差距相对较小,经营净收入、财产净收入和转移净收入省、自治区和直辖市差异较大,其中转移净收入最大相差11.81倍之多;知识水平中的两个指标各省、自治区和直辖市差距较大,尤其是在校大学生数量相差近60倍,可见各省、自治区和直辖市教育资源不均衡状况较为严重,这在一方面会对城市休闲消费文化和居民休闲消费类型选择产生影响,另一方面也会最终影响到城镇居民的休闲消费潜力。在休闲消费支出子系统指标方面,各省、自治区和直辖市社会消费品零售总额指标差距迥异,这与每个省、自治区和直辖市社会经济发展程度和人口规模大小不同有着必然联系。除此之外,其他指标最大差距在2~5倍之间。在休闲消费环境子系统指标方面,基础环境中的图书馆、博物馆数量有着较为明显的差异;社会环境中的基本医疗保险参保人数、每千人医生数、每千人医疗卫生机构床位数等指标省、自治区和直辖市差距更大,尽管这与各省、自治区和直辖市人口规模有着较大关联,但是在某种程度上仍然反映出省、自治区和直辖市间在社会保障水平和力度上的偏差,这将会极大地影响到城镇居民休闲消费的意愿和潜力。

第三节　测度结果及时空分析

基于前述构建的城镇居民休闲消费潜力测度指标体系,通过采集1998—2016年我国城镇居民休闲消费潜力有关数据,经过数据标准化处理、指标权重赋值和综合运算,最终得到城镇居民休闲消费潜力的测度结果。

一、测度指标权重赋值

运用信息熵的方法,1998—2016 年我国城镇居民休闲消费潜力测度指标权重赋值结果如表 4-3 所示。可以得知,休闲消费能力、休闲消费支出和休闲消费环境子系统的指标权重赋值区间分别为[0.139，0.233][0.381，0.523][0.293，0.450],均值分别为 0.191、0.424 和 0.385。

表 4-3　1998—2016 年我国城镇居民休闲消费潜力测度指标权重

年　份	休闲消费能力	休闲消费支出	休闲消费环境
1998	0.178	0.396	0.426
1999	0.187	0.407	0.407
2000	0.195	0.381	0.423
2001	0.192	0.403	0.405
2002	0.139	0.411	0.450
2003	0.145	0.408	0.446
2004	0.146	0.420	0.434
2005	0.184	0.523	0.293
2006	0.233	0.426	0.341
2007	0.218	0.443	0.339
2008	0.200	0.438	0.362
2009	0.201	0.430	0.369
2010	0.205	0.464	0.331
2011	0.195	0.456	0.350
2012	0.193	0.430	0.377
2013	0.189	0.440	0.372
2014	0.198	0.422	0.380
2015	0.209	0.381	0.410
2016	0.215	0.382	0.403

分析发现,休闲消费支出子系统指标权重相对较大,而休闲消费能力子系统指标权重相对较小。这充分表明,休闲消费支出在反映城镇居民休闲消费潜力方面尚占据较为重要的地位。可能的原因在于,一是休闲消费支出依然是休闲消费潜力最直接的衡量指标,对于休闲消费潜力的重要程度不言而喻;二是休闲消费环境是休闲消费活动开展的基础和保障,它除了有助于城镇居民休闲消费实现之外,还为城镇居民的公共休闲活动提供必要条件,因而使得其在休闲消费活动方面的重要性有所减弱;三是休闲消费能力中的支付水平显然对休闲消费产生极为重要的影响,然而随着信贷政策利好以及居民休闲消费观念变迁,收入并非始终是制约休闲消费的核心因素,同时,由于当前我国休闲教育仍显缺失,城镇居民对于休闲知识、经验和技能水平的重视程度还不够充分。

从1998 2016年我国城镇居民休闲消费潜力测度指标权重变化曲线(见图4-2)来看,可以得出如下三点结论:第一,休闲消费能力、休闲消费支出和休闲消费环境子系统的指标权重在长期内基本保持在相对稳

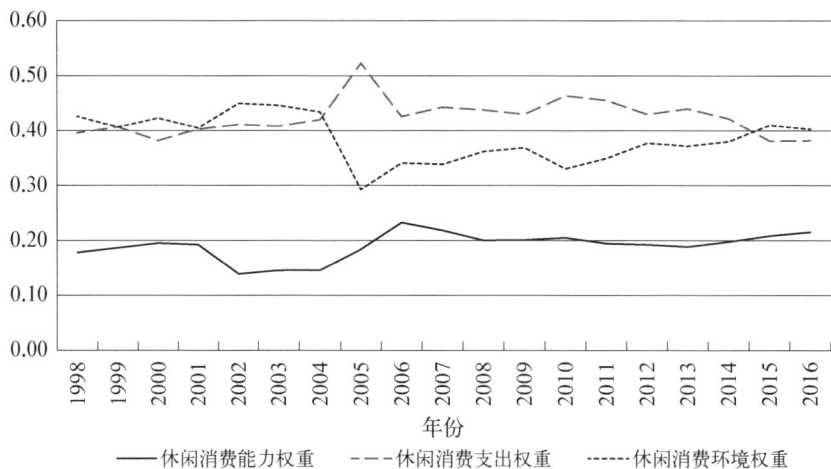

图4-2 1998—2016年我国城镇居民休闲消费潜力测度指标权重的变化

定水平,权重值变化幅度均在 0.2 以内。第二,从子系统指标权重自身变化趋势来看,2002—2006 年休闲消费能力权重值波动较为明显,尤其是在 2002—2005 年所占比重有所下降;休闲消费支出权重值在多数年份保持在 0.4 以上水平,不过自 2014 年以来权重值有所回落;休闲消费环境指标权重在 2005 年有较大幅度的下降,之后呈现缓慢提升态势。第三,从子系统指标权重比较来看,休闲消费支出与休闲消费环境指标权重出现交叉提升现象,2005—2014 年休闲消费支出权重值明显高于休闲消费环境权重值,但是从变化趋势上也不难看出,两者之间差距在逐渐缩小并有交替上升的可能,也就是说,休闲消费环境和休闲消费支出对于激发城镇居民休闲消费潜力将会变得同样重要。

二、时序变化分析

基于第二节内容中的测度过程和方法,1998—2016 年我国 31 个省、自治区和直辖市城镇居民休闲消费潜力测度结果如表 4-4 所示。

（一）分阶段特征

为了更加清晰地把握 1998—2016 年我国城镇居民休闲消费潜力时序变化特征,本节以 2005 年和 2011 年为界限分三个阶段考察城镇居民休闲消费潜力的发展变化状况。本书认为,我国城镇居民休闲消费潜力变化大致经历潜力初显期、快速提升期和平稳增长期三个阶段。

1. 潜力初显期（1998—2004 年）

从表 4-5 统计结果可以看出,这一阶段我国城镇居民休闲消费潜力处于[5.30，60.73]区间内,均值仅为 23.45。尽管某些省、直辖市休闲消费潜力已达到相对较高水平,但是整体而言城镇居民休闲消费潜力仍显偏低。

表 4－4 1998—2016 年我国城镇居民休闲消费潜力综合测度结果

年份 省份	1998	1999	2000	2001	2002	2003	2004	2005	2006	2007	2008	2009	2010	2011	2012	2013	2014	2015	2016
安徽	25.72	24.62	28.33	27.56	35.99	34.74	34.97	38.91	42.24	42.98	43.19	42.66	45.91	46.03	47.88	49.85	53.03	53.78	54.01
北京	49.75	50.63	51.38	54.54	56.42	55.69	55.51	71.81	68.82	61.47	59.98	64.87	60.76	58.53	58.47	62.15	64.61	63.33	60.59
福建	28.84	25.96	29.80	28.41	29.31	29.49	30.43	37.16	36.86	37.71	40.39	41.56	44.01	45.35	45.19	47.18	47.59	54.93	53.67
甘肃	12.36	12.79	13.97	13.27	13.22	12.65	13.16	16.12	16.89	15.07	13.93	12.48	12.63	13.56	15.42	13.79	14.43	15.58	17.24
广东	56.74	55.03	55.17	58.90	60.73	55.47	55.34	71.48	68.62	70.21	67.15	66.29	69.12	70.46	71.73	62.72	59.28	58.70	58.48
广西	20.93	19.61	19.59	20.79	20.16	17.66	18.60	24.79	22.01	23.87	26.74	25.70	27.85	28.76	28.61	27.86	20.66	20.63	19.72
贵州	11.75	10.51	12.10	11.99	11.79	10.78	10.63	13.53	15.10	14.82	14.63	14.06	15.82	17.16	18.64	18.33	17.26	18.01	19.89
海南	17.84	17.21	18.62	17.31	20.20	25.99	22.80	25.66	29.88	29.45	29.82	28.93	30.49	31.16	30.55	30.31	37.41	38.30	40.49
河北	21.50	19.10	22.22	20.21	22.16	20.64	19.35	26.91	28.70	28.03	28.50	27.33	29.25	29.05	28.58	28.32	26.80	26.42	28.55
河南	19.23	17.42	22.21	19.13	20.10	19.45	18.97	24.84	27.46	27.08	26.80	26.75	28.78	29.96	31.26	34.11	30.33	29.80	30.04
黑龙江	13.79	12.47	15.80	14.06	14.57	14.12	14.34	19.47	21.79	20.00	20.01	20.76	21.45	20.85	21.02	19.17	19.20	19.40	18.35
湖北	21.82	20.08	21.57	20.82	23.91	22.55	22.29	27.15	28.94	29.30	27.31	27.30	28.34	28.56	30.06	31.17	25.46	26.75	26.57
湖南	22.79	22.91	23.19	25.29	24.58	23.42	23.84	29.23	29.55	28.47	27.24	27.55	29.02	29.04	29.76	32.37	28.71	29.78	30.19
吉林	11.26	9.97	13.59	13.30	15.53	14.70	15.47	20.20	21.95	21.04	20.82	23.27	23.41	22.56	23.01	25.84	19.45	18.84	17.73
江苏	31.87	29.98	31.19	31.94	32.27	33.94	33.39	47.09	50.42	50.46	50.75	51.37	52.88	55.48	56.34	55.33	55.55	56.60	54.78
江西	14.60	13.59	16.08	12.79	15.22	14.14	14.55	20.05	21.30	21.87	23.73	23.80	24.60	25.17	26.11	26.84	23.25	24.16	23.65

（续表）

年份\省份	1998	1999	2000	2001	2002	2003	2004	2005	2006	2007	2008	2009	2010	2011	2012	2013	2014	2015	2016
辽宁	24.13	21.97	22.92	22.79	25.00	24.39	23.63	29.14	32.47	31.89	33.61	34.61	34.79	31.98	34.26	33.30	31.39	30.08	30.38
内蒙古	13.66	11.03	14.33	13.95	13.45	13.75	16.47	21.44	23.84	24.88	26.13	27.92	29.35	30.11	30.91	31.18	29.82	28.29	27.27
宁夏	10.52	10.26	10.89	12.21	11.01	9.89	8.79	12.73	14.73	13.95	16.55	18.46	17.91	17.46	17.93	17.96	16.87	17.15	17.90
青海	13.05	11.92	11.51	12.43	11.98	10.59	9.64	12.01	14.04	11.83	14.99	12.60	10.86	12.38	12.77	14.61	15.54	17.83	17.50
山东	28.33	26.47	29.73	29.41	30.73	30.52	30.88	39.72	43.17	43.28	43.51	44.56	45.24	45.24	46.56	47.36	41.87	46.07	45.75
山西	15.67	14.60	16.99	14.94	15.35	14.85	15.45	20.59	22.97	21.40	22.45	21.94	20.25	20.88	22.06	22.72	20.22	21.94	20.72
陕西	17.37	16.79	17.02	16.58	18.50	18.76	18.48	22.10	23.66	22.71	25.63	25.62	26.72	27.09	28.57	26.49	25.20	23.94	22.60
上海	45.79	50.52	50.73	52.00	51.45	51.43	53.32	68.16	63.25	65.17	63.07	65.89	64.60	63.61	61.43	63.05	61.94	60.02	59.73
四川	24.00	22.14	22.15	24.34	22.36	21.67	23.04	27.71	29.81	29.47	29.14	29.69	31.88	32.19	33.72	32.64	30.30	31.44	32.73
天津	28.02	28.13	27.25	29.04	27.45	27.69	27.51	34.74	35.48	33.86	34.27	36.98	38.53	38.87	38.49	40.04	34.30	32.94	32.80
西藏	5.30	5.32	7.40	9.00	13.75	13.99	10.99	11.09	13.71	12.87	18.17	14.56	14.79	16.81	16.06	19.67	17.03	17.58	15.90
新疆	16.92	15.71	15.52	15.58	18.09	15.35	14.05	17.16	18.52	17.53	19.13	19.70	19.52	18.16	20.98	20.14	20.72	22.14	21.57
云南	22.84	21.12	22.73	21.85	21.83	18.61	22.26	24.77	24.79	22.34	25.91	26.11	27.86	27.54	27.81	28.84	22.71	23.25	23.25
浙江	36.80	38.87	39.91	44.17	44.16	46.45	44.82	63.13	61.74	61.57	58.70	59.98	60.84	61.21	59.20	56.13	57.55	58.65	55.92
重庆	20.93	20.81	20.44	20.18	20.55	23.03	22.37	27.85	25.68	24.45	23.84	24.65	26.30	26.90	28.78	29.94	35.52	35.69	35.93
均值	22.71	21.86	23.37	23.51	24.57	24.08	24.04	30.54	31.56	30.94	31.49	31.87	32.70	32.97	33.62	33.85	32.39	32.97	32.71

表 4-5 1998—2016 年我国城镇居民休闲消费潜力时序统计量

年 份	1998	1999	2000	2001	2002	2003	2004	1998—2004
最小值	5.30	5.32	7.40	9.00	11.01	9.89	8.79	5.30
最大值	56.74	55.03	55.17	58.90	60.73	55.69	55.51	60.73
均 值	22.71	21.86	23.37	23.51	24.57	24.08	24.04	23.45
年 份	2005	2006	2007	2008	2009	2010		2005—2010
最小值	11.09	13.71	11.83	13.93	12.48	10.86		10.86
最大值	71.81	68.82	70.21	67.15	66.29	69.12		71.81
均 值	30.54	31.56	30.94	31.49	31.87	32.70		31.52
年 份	2011	2012	2013	2014	2015	2016		2011—2016
最小值	12.38	12.77	13.79	14.43	15.58	15.90		12.38
最大值	70.46	71.73	63.05	64.61	63.33	60.59		71.73
均 值	32.97	33.62	33.85	32.39	32.97	32.71		33.08

分析认为,导致这种现象出现的原因主要有以下三点。

(1)从宏观经济政策导向来看,我国此阶段仍采取以投资、出口为主的经济增长方式。走新型工业化道路、积极推进西部大开发、加入 WTO 等战略举措和实施路径,依然是此阶段国民经济社会发展的重中之重。虽然 2000 年前后我国也通过实行"黄金周"制度确立旅游业支柱产业地位以及发展假日经济,以此大力促进居民消费以激发市场经济活力,不过这对我国居民休闲消费潜力的发展仍显乏力。

(2)经济发展和居民收入水平还远不能为休闲消费快速提升提供全面和强有力的支撑。2005 年以前我国 GDP 增长还较为缓慢,尽管 2001 年人均 GDP 已突破 1 000 美元,然而 2004 年仅为 1 509 美元,这与世界主要发达国家差距仍较明显。具体来看,美国人均 GDP 已达 402 926 美元,是我国的 26.7 倍;日本人均 GDP 达到 36 442 美元,是我国的 24.15 倍。

(3)休闲基础设施、产品和服务供给仍显不够,全社会休闲氛围营造亟须加强。在这一阶段,各地区城市公园数量和面积还未达到一定规模,图书馆、博物馆等文化休闲场所利用率仍然偏低,城镇居民的休闲习惯尚未形成。城市休闲氛围的不足,必然会对居民休闲消费频率和热情产生消极影响,使得城镇居民休闲消费潜力难以得到彰显。

从 1998—2004 年我国城镇居民休闲消费潜力变化(见图 4-3)中可以清楚地看到,休闲消费潜力测度值持续保持在 30 以上的仅有北京、广东、上海和浙江等省、直辖市,大多数地区城镇居民休闲消费潜力测度值仍然在 20 以下。不过从年度变化趋势来看,多数地区出现逐年递增的态势,我国城镇居民休闲消费潜力日渐凸显。

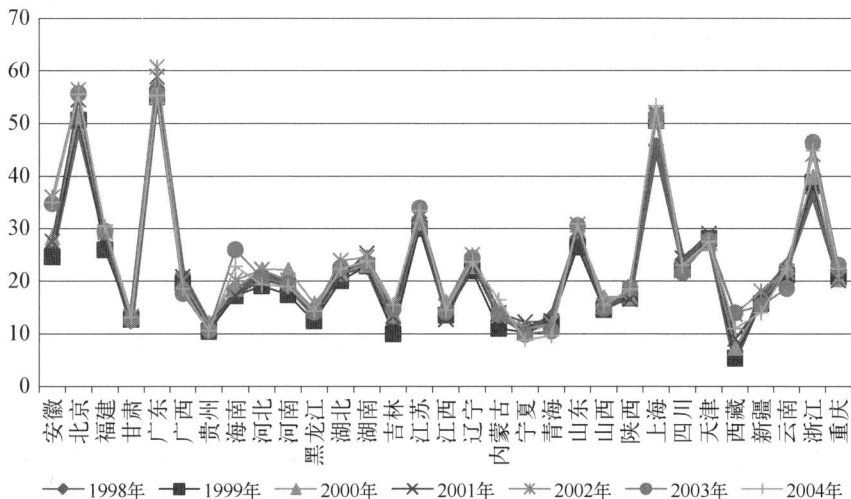

图 4-3　1998—2004 年我国城镇居民休闲消费潜力的变化

2. 快速提升期(2005—2010 年)

2005—2010 年,我国城镇居民休闲消费潜力处于[10.86,71.81]区间内,并且均值达到 31.52,与上一时期相比,休闲消费潜力测度值呈现明显的提升和增长。之所以出现这样的变化,原因主要有以下几个方面。

(1)伴随扩大内需长期战略的进一步落实,消费在国民经济中的地位日益突出。居民消费率稳步提高并形成消费、投资、出口协调拉动的增长格局,已成为这一阶段国家社会经济发展的重要目标。优化居民消费结构,初步建立居民最低生活保障制度,增强居民消费对经济增长的拉动作用,成为这一时期党和国家的重要任务。《中国国民经济和社会发展十一五(2006—2010年)规划纲要》明确强调,要适应居民消费结构升级的趋势,努力发展面向消费者的服务业,满足多样化的服务需求,这使得商贸服务业、旅游业、文化产业、体育产业等得到了长足发展。

(2)我国居民人均GDP持续增长,休闲消费支付能力显著增强。2008年我国居民人均GDP突破3 000美元,2010年已接近5 000美元,与主要发达国家的差距正在逐步缩小。相应地,城镇居民人均休闲消费额也由2004年的3 052.18元上涨到2010年的5 890.27元,休闲消费潜力得以充分彰显。

(3)城市休闲环境得以改善,社会保障水平全面提高。从休闲消费潜力测量指标来看,2010年我国城镇化率达到49.95%,较2005年提高了近10个百分点,建成区绿化覆盖率和人均公共绿地面积分别提高4个百分点左右。养老保险、失业保险、基本医疗保险等参保人数显著增加,医疗卫生条件得到较好改善。尤其需要说明的是,2008年中宣部、文化部等四部委联合下发《关于全国博物馆、纪念馆免费开放的通知》,这对于城市休闲环境优化、休闲氛围营造、休闲消费激发无疑起到推波助澜的作用。

从2005—2010年我国城镇居民休闲消费潜力的变化(见图4-4)中也可以看到,休闲消费潜力测度值持续保持在30以上的城市除北京、广东、上海和浙江外,还新增了安徽、福建、江苏、山东、四川、天津等省、直辖市,休闲消费潜力处在20以下的仅有少数,并且从年度变化趋势来看多数地区呈现递增态势,因此我国城镇居民的休闲消费潜力得以快速提升。

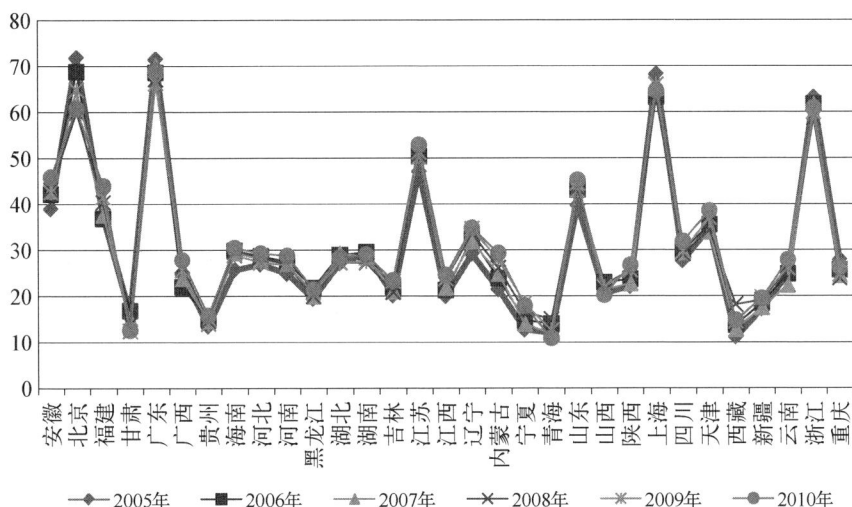

图 4-4　2005—2010 年我国城镇居民休闲消费潜力的变化

3. 平稳增长期(2011—2016 年)

2011—2016 年,我国城镇居民休闲消费潜力处于[12.38,71.73]区间内,均值为 33.08,与上一时期相比,休闲消费潜力测度值总体上仍有一定增长,原因分析如下。

(1)进一步释放居民消费潜力和实现消费结构转型升级,成为新常态下国民经济发展的必然选择。加快转变经济增长方式,大力发展包括休闲产业在内的现代服务业,是近年来国家扩大内需战略实施的重点。2015 年我国提出加强和推进供给性结构性改革,其目标也在于以供给改善和创新更好地满足、创造消费需求,进而不断增强消费拉动经济的基础性作用。休闲消费涵盖居民消费的诸多内容,在居民消费呼声日渐高涨的社会背景下,休闲消费的稳步增长已成必然趋势。

(2)社会经济快速发展和收入水平不断攀升,为居民休闲消费扩张注入了持续动力。自 2010 年开始我国 GDP 总量超过日本,成为仅次于美国的世界第二大经济体。同时,居民人均 GDP 在 2011 年突破 5 000 美元,2015 年又突破 8 000 美元。值得关注的是,2016 年北京、上海、天津 3 个直辖市和江苏等 6 个省的人均 GDP 已超过 1 万美元,增长速度可见一斑。城镇居民人均休闲消费额也由 2011 年的 6 574.84 元增长到 2016 年的 9 463.77 元。可以看出,国民经济发展和社会稳定繁荣,进一步增强了城镇居民休闲消费的信心,为休闲消费潜力释放创设了良好的外部环境。

(3) 多个地区在发展休闲产业、增加休闲供给和扩大休闲消费方面逐步落实实施计划和工作细则,使得休闲消费潜力提升步伐日渐加快。随着《国民旅游休闲纲要(2013—2020 年)》的颁布实施,各省、自治区和直辖市在休闲基础设施建设和休闲产业引导上加大力度。2014 年国务院发布《关于促进旅游业改革发展的若干意见》,各地区在旅游休闲产业发展上不断加大投入。另外,为迎合国家《十三五规划》关于"以重要旅游目的地城市为依托,培育发展国际消费中心"的目标和要求,北京、上海、广东、四川等省、直辖市以及深圳、青岛等有条件的城市着力谋划和落实国际消费中心的打造。

2011—2016 年我国城镇居民休闲消费潜力变化(见图 4-5)显示,北

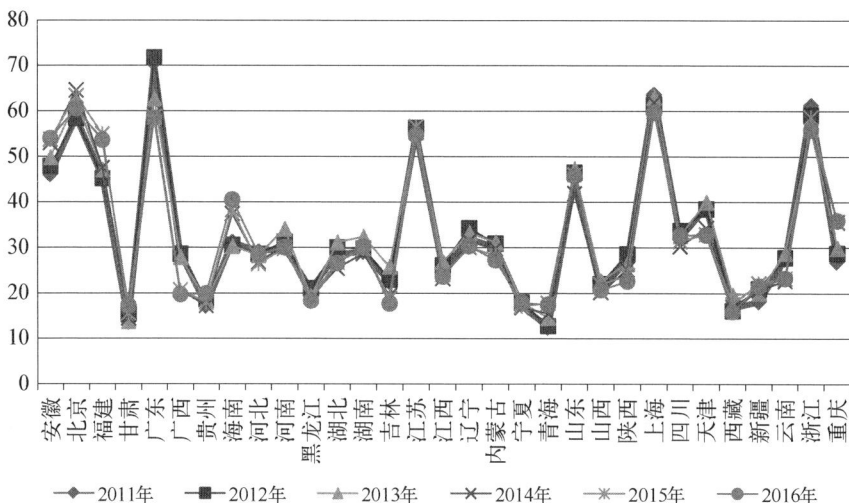

图 4-5 2011—2016 年我国城镇居民休闲消费潜力的变化

京、广东、上海和浙江等省、直辖市城镇居民休闲消费潜力测度值已逐步跨越 60 水平,尽管各省、直辖市休闲消费潜力测度值呈现逐步拉大态势,但是从整体上来看仍然表现出稳步上升局面。

（二）分地区比较

一般来讲,可以将我国大陆地区划分为东、中、西三个区域。其中,东部地区包括北京、天津、河北、上海、江苏、浙江、福建、山东、广东、辽宁和海南等 11 个省、直辖市;中部地区包括山西、安徽、江西、河南、湖北、湖南、吉林、黑龙江等 8 个省;西部地区包括四川、重庆、贵州、云南、陕西、甘肃、青海、宁夏、新疆、广西、内蒙古和西藏等 12 个省、自治区和直辖市。基于 1998—2016 年我国城镇居民休闲消费潜力测度结果,根据上述划分标准对我国大陆东、中、西三个区域城镇居民休闲消费潜力进行统计描述(见表 4-6)。可以看出:一方面,三个区域城镇居民休闲消费潜力的最大值、最小值和均值整体上逐年增加,东部和中部增长速率较快,而西部地区增长略慢;另一方面,基本统计量分年度比较显示,东部地区城镇居民休闲消费潜力的最大值、最小值和均值相对较高,而西部地区仍显偏低。

表 4-6　1998—2016 年我国东中西部城镇居民休闲消费潜力基本统计量

年份	东部			中部			西部		
	最小值	最大值	均值	最小值	最大值	均值	最小值	最大值	均值
1998	17.84	56.74	33.60	11.26	25.72	18.11	5.30	24.00	15.80
1999	17.21	55.03	33.08	9.97	24.62	16.96	5.32	22.14	14.83
2000	18.62	55.17	34.45	13.59	28.33	19.72	7.40	22.73	15.64
2001	17.31	58.90	35.34	12.79	27.56	18.49	9.00	24.34	16.02
2002	20.20	60.73	36.35	14.57	35.99	20.66	11.01	22.36	16.39
2003	20.64	55.69	36.52	14.12	34.74	19.75	9.89	23.03	15.56

（续表）

年份	东 部			中 部			西 部		
	最小值	最大值	均值	最小值	最大值	均值	最小值	最大值	均值
2004	19.35	55.51	36.09	14.34	34.97	19.98	8.79	23.04	15.71
2005	25.66	71.81	46.82	19.47	38.91	25.06	11.09	27.85	19.28
2006	28.70	68.82	47.22	21.30	42.24	27.03	13.71	29.81	20.23
2007	28.03	70.21	46.65	20.00	42.98	26.52	11.83	29.47	19.48
2008	28.50	67.15	46.34	20.01	43.19	26.44	13.93	29.14	21.23
2009	27.33	66.29	47.49	20.76	42.66	26.75	12.48	29.69	20.96
2010	29.25	69.12	48.23	20.25	45.91	27.72	10.86	31.88	21.79
2011	29.05	70.46	48.27	20.85	46.03	27.88	12.38	32.19	22.34
2012	28.58	71.73	48.25	21.02	47.88	28.89	12.77	33.72	23.35
2013	28.32	63.05	47.81	19.17	49.85	30.26	13.79	32.64	23.45
2014	26.80	64.61	47.12	19.20	53.03	27.45	14.43	35.52	22.17
2015	26.42	63.33	47.82	18.84	53.78	28.06	15.58	35.69	22.63
2016	28.55	60.59	47.38	17.73	54.01	27.66	15.90	35.93	22.62

选取 1998 年、2001 年、2006 年、2011 年和 2016 年五个主要年份，分别比较我国大陆地区东、中、西部城镇居民休闲消费潜力的变化情况，分析如下。

1. 东部地区

由表 4-6 中得知，主要年份东部地区城镇居民休闲消费潜力最大值区间为[56.74，70.46]，最小值区间为[17.31，29.05]，均值区间为[33.60，48.27]，休闲消费潜力整体上处于相对较高水平。从区域内部比较来看，在东部地区 11 个省、直辖市中，北京、上海、广东和浙江等省、直辖市城镇居民休闲消费潜力相对较高，江苏、山东和福建等省的增长速度相对较快（见图 4-6）。

分析认为：第一，北京和上海分别是我国的政治文化中心和商业金融

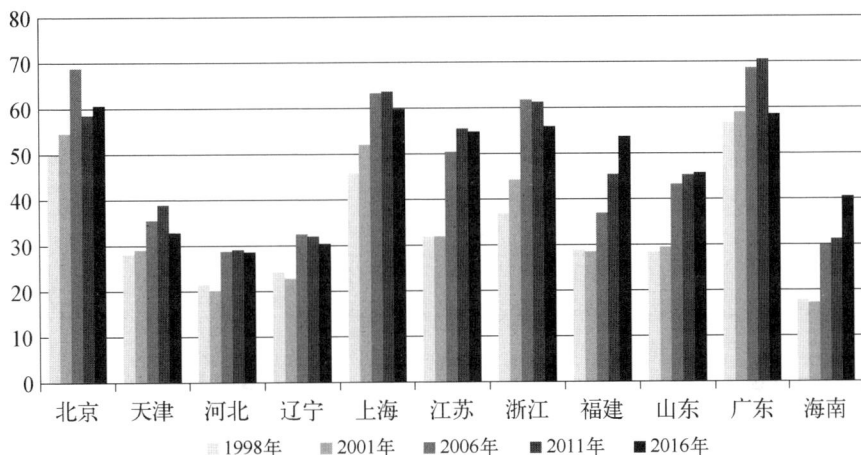

图 4-6　主要年份我国东部省、直辖市城镇居民休闲消费潜力比较

中心,经济规模总量庞大、人力资本分布密集、休闲设施建设完备完善、休闲供给水平较高,使得城镇居民休闲消费具备良好的基础和条件,休闲消费潜力一直处于前列;第二,广东、浙江和江苏分处珠三角和长三角经济圈,经济发展活跃、交通条件优越、社会文明程度较高,为城镇居民休闲消费提供了保证和便利,有助于进一步激发城镇居民休闲消费潜力;第三,山东、福建近年来经济增长迅速,居民人均 GDP 逐年攀升并于 2016 年超过 1 万美元,同时《山东省人民政府关于运用综合政策措施支持扩大消费的意见》《福建省人民政府关于印发积极发挥新消费引领作用促进转型升级行动方案的通知》等政策的出台和实施,对于城镇居民休闲消费起到了重要的引领和促进作用。

2. 中部地区

中部地区主要年份城镇居民休闲消费潜力最大值区间为[25.72, 54.01],最小值区间为[11.26, 21.30],均值区间为[18.11, 27.88],休闲消费潜力较东部地区有所落后。但是值得关注的是,休闲消费潜力最大值的提升幅度相对较大,这说明中部地区部分省城镇居民休闲消费潜力得到很大程度的提高。进一步从区域内部比较分析不难发现,在中部地区8个省中,安徽省城镇居民休闲消费潜力增长速度较快,湖北、湖南和河南等省城镇居民休闲消费潜力也处于相对较高的水平(见图4-7)。

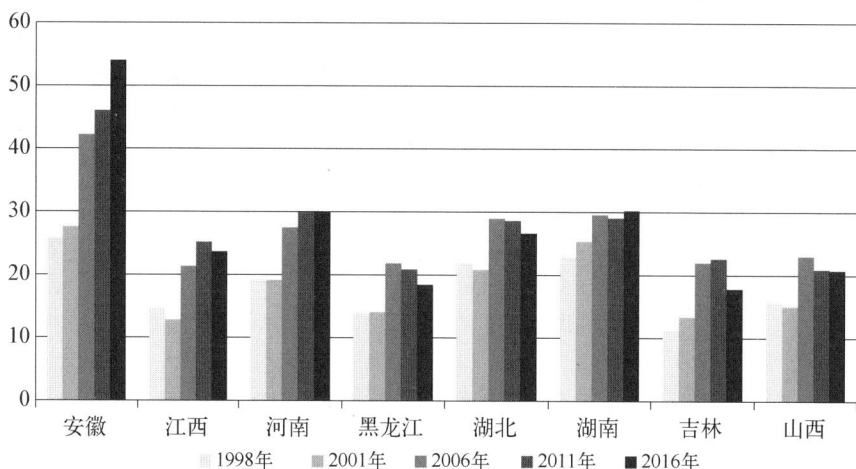

图4-7 主要年份我国中部各省城镇居民休闲消费潜力比较

究其原因主要有以下两个方面:一是安徽邻接江苏、山东等发达省份,并于2016年正式纳入长三角城市群规划,优越的地理位置和利好的政策条件为安徽省经济社会发展带来良好机遇。统计资料显示,2014年到2016年安徽城镇居民人均消费从16 107元增长到19 606元,其中交通通信消费和教育文化娱乐消费占比逐步提升,城镇居民休闲消费潜力得以凸显。二是湖北、湖南和河南休闲消费潜力指标数值显示,湖北省城市化水平相对较高,自2011年既已超过50%,同时人均GDP增速较快,2015年超过50 000元,这为休闲消费快速增加提供了充分保障;湖南省人均消费支出增幅较大,尤其是2012年以来增长率均保持在10%以上,同时2016年恩格尔系数已达0.30,说明城镇居民休闲消费特征日益明显;河南省人口规模较大,不过经济总量相对突出,加上具有浓郁的历史文化底蕴,文化休闲消费有着一定优势。

3. 西部地区

西部地区主要年份城镇居民休闲消费潜力最大值区间为[24.00，35.93]，
最小值区间为[5.30，15.90]，均值区间为[15.80，22.62]，与东部和中部地
区相比，休闲消费潜力相对较弱。从区域内部比较来看，在西部地区11个
省、自治区和直辖市中，四川、重庆、陕西、云南和广西城镇居民休闲消费潜
力相对较高，内蒙古城镇居民休闲消费潜力增速相对较大（见图4-8）。

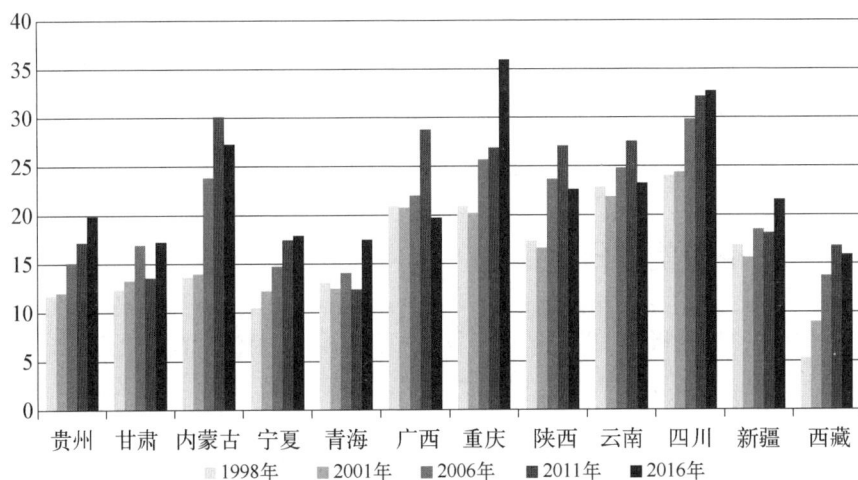

图4-8　主要年份我国西部省、自治区和直辖市城镇居民休闲消费潜力比较

分析认为：第一，四川和重庆有着得天独厚的自然和文化休闲资源，
城市休闲氛围浓厚，休闲消费活动十分活跃。其中，四川省在2014年前
后公共图书馆和博物馆数量分别达到200个左右，而重庆城市建成区绿
化覆盖率自2010年以来就已达到40%以上。第二，陕西省在扩大内需政
策措施驱动下，城镇居民消费潜力有序释放，2013—2016年最终消费支出
对经济增长的贡献率分别为36.0%、38.6%、42.1%、41.5%①。城镇居民
人均消费水平增长较快，尤其是恩格尔系数降幅较大，2014年以来均保持

---

① 陕西省统计局.党的十八大以来陕西经济社会发展成就，2017-10-18. http://district.ce.cn/
newarea/roll/201710/18/t20171018_26571527.shtml.

在 0.3 以下水平,说明其消费结构逐步向休闲消费为主转型升级。第三,云南省在"十二五"期间城镇居民消费结构呈现明显优化,教育文化娱乐、医疗保健、家庭设备用品及服务消费增幅分别达到 21.4%、19.1% 和 18.3%;2009 年,国务院发布《关于进一步促进广西经济社会发展的若干意见》,积极发展体育健身、养老保健、文化娱乐等需求潜力较大的消费性服务业,经过几年努力取得显著成效。第四,内蒙古有着极为优越的自然生态休闲环境,2014—2016 年人均公共绿地面积增长已接近 20 平方米,值得一提的是,内蒙古城镇居民人均 GDP 由 2010 年的 47 347 元跃增至 2016 年的 72 064 元,极大地提高了城镇居民休闲消费的支付能力,居民休闲消费潜力提升空间大幅增加。

三、空间差异分析

为进一步分析 1998—2016 年我国城镇居民休闲消费潜力的变化,本节通过选取 1998 年、2001 年、2006 年、2011 年和 2016 年五个主要年份测度数据,从以下两个方面研究城镇居民休闲消费的空间差异性。

(一)空间分布特征

为全面分析和比较我国城镇居民休闲消费潜力空间分布状况,更加清晰地划分休闲消费潜力的等级,基于 1998—2016 年我国 31 个省、自治区和直辖市城镇居民休闲消费潜力均值,选取均值个数 25%、50%、75% 处的均值作为等级划分节点,将城镇居民休闲消费潜力划分为低水平、中低水平、中高水平和高水平 4 种类型,它们的取值区间分别为(0,24.043)、[24.043,31.487)、[31.487,32.706)和[32.706,100)。

1. 不同时间节点消费潜力分布

在不同时间节点上,我国城镇居民休闲消费潜力等级分布是不同的。

(1)1998 年,城镇居民休闲消费潜力等级处于高水平的有广东、北京、上海、浙江 4 个省、直辖市;江苏省处于中高水平;处于中低水平的有福建、山东、天津、安徽和辽宁 5 个省、直辖市;四川、云南等 21 个省、自治区和直辖市仍处于低水平。

(2) 2001 年,城镇居民休闲消费潜力等级处于高水平的仍然是广东、北京、上海和浙江 4 个省、直辖市;处于中高水平的仍然是江苏省;处于中低水平的有山东、天津、福建、安徽、湖南和四川 6 个省、直辖市;辽宁、云南等 20 个省、自治区和直辖市处于低水平。

(3) 2006 年,城镇居民休闲消费潜力等级处于高水平的有北京、广东、上海、浙江、江苏、山东、安徽、福建、天津 9 个省、直辖市;辽宁省处于中高水平;处于中低水平的有海南、四川、湖南、湖北、河北、河南、重庆和云南 8 个省、直辖市;其余 13 个省、自治区处于低水平。

(4) 2011 年,城镇居民休闲消费潜力等级处于高水平的有广东、上海、浙江、北京、江苏、安徽、福建、山东、天津 9 个省、直辖市;四川和辽宁处于中高水平;海南、内蒙古、河南、河北、湖南、广西、湖北、云南、陕西、重庆和江西 11 个省、自治区和直辖市处于中低水平;吉林、山西等 9 个省、自治区处于低水平。

(5) 2016 年,城镇居民休闲消费潜力等级处于高水平的有北京、上海、广东、浙江、江苏、安徽、福建、山东、海南、重庆、天津和四川 12 个省、直辖市;尚无处于中高水平的省市;辽宁、湖南、河南、河北、内蒙古和湖北 6 个省、自治区处于中低水平;其余 13 个省、自治区处于低水平。

从城镇居民休闲消费潜力等级分布来看,大致呈现如下特点。

第一,休闲消费潜力等级处于高水平的省、直辖市数量呈梯度增长,由 1998 年的 4 个增加到 2016 年的 12 个。从空间布局上可以看出,高水平主要集中在东南沿海和京津冀区域,但是 2016 年空间布局出现一定扩散,四川和重庆等省、直辖市城镇居民休闲消费潜力得到快速提升。

第二,休闲消费潜力等级处于中高和中低水平的省、自治区数量不断增加且逐步连接成片,但是在2016年云南、广西和陕西等省、自治区休闲消费潜力有所降低,相应等级出现一定下调。

第三,新疆、西藏、甘肃、宁夏、青海、贵州、黑龙江和吉林等省、自治区城镇居民休闲消费潜力一直处于相对较低水平。

2. 消费潜力空间差异状况

为深入分析城镇居民休闲消费潜力空间差异状况,将我国31个省、自治区和直辖市按照东、中、西三大区域进行分组,结合休闲消费潜力等级划分得到区域分布及演变状况(见表4-7)。

表4-7 我国31个省、自治区和直辖市城镇居民休闲
消费潜力等级的区域分布数量及演变

年 份	等 级	东 部	中 部	西 部
1998	高水平	4	0	0
	中高水平	1	0	0
	中低水平	4	1	0
	低水平	2	7	12
2001	高水平	4	0	0
	中高水平	1	0	0
	中低水平	3	2	1
	低水平	3	6	11
2006	高水平	8	1	0
	中高水平	1	0	0
	中低水平	2	3	3
	低水平	0	4	9
2011	高水平	8	1	0
	中高水平	1	0	1
	中低水平	2	4	5
	低水平	0	3	6

年　份	等　级	东　部	中　部	西　部
2016	高水平	9	1	2
	中高水平	0	0	0
	中低水平	2	3	3
	低水平	0	4	7

（1）东部地区。在东部地区 11 个省、直辖市中，处于高水平等级的由 4 个逐步增加到 9 个；处于中高和中低等级的由 5 个减少到 2 个；各省、直辖市休闲消费潜力等级逐渐脱离低水平。

（2）中部地区。在中部地区 8 个省中，高水平等级的省开始出现；中高和中低等级的省由 1 个增加到 3 个左右；处于低水平的省逐渐减为 3 个左右。

（3）西部地区。在西部地区 12 个省、自治区和直辖市中，处于高水平的亦开始出现；处于中高和中低等级的也增加到 3 个左右，特别是 2011 年有 6 个省、自治区和直辖市达到中高和中低水平；处于低水平的省、自治区逐步缩减到 7 个左右。

总体而言，城镇居民休闲消费潜力处于高水平的省、直辖市主要集中在东部地区，处于低水平的省、自治区和直辖市主要集中在中部和西部地区，而处于中高和中低等级的省、自治区和直辖市则呈现由东向西不断转移的趋势。

（二）地区聚类分析

聚类分析是一种以研究对象的特征为依据，按照一定标准对研究对象进行分类再分析的方法。分类后的组内数据具有最高相似度，但是组间具有较大的差异性，这是聚类分析的主要特点。采用聚类分析，基于休闲消费潜力测度指标数据对我国 31 个省、自治区和直辖市进行类型划分,以期更加清楚地把握城镇居民休闲消费潜力的相似性和差异性。

基于前述休闲消费潜力测度的方法和过程,采用 1998 年、2001 年、2006 年、2011 年和 2016 年我国城镇居民休闲消费潜力子系统测度数据,运用基于距离聚类算法的 K-均值聚类方法对我国 31 个省、自治区和直辖市进行类型划分。为便于对五个年度的聚类情况进行对照和比较,将聚类个数统一设定为四类,聚类结果如表 4-8 所示。

表 4-8　主要年份我国城镇居民休闲消费潜力聚类情况

年份	类型 I	类型 II	类型 III	类型 IV
1998	北京、上海、广东	江苏、山东、福建、四川、天津、浙江、云南	安徽、甘肃、广西、贵州、海南、河北、河南、黑龙江、湖北、湖南、吉林、江西、辽宁、内蒙古、宁夏、青海、陕西、山西、新疆	重庆、西藏
2001	北京、上海、广东、浙江	江苏、山东、福建、四川、天津、云南、湖南	安徽、甘肃、广西、贵州、海南、河北、河南、黑龙江、湖北、吉林、江西、辽宁、内蒙古、宁夏、青海、陕西、山西、新疆	重庆、西藏
2006	北京、上海、广东、浙江	江苏、山东	福建、四川、天津、河北、河南、湖北、湖南、辽宁	云南、安徽、甘肃、广西、贵州、海南、黑龙江、吉林、江西、内蒙古、宁夏、青海、陕西、山西、新疆、重庆、西藏
2011	北京、广东、江苏	上海、浙江	福建、重庆、山东、四川、天津、云南、广西、河北、河南、湖北、湖南、辽宁、内蒙古、陕西	安徽、甘肃、贵州、海南、黑龙江、吉林、江西、宁夏、青海、山西、新疆、西藏
2016	北京、上海、江苏、浙江	广东、山东	福建、重庆、四川、天津、河北、河南、湖北、湖南、辽宁、内蒙古	云南、安徽、甘肃、广西、贵州、海南、黑龙江、吉林、江西、宁夏、青海、陕西、山西、新疆、西藏

根据休闲消费潜力子系统测度值的最终聚类中心,可以区分不同类型之间的差别。表4-9显示,五个主要年份的最终聚类中心值表明,除了2006年休闲消费环境在类型Ⅰ和Ⅱ的中心值较为接近外,类型Ⅰ在休闲消费能力和休闲消费支出测度指标上的中心值最大,类型Ⅱ在休闲消费环境测度指标上的中心值最大。类型Ⅲ除了1998年和2001年休闲消费能力测度指标中心值较类型Ⅱ略大外,三个子系统测度指标中心值均低于类型Ⅰ和类型Ⅱ。类型Ⅳ的最终聚类中心值相较其他类型处于最低点。这说明,类型Ⅰ在休闲消费能力和休闲消费支出方面优势明显,类型Ⅱ在休闲消费环境方面略微占优。处于类型Ⅲ的省、自治区和直辖市在休闲消费潜力三个子系统方面均不突出,处于类型Ⅳ的省、自治区和直辖市则更弱。

表4-9　主要年份城镇居民休闲消费潜力子系统测度的最终聚类中心值

	年份	类型				年份	类型			
		Ⅰ	Ⅱ	Ⅲ	Ⅳ		Ⅰ	Ⅱ	Ⅲ	Ⅳ
休闲消费能力	1998	12.84	3.35	6.56	3.21	2001	12.71	4.47	5.69	3.08
休闲消费支出		26.66	14.77	13.32	6.19		28.44	12.04	12.24	6.09
休闲消费环境		11.26	20.00	8.78	7.18		11.25	23.67	9.48	6.92
休闲消费能力	2006	15.44	11.47	7.11	3.92	2011	12.30	12.00	6.91	3.53
休闲消费支出		31.21	16.79	11.51	7.87		34.16	28.22	14.01	7.52
休闲消费环境		18.95	18.53	12.53	8.40		15.95	21.27	11.27	8.29
休闲消费能力	2016	13.52	11.45	6.12	3.75					
休闲消费支出		25.32	16.10	11.63	7.54					
休闲消费环境		18.91	24.56	12.07	8.55					

结合表4-8的类型划分和各类型特点分析,主要年份城镇居民休闲消费潜力的省、自治区和直辖市类型划分情况如下。

(1) 1998年,北京、上海和广东休闲消费潜力相对较高,尤其是休闲消费能力和休闲消费支出较为突出,属于同一类型。江苏、山东、福建、四川、天津、浙江、云南等省、直辖市休闲消费环境具有一定优势,属于同一类型。除重庆和西藏外,其余省、自治区均属于类型Ⅲ。需要说明的是,重庆在 1997 年方被批准单独设立直辖市,各项工作仍处于有序推进过程之中,而西藏由于指标缺失较为严重,使得测度结果的解释力有所下降。正因如此,处于类型Ⅲ的省、自治区、直辖市较多,类型划分的精度受到些许影响。

(2) 相较 1998 年的聚类结果,2001 年各省、自治区和直辖市类型划定出现两点变化:一是浙江省城镇居民休闲消费潜力有所提升,与北京、上海和广东同时划归为类型Ⅰ;二是湖南省休闲消费环境有所改善,划归为类型Ⅱ。

(3) 2006 年,随着重庆和西藏城镇居民休闲消费潜力逐步提升,与其他省、自治区和直辖市的差距也在逐渐缩小,使得类型划分有所调整。需要指出的是,尽管云南等省、自治区和直辖市划归为类型Ⅳ,但是并不代表其休闲消费潜力出现下降,而是说明省、自治区和直辖市类型划分更为精细。在该年份,江苏和山东省城镇居民休闲消费潜力得到凸显,属于类型Ⅱ。河北、河南、湖北和辽宁等省休闲消费潜力也出现相应改善,与福建、四川、辽宁省和天津市等同属于类型Ⅲ。

(4) 2011 年和 2016 年,类型Ⅰ和类型Ⅱ中的城市出现变动,不过仍然是在北京、上海、广东、江苏、浙江、山东等省、直辖市中进行调整。究其原因在于,上述省、直辖市自 2011 年以来,休闲消费能力、休闲消费支出和休闲消费环境等方面此消彼长,使得休闲消费潜力随之发生一定变化。值得一提的是,在这一阶段,重庆直辖市城镇居民休闲消费潜力整体上得以改善,与福建、四川等省同属于类型Ⅲ。

第五章　影响城镇居民休闲消费
潜力的理论机制

在过去 20 年左右时间里,我国城镇居民休闲消费总量持续递增,休闲消费结构不断优化。但是也不难看出,城镇居民休闲消费增长率渐趋缓慢,休闲消费内部结构仍不均衡,尤其是休闲消费的地区差异还较为明显。从休闲消费潜力上来看,我国城镇居民休闲消费潜力经过初显期、快速提升期,目前进入平稳增长阶段,然而休闲消费潜力的地区差异极为显著,空间布局尚不均衡,相互带动作用仍显不足。因此,如何进一步增加城镇居民休闲消费,扩大教育培训、文化娱乐等核心休闲消费规模,同时实现地区间协调发展和全面升级,进而充分发挥休闲消费对国民经济的拉动作用,是政府和学界面临的重要议题。

休闲消费潜力研究需要首先厘清以下问题:一是,休闲消费潜力通过哪些内容予以体现和反映。正如第四章中所述,休闲消费能力、休闲消费支出和休闲消费环境是休闲消费潜力的显在指标,那么这些指标水平的提升已成为城镇居民休闲消费潜力释放的重要途径;二是,休闲消费潜力还受到来自外部因素的诸多影响,其中既包括国家、社会、家庭等层面客观因素,也包括个体层面的主观因素,然而这些因素在一定程度上会对休闲消费潜力产生阻抑作用。如何判别核心制约因素,进而减弱甚或破除其对休闲消费潜力带来的负面影响,是本书关注的核心问题。

本章内容主要围绕休闲消费潜力的影响机理,从理论层面探讨休闲消费潜力释放的逻辑起点和机制框架,并针对我国经济社会发展实际情况,重点阐释生活成本变化和家庭结构变动对休闲消费潜力的影响,进而为城镇居民休闲消费潜力实证研究提供理论指导和重要支撑。

第一节　分析起点和框架

诚然,居民消费研究首先且更多的是关注收入和消费的关系问题。现代消费理论自 20 世纪 30 年代发端以来,凯恩斯的消费函数理论认为总消费由总收入来决定,弗里德曼(Friedman,1957)的持久收入假说(Permanent Income Hypothesis,PIH)和莫迪利安尼(Modigliani,1954,1963)的生命周期假说(Life Cycle Hypothesis,LCH)则认为,居民消费受到个人持久收入的影响。然而,安格斯·迪顿(Angus Deaton,1989)的研究强调,现时消费主要受现时收入的影响和决定。

一、"迪顿悖论":收入和消费关系研究新贡献

迪顿、布兰德(Deaton,Blinder,1985)在重新检视跨期消费时间序列函数过程中敏锐地察觉到,总消费增长对总收入的预期变动反应极其敏感,这与永久收入假说和生命周期模型的预测恰恰相反[1]。不管是永久收入假说还是生命周期模型,均意味着消费要比收入更为平滑,但是理论和实证都证明这不是一个合理的假设[2]。迪顿、坎贝尔(Deaton,Campbell,1989)进一步探讨了消费与收入的关系[3],他们假设永久收入假说由以下

---

[1] Deaton A, Blinder A. The time series consumption function revisited[J]. Brookings Papers on Economic Activity, 1985, 2: 465 - 521.

[2] Deaton A. Life-cycle models of consumption: Is the evidence consistent with the theory? [J]. In Bewley T (ed.). Advances in Econometrics (Vol. II)[C]. North-Holland: Amsterdam, 1987.

[3] Deaton A, Campbell J Y. Why is consumption so smooth? [J]. Review of Economics Studies, 1989, 56: 357 - 374.

方程表述：

$$C_t = \frac{r}{1+r}\left[A_t + \sum_{i=0}^{\infty}\frac{E_t\,y_{t+i}}{(1+r)^i}\right] \qquad (5-1)$$

在方程中，C_t 表示 t 时期的真实人均消费；Y_t 表示 t 时期的真实人均收入；r 是真实利率，设为常数；A_t 表示 t 时期末的真实人均非人力资本财富；E_t 表示 t 时期的期望算子。财富的变化服从下式：

$$A_{t+1} = (1+r)(A_t + y_t - C_t) \qquad (5-2)$$

对方程(5-1)求差分，并将式(5-2)带入得到：

$$\Delta C_{t+1} = r\sum_{i=1}^{\infty}(1+r)^{-i}(E_{t+1} - E_t)\,y_{t+i} \qquad (5-3)$$

式(5-3)表示的是，消费的变化等于未来收入期望值变化的贴现值总和，这也就意味着，消费的变化会受到收入的极大冲击。迪顿和坎贝尔基于美国1953年第二季度到1985年第四季度的劳动收入数据，通过拟合一阶自回归模型发现，永久收入假说理论与现实数据存在明显矛盾，这就是"迪顿悖论"。迪顿悖论是消费经济学领域的重大发现，它在整个经济学界引起了强烈反响，它向我们揭示了消费的重要特性，强调了个人收入对跨期消费的影响。

开展城镇居民休闲消费问题研究，思考如何实现休闲消费潜力进一步释放，本书仍然要以对城镇居民收入水平及收入与消费关系的考察为逻辑起点。然而，在当前社会经济发展迅猛的中国，随着城市化进程的逐步加快，社会正经历着前所未有的变革，新事物、新问题不断涌现，这使得城镇居民休闲消费潜力除了受到收入相关因素影响外，其他诸多因素的影响也不容小觑。

二、城镇居民休闲消费潜力影响因素分析

沿着收入—消费的关系主线,分析影响休闲消费的内外诸因素,能够为城镇居民休闲消费潜力研究提供有益思路,并且有助于寻找休闲消费潜力释放的基本切入点和关键突破口。通过对城镇居民休闲消费影响的现实考察,借鉴以往相关研究成果,发现如下方面对城镇居民休闲消费潜力产生重要影响。

（一）居民收入水平

由传统消费函数理论可知,总收入决定总消费。凯恩斯的绝对收入假说能够很好地解释计划经济时期的消费者行为[1]。然而霍尔（Hall,1978）提出理性预期生命周期理论（Rational Expectation-Life Cycle Hypothesis,RELCH）,认为本期消费仅仅与前期消费有关,同期收入对消费没有解释或预测能力。尽管如此,戴维森（Davidson,1978）的误差修正机制（Error Correction Mechanism,ECM）对此进行了修正,认为收入与消费之间存在长期均衡关系,同时在短期有着动态调整的过程。国内外诸多学者经过研究发现,居民消费具有"过度敏感性"（Excess Sensitivity）,也就是说,消费与同期收入存在显著的正相关关系。从理论层面来讲,预防性储蓄假说和流动性约束假说对消费过度敏感性给出了相对合理的解释;从实证研究层面来看,田青等（2008）认为收入始终是影响消费的主要因素[2];宋冬林等（2003）对我国城镇居民消费的过度敏感性进行了实证检验与经验分析,发现随着我国国有企业、医疗体制、教育体制、社会保障和住房商品化等一系列改革措施的推进,城镇居民消费的过

---

[1]　臧旭恒.中国消费函数分析[M].上海:上海三联书店,上海人民出版社,1994.
[2]　田青,马健,高铁梅.我国城镇居民消费影响因素的区域差异分析[J].管理世界,2008,24(7):27-33.

度敏感性明显增加[①];陈斌开(2012)研究了城镇居民可支配收入对平均消费倾向和边际消费倾向的影响[②];韩立岩和杜春越(2012)的研究同样证明了收入对消费的显著作用[③]。

休闲消费是居民生活消费的重要类型和组成部分,必然受到居民收入水平的极大影响。

第一,休闲消费对居民收入依赖程度相对较高。居民的衣物、食品和住房消费均属于基础型消费,尽管这些消费类型也会受到居民收入的制约,换句话说,居民收入水平越高,基础型消费的水平和质量就越会相应提高,但是在居民收入水平相对较低情况下,基础型消费仍然属于必须选择的消费内容。相对而言,休闲消费属于基础型消费之外的消费类型,居民收入水平对休闲消费有着更加明显的影响和约束作用。

第二,休闲消费的属性决定了其与收入水平的关系呈现动态变化特征。休闲消费是层次较高、精神性较强的消费活动,随着可支配收入增加和人们对于生活质量要求的提高,居民休闲消费需求愈加强烈。马克思从居民消费满足的需求层次角度,将消费资料划分为生存资料、享受资料和发展资料,并指出人们在生存资料满足之后,就会更加追求享受资料和发展资料的消费。可见,居民收入水平必然会对休闲消费产生重要影响,同时它也决定着休闲消费的范围和潜力。

第三,休闲消费涵盖内容的广泛性使得收入水平对其产生差异性和复杂化的影响。随着居民收入水平提高,人们选择休闲消费的方向和形式可能存在较大差别,然而可以肯定的是,居民进行休闲消费的可能性会

① 宋冬林,金晓彤,刘金叶.我国城镇居民消费过度敏感性的实证检验与经验分析[J].管理世界,2003,19(5):29-35.
② 陈斌开.收入分配与中国居民消费——理论和基于中国的实证研究[J].南开经济研究,2012,28(1):33-49.
③ 韩立岩,杜春越.收入差距、借贷水平与居民消费的地区及城乡差异[J].经济研究,2012,58(1):15-27.

有必然和大幅的增加。

从休闲消费现有文献成果来看,国内外学者就居民收入对休闲消费的影响进行了较多的探讨和研究。Pawlowski,Breuer(2012)运用德国连续住户预算调查数据,估计了休闲服务衍生需求系统,提供了休闲服务支出弹性的一致衍生工具[①]。Maitra(2001)研究了消费平滑的易变休闲成本,通过使用分散的一般均衡模型检验了休闲消费对意外收入的冲击反应[②]。Ko,Han(2013)讨论了可支配收入和面子价值对户外休闲消费的影响,以及上述条件的变化在休闲消费中的作用机制[③]。杨勇(2007)实证研究了城镇居民可支配收入、恩格尔系数以及家庭耐用消费品支出对我国城镇居民休闲消费支出的影响[④],结果发现,尽管收入与城镇居民休闲消费支出之间显著正相关,但是城镇居民可支配收入及其对休闲消费支出的作用强度并不存在稳定的对应关系;范叙春和朱保华(2015)利用随机冲击的持久性—暂时性分解方法,实证分析了持久性冲击和暂时性冲击对中国居民消费、资产和收入波动的影响方式,发现资产和收入的快速增长是我国居民长期消费增长的重要原因,然而短期内资产和收入的增长对我国居民消费的促进作用相对有限[⑤]。因此不难看出,居民收入水平是影响城镇居民休闲消费潜力的关键因素,然而收入水平对休闲消费潜力的影响程度及其群体和地区异质性研究仍是有待深入研究的重要议题。

(二)居民生活成本

居民消费大致包含生活性支出和休闲消费两部分内容。生活性支出

① Pawlowski T, Breuer C. Expenditure elasticities of the demand for leisure services[J]. Applied Economics, 2012, 44(26): 3461-3477.
② Maitra P. Is consumption smooth at the cost of volatile leisure? An investigation of rural India[J]. Applied Economics, 2001, 33(6): 727-734.
③ Ko Jongbo, Han Beom-Soo. A Study on the Effects of Materialism and Face on Outdoor Leisure Consumption[J]. Journal of Tourism Sciences, 2013, 37(5): 197-218.
④ 杨勇.我国城镇居民休闲消费行为的地区差异性分析——基于1995—2005年省级面板数据的检验[J].商业经济与管理,2007,27(11):68-74.
⑤ 范叙春,朱保华.持久性冲击、暂时性冲击与中国居民消费波动[J].财贸经济,2015,36(1):40-53.

主要是以满足人们日常的生活需要为基本目的,它通常具有一定刚性,因而生活成本变化会使得生活性支出发生同方向的调整,进而导致居民休闲消费的空间出现反方向变化。从外部因素分析来看,物价水平的上涨、家庭结构的变化等都对居民生活成本带来直接影响。而从生活成本包含的内容来讲,居民对于食品、衣物等的消费具有较大选择空间,也就是说,衣食消费的数量和质量随意选择和支配的可能和空间较大。与之相对的是,住房消费对于多数居民来讲在某种程度上属于刚性需求,首套房的购买更是如此,因此住房价格波动是导致居民生活成本变化的重要方面。

国内外大量文献考察了住房价格变化尤其是房价上涨对居民消费的影响。国外研究方面,Campbell,Cocco(2007)研究发现,住房价格主要提高了老年人的消费,对年轻租房者基本没有影响[1]。Carroll,Otsuka,Shacalek(2006)认为,房价上涨会促进居民的消费,表现出明显的财富效应[2]。Iacoviello(2012)以美国为研究背景,同样发现从长期来看住房的财富效应非常显著[3]。与之相对,也有学者认为房价上涨更多的是对于居民消费的挤出,一定程度上会抑制居民消费需求,如 Calomiris,Longhofer,Miles(2009)研究发现,控制房价与收入的内生性后,住房的财富效应基本不存在[4]。国内研究方面,学者们主要讨论的是房价波动的财富效应和挤出效应,以此分析住房价格变化对居民消费的影响。李春风等人(2014)认为我国房价上涨存在明显的挤出效应,并且该效应存在明显地区性差异,她

[1] Campbell J, J Cocco. How do house prices affect consumption? Evidence from micro data[J]. Journal of Monetary Economics,2007, 54: 591 - 621.
[2] Carroll C D, Otsuka M, Slacalek J. How large is the housing wealth effect? A new approach New York:[M]. Social Science Electronic Publishing, 2006.
[3] Iacoviello M. Housing wealth and consumption[R]. Federal Reserve Board International Finance Discussion, 2012.
[4] Calomiris C, Longhofer S D, Miles M. The (mythical?) housing wealth effect[R]. NBER Working Paper, Cambridge, 2009: 15075.

进一步研究还发现,挤出效应不仅直接挤出消费支出,还可作用于消费其他影响因素进而间接抑制消费[1]。李剑(2018)则认为,我国城镇居民消费增长的跨期负相关使得房价波动不仅会对居民消费产生持续影响,同时还会引发消费的剧烈波动。房价波动对居民消费的影响在短期中主要表现为对居民消费的挤出效应,在长期中则主要表现为财富效应[2]。

　　房价波动对城镇居民休闲消费影响的研究也受到学者们的关注,他们通过探讨房价波动对居民消费结构的不同影响,进一步考察住房价格在我国现阶段居民消费转型升级中的作用。汪伟、刘志刚、龚飞飞(2018)基于我国 35 个大中城市的实证研究发现,房价上涨通过成本效应、信心效应、预防性储蓄效应、流动性约束效应和财富重新分配效应对城镇居民消费结构升级造成负向影响,高房价抑制了城镇居民的消费结构升级,具体而言,房价上涨对城镇居民的交通通信、教育文化娱乐和医疗保健消费等的影响表现出明显差异性[3]。王勇(2017)研究了住房价格波动对自有住房家庭消费需求的区域异质性,认为房价波动对生存型消费需求区域异质性的影响表现出明显的财富效应,而对享受型和发展型消费需求区域异质性的影响则表现出显著的挤出效应[4]。可以看出,由于房价上涨带来城镇居民生活成本的提高,在很大程度上对城镇居民休闲消费产生明显抑制作用,这也必然对其休闲消费潜力带来直接影响。

　　(三)家庭固定资产

　　一般而言,家庭资产由金融资产和固定资产两部分组成,其中,金融

---

[1] 李春风,刘建江,陈先意.房价上涨对我国城镇居民消费的挤出效应研究[J].统计研究,2014,31(12):32-40.

[2] 李剑.房价波动、跨期依赖与居民消费效应——基于 Carroll 的新财富效应测度方法[J].经济与管理评论,2018,34(5):63-72.

[3] 汪伟,刘志刚,龚飞飞.高房价对消费结构升级的影响:基于 35 个大中城市的实证研究[J].学术研究,2017,70(8):87-94+177-178.

[4] 王勇.住房价格波动对自有住房家庭消费的区域异质性影响研究[J].数理统计与管理,2017,36(3):402-418.

资产主要是指现金、储蓄存款、股票、债券等流动性资产。随着城镇化进程的持续加快和房屋销售价格的不断攀升，住房资产在居民固定资产中所占的比重明显加大。需要指出的是，固定资产是家庭资产中最重要的组成部分，占家庭总资产的比重超过85%，远远大于金融资产的占比①。并且，现金、储蓄存款等金融资产规模很大程度上受到居民收入水平更为直接的影响，而固定资产尤其是住房资产规模受住房价格变动影响较大，因而对居民休闲消费倾向和结构具有更为明显的促进或约束作用，直接影响到城镇居民的休闲消费潜力水平。

国内外学者针对家庭固定资产对居民消费或休闲消费的影响进行了考察。在理论研究层面，莫迪利安尼（1963）的生命周期模型为家庭资产与居民消费关系研究提供了框架，指出家庭资产的增加是居民消费的关键决定因素之一。也就是说，居民家庭资产越多，各个生命周期阶段的消费水平相对越高，家庭资产对居民消费产生显著正向影响。霍尔（1978）的理性预期生命周期理论也为家庭资产与居民消费关系的实证研究提供了理论指导和支持。在实证研究层面，黄静和屠梅曾（2009）分析了住房财富对居民消费的影响，发现房地产财富对居民消费具有显著促进作用，户主越年轻、收入越高、经济越发达地区的房地产财富效应越大②。张大永和曹红（2012）考察了家庭房屋价值、金融资产及其他财富类型对居民消费的影响，发现是否拥有自有住房、房屋价值高低和金融资产规模等对家庭消费均存在显著影响，并且房地产总财富效应大于金融资产的财富效应，住房价值对家庭非耐用品消费的影响程度大于耐用品消费③。不过

---

① 李涛，陈斌开.家庭固定资产、财富效应与居民消费：来自中国城镇家庭的经验证据[J].经济研究，2014，60(3)：62-75.

② 黄静，屠梅曾.房地产财富与消费：来自于家庭微观调查数据的证据[J].管理世界，2009，25(7)：35-45.

③ 张大永，曹红.家庭财富与消费：基于微观调查数据的分析[J].经济研究(消费金融专辑)，2012，58(2)：53-65.

张浩等(2017)的研究显示,房屋升值会更多地促进家庭衣着、家庭设备及日用品以及交通通信服务等的消费,同时房产占家庭资产比重较低的家庭,其房屋资产对居民消费的影响更大,但是随着房屋投资属性的降低和消费属性的提高,房屋资产对消费的影响程度将会下降[①]。

也有学者针对居民消费结构和休闲消费不同类型展开家庭固定资产影响效应的研究。李涛和陈斌开(2014)研究发现,住房同时具备消费品和投资品属性,作为一种消费品的住房资产不管价值多高,它对居民消费都没有影响,然而生产性固定资产则对家庭食品、衣着、教育支出等具有显著正向影响[②]。一般意义上讲,家庭债务是资产价值和家庭财富的对立面,资产价值和家庭财富的暂时性减少会带来负债的暂时性增加。许桂华(2013)研究发现,在家庭债务和财富的持久性和暂时性变动作用下,居民消费的增减变动更为剧烈[③]。尚昀和臧旭恒(2016)则认为,现住房产对家庭消费没有显著影响,而非现住房产对家庭消费则具有显著促进作用[④]。石永珍和王子成(2017)通过研究得到了一系列新的发现,他们认为住房资产升值恰恰抑制了居民消费,特别是挤出了基本生活需求型消费,但是住房资产对拥有自有住房的家庭消费支出有着显著正向影响,进而拥有多套房和大产权房的家庭、青年家庭和中等收入家庭的消费支出对住房资产升值反应较为敏感[⑤]。

休闲消费涵盖了居民生活型支出外的诸多消费内容,家庭固定资产若是能够对居民消费产生影响,不可避免也会与居民休闲消费产生重要

① 张浩,易行健,周聪.房产价值变动、城镇居民消费与财富效应异质性——来自微观家庭调查数据的分析[J].金融研究,2017,60(8):50-66.
② 李涛,陈斌开.家庭固定资产、财富效应与居民消费:来自中国城镇家庭的经验证据[J].经济研究,2014,60(3):62-75.
③ 许桂华.家庭债务的变动与居民消费的过度敏感性:来自中国的证据[J].财贸研究,2013,24(2):102-109+145.
④ 尚昀,臧旭恒.家庭资产、人力资本与城镇居民消费行为[J].东岳论丛,2016,37(4):30-41.
⑤ 石永珍,王子成.住房资产、财富效应与城镇居民消费——基于家户追踪调查数据的实证分析[J].经济社会体制比较,2017(6):74-86.

关联,进而反映居民休闲消费潜力的大小。综合上述文献可以看出,第一,家庭固定资产对于居民消费的正向影响和促进作用有着一定理论支持,并且得到多数学者的证实;第二,家庭固定资产对居民生活型消费和休闲消费,乃至于不同类型休闲消费的影响程度存在明显差异;第三,家庭不同形式的固定资产对休闲消费的影响亦有区别。因此,家庭固定资产是影响城镇居民休闲消费潜力的重要因素。

（四）居民家庭负担

在与居民休闲消费潜力相关的诸多因素中,有些因素能够促进居民休闲消费和提升居民休闲消费潜力,但是有些因素则可能发挥相反的作用。居民收入水平提升和家庭财富增加,在某种程度上为居民休闲消费潜力拓宽了空间,住房价格上涨则可能具有推动和抑制两方面截然不同的效应和机制,然而居民家庭负担的加重更可能会对居民休闲消费潜力提升带来一定约束。人口年龄结构变动尤其是抚养比的不断上涨,在一定程度上增加了居民家庭的生活负担,但是它对居民休闲消费及其潜力的影响并非仅仅是单方向的。

从国内外研究文献来看,人口年龄结构与居民消费的关系得到学者们的持续关注。生命周期理论与持久收入假说为这一议题的讨论提供了理论支持。Ram(1982),Bloom,Canning,Mansfield(2007)基于上述理论,考察了人口抚养比、人口预期寿命及社会保障等因素对消费和储蓄的影响[1][2]。随着我国社会经济转型进程的不断加快以及老龄化社会的快速来临,国内学者就人口结构与居民消费问题展开研究。罗光强和谢卫卫(2013)发现,少儿抚养比对居民消费率具有显著性正向影响,而老年抚养

---

[1]　Ram R. Dependency Rates and Aggregate Savings: a New International Cross-section Study[J]. American Economic Review, 1982, 3: 537 - 544.

[2]　Bloom D E, Canning D, Mansfield R K, et al. Demographic Change, Social Security Systems, and Savings[J]. Journal of Monetary Economics, 2007, 1: 92 - 114.

比则对居民消费率有着显著负向影响,也就是说,少儿抚养比越低、老年抚养比越高,居民的消费率就会越低①。

在人口年龄结构对居民消费结构和休闲消费影响方面,也出现了相对较多的研究成果。朱勤和魏涛远(2016)研究发现,人口老龄化对我国居民消费在总量层面上影响不大,然而在消费结构层面则产生明显的差异化影响,其中对医疗保健类消费的促进作用相对较大②。王雪琪等人(2016)研究了人口年龄结构和消费习惯对我国城镇居民消费结构的影响,认为人口年龄结构显著影响城镇居民的消费结构,儿童对文教娱乐、老年人对居住和医疗的消费需求相对较强③。向晶(2013)利用扩展线性支出系统(ELES)分析了人口结构调整对我国居民消费结构的影响,结果发现,社会总抚养系数的提高增加了居民基本生活支出,进而对文化娱乐和教育等消费产生挤压,而此类消费恰是我国居民消费结构升级和消费潜力提升的关键环节④。

(五)休闲消费意愿

居民休闲消费潜力除了受到上述客观因素影响外,主观休闲消费意愿也是释放居民休闲消费潜力需要特别关注的方面。需要指出的是,休闲消费意愿是一种相对复杂的心理过程和特征,同样受到内外诸多层面因素的制约。其中,居民消费习惯、消费观念和文化等与居民休闲消费意愿紧密相关。

学者们对此从不同角度进行了尝试性研究。姜洋和邓翔(2009)发现传统文化、不确定性等多重因素综合作用致使转轨时期的中国长期出现

---

① 罗光强,谢卫卫.中国人口抚养比与居民消费——基于生命周期理论[J].人口与经济,2013,34(5):3-9.
② 朱勤,魏涛远.中国人口老龄化与城镇化对未来居民消费的影响分析[J].人口研究,2016,40(6):62-75.
③ 王雪琪,赵彦云,范超.我国城镇居民消费结构变动影响因素及趋势研究[J].统计研究,2016,33(2):61-67.
④ 向晶.人口结构调整对我国城镇居民消费的影响[J].经济理论与经济管理,2013,33(12):14-22.

高储蓄、低消费的现象①。臧旭恒和陈浩(2018)基于转型时期消费环境和居民心理特征的分析,认为多元不确定的增长经济环境和儒家传统造就并强化了我国居民消费显著的习惯形成特征,从而使得居民消费行为日益谨慎②。孙涛和李成友(2016)探讨了家庭文化信念态度(即家庭观念)在人口结构与居民消费关系之间的作用,发现考虑了家庭文化信念后,少儿人口负担比、老年人口负担比以及总人口负担比拉低了居民消费率③。杭斌(2014)基于地位寻求理论对我国城镇家庭的住房需求和消费行为进行了实证分析,发现住房面积扩大对居民消费的挤出效应较为明显④。

此外,也有学者针对消费意愿对消费结构和休闲消费的影响展开研究。闫新华和杭斌(2010)考察内外部习惯形成及居民消费结构后发现,城镇居民消费的示范效应集中体现在交通通信、教育文化娱乐服务及医疗保健等休闲消费方面,然而由于它带有很强的"生产性消费"特征,因此在一定程度上反映出居民消费并非简单攀比而是着眼长期⑤。王雪琪等人(2016)的实证研究发现,我国城镇居民的消费支出存在较强的惯性,消费习惯是影响城镇居民消费结构最为关键的因素之一,并认为未来我国城镇居民家庭消费结构将呈现稳中有变和趋向享受型消费的特点⑥。

三、城镇居民休闲消费潜力影响分析框架

居民收入水平和家庭固定资产为城镇居民休闲消费及其潜力释放提

①　姜洋,邓翔.传统文化、制度变迁双重影响下的中国居民消费行为研究[J].江苏社会科学,2009,30(3):32-37.
②　臧旭恒,陈浩.不确定性下我国城镇居民消费的习惯形成特征研究[J].湘潭大学学报(哲学社会科学版),2018,42(5):64-70.
③　孙涛,李成友.家庭观念、人口负担比与居民消费——基于2002—2014年山东省面板数据的实证分析[J].山东大学学报(哲学社会科学版),2016,66(3):79-89.
④　杭斌.住房需求与城镇居民消费[J].统计研究,2014,31(9):31-36.
⑤　闫新华,杭斌.内、外部习惯形成及居民消费结构——基于中国农村居民的实证研究[J].统计研究,2010,27(5):32-40.
⑥　王雪琪,赵彦云,范超.我国城镇居民消费结构变动影响因素及趋势研究[J].统计研究,2016,33(2):61-67.

供了物质条件和重要基础,居民生活成本和家庭负担的变化对城镇居民休闲消费潜力产生了多元化和差异化的影响,同时居民休闲消费意愿又在主观层面制约和影响着休闲消费的规模和结构,进而对城镇居民休闲消费潜力施加作用。此外,城市休闲消费环境、社会保障制度和水平等外部因素也会间接影响城镇居民休闲消费潜力。当然,上述因素仅仅是从需求层面分析城镇居民休闲消费潜力影响的要素系统。从供给角度来讲,城市休闲供给水平仍然是城镇居民休闲消费的必要条件和基本门槛,一定程度上决定着居民休闲消费潜力释放的上限。

综上所述,城镇居民休闲消费潜力影响的分析框架如图5-1所示。

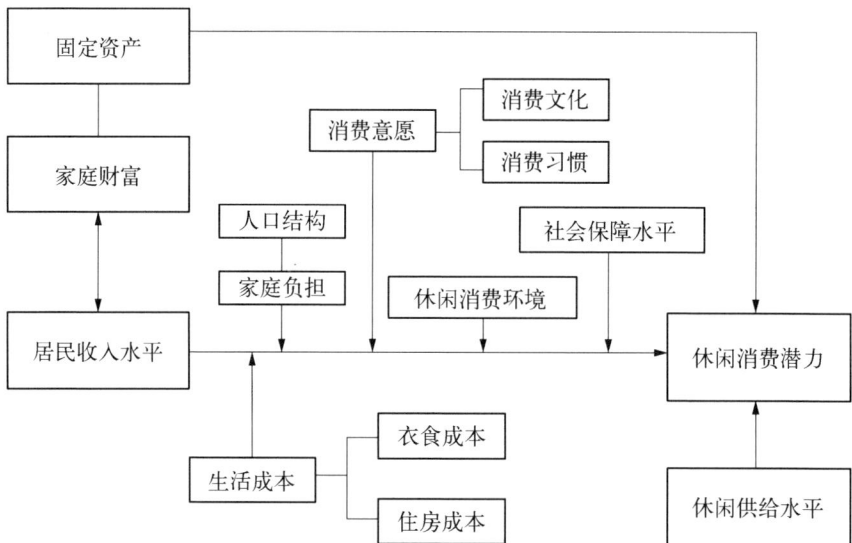

图5-1 城镇居民休闲消费潜力影响的分析框架

在上述影响城镇居民休闲消费潜力的诸多因素中,人口年龄结构调整带来的家庭负担变化以及住房价格上涨导致的居民生活成本增加,成为影响城镇居民休闲消费潜力释放的关键因素。李祥和李勇刚(2013)对我国人口抚养比、房价波动与居民消费之间的关系进行了综合分析,发现人口抚养比与房价之间不存在显著关系,儿童抚养比与居民消费显著负相关,老年抚养比对居民消费的影响并不显著[①]。不过由于样本选取和研究方法使用等的差异,相关研究结论尚未达成一致,因此仍然需要后续研究予以进一步检验。

我国现阶段人口政策出现重要调整,老龄化进程不断加快,教育医疗等社会保障制度日趋健全,综合考虑社会经济发展实际,本节重点关注住房价格变动和人口年龄结构变化对城镇居民休闲消费潜力的作用,进而探讨两者对于城镇居民休闲消费潜力的影响机制。

第二节　住房价格波动影响休闲消费潜力的机制

近年来,我国住房价格大幅上涨成为社会舆论高度关注的话题之一,同时也是城镇居民最为关切的重要问题。1998年,我国城镇住房制度改革取得突破性进展,住房市场迎来持续快速发展,商品房销售价格相应稳步上升。但是在2005年前后,住房价格迅猛增长,全国商品房平均销售价格由2004年的2 778元一度上涨到2016年的7 476元,涨幅达269%。相比之下,居民消费率却一直处于下降状态,由2004年的51%下降到2016年的42.8%。当前,我国处于居民消费结构转型升级的迫切阶段,也是居民休闲消费潜力全面释放的关键时期,研究住房价格波动对城镇居民休闲消费潜力的影响成为具有重要理论和实践意义的课题。那么,住房价格波动是如何影响城镇居民消费乃至休闲消费及其潜力的呢?笔者认为主要有以下3种渠道(见图5-2)。

---

① 李祥,李勇刚.人口抚养比、房价波动与居民消费——基于面板数据联立方程模型[J].经济与管理研究,2013,34(1):35-41+68.

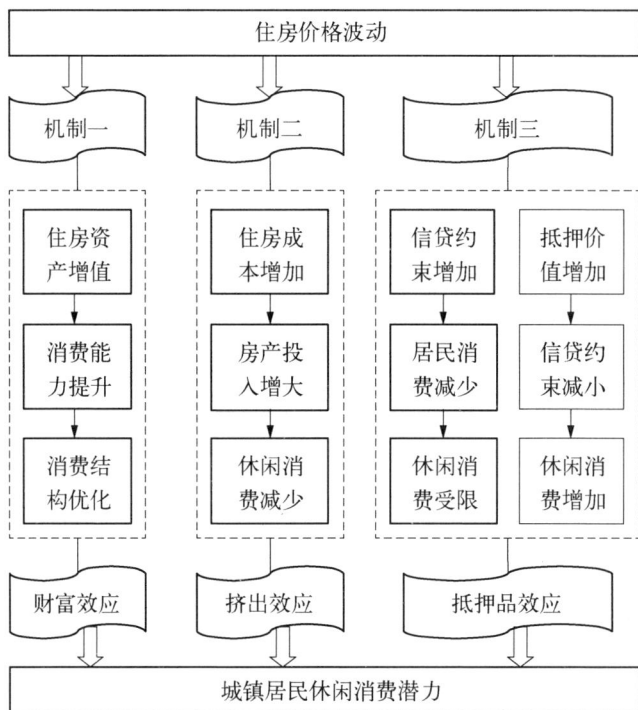

图 5-2　住房价格波动影响休闲消费潜力的机制

一、住房价格波动的财富效应

由生命周期理论可知，家庭财富的大小及变化直接影响着居民消费的规模和结构。住房资产作为居民家庭重要的财富类型，首先对于居民消费表现出积极的"资产效应"，也就是说，住房资产水平直接正向影响居民的消费水平。不过，住房价格波动带来的家庭资产变化对于居民消费的"财富效应"更加具有学术研究的价值，尤其是在近些年我国房地产市场日趋改革完善以及房价波动极为明显的现实背景下，研究住房价格波动对于居民消费的财富效应更具实践意义。

住房价格波动对于居民消费财富效应的探讨和研究受到国内外学者

的广泛关注。从相关文献研究来看,国外学者得到了较为一致的结论,认为房价上涨带来的住房资产增值对居民消费具有较为显著的正向效应。相对来讲,国内学者的研究结论颇具争议性,主要呈现以下 3 种观点:① 从住房的投资品属性出发,认为住房价格上涨对居民消费具有正向财富效应;② 从住房的消费品属性出发,认为住房价格上涨对居民消费产生负向财富效应;③ 住房价格上涨的正向和负向财富效应相互抵消,对居民消费并无实质性影响。

尽管如此,有关住房价格波动对居民消费财富效应的研究仍在持续,也需要更多的实证研究予以检验。不过值得关注的是,住房价格波动对居民消费结构转型影响的研究发现,房价上涨对居民休闲消费的财富效应更为明显。李剑(2015)认为,尽管房价上涨对城镇居民消费的影响表现出微弱的财富效应,但是直接财富效应主要体现在城镇居民对大额耐用消费品支出以及支配自由度较大且往往具有享受特征的消费支出方面[1]。

房价上涨带来城镇居民家庭财富的增加,进一步促进居民消费的同时还影响着居民消费结构的变化和调整,其中不仅仅会增加居民休闲消费的支出,更可能带来休闲消费内部结构的不断优化,进而激发城镇居民的休闲消费潜力,这就是住房价格波动对城镇居民休闲消费潜力的财富效应。以往学者对房价上涨的财富效应进行了分解研究,黄静和屠梅曾(2009)将其大致划分为可兑现和未兑现的财富效应两种形式[2],其中,可兑现的财富效应指的是房价上涨带来城镇居民净财富的增加,他们通过再融资的方式或出售房地产的形式兑现资本收益,进而增加休闲消费不

---

① 李剑.住房资产、价格波动与我国城镇居民消费行为——基于传导渠道的分析[J].财经研究,2015,41(8):90-104.
② 黄静,屠梅曾.房地产财富与消费:来自于家庭微观调查数据的证据[J].管理世界,2009,25(7):35-45.

同类型的支出,使得房价上涨最终实现促进城镇居民休闲消费的作用;未兑现的财富效应指的是房价上涨带来城镇居民净财富的增加,但是房产持有者并没有进行再融资或出售房产,尽管如此,由于房价上涨在某种程度上提高了住房资产的贴现价值,使得即便没有兑现的财富仍有可能促进城镇居民的休闲消费。刘英群和邵广哲(2017)将是否拥有住房和是否具备改善住房动机纳入研究范畴,进而考察住房价格波动对居民消费的财富效应①。他们认为,房价上涨使得拥有住房的城镇居民意识到自己永久收入的增长和财富的增加,由于不具备改善住房动机,城镇居民通过出售住房获得更多收入进而增加消费。因住房价值增加,城镇居民即便不出售住房也会获得更多融资渠道,以此选择增加当期消费,所以房价上涨对居民消费甚或是休闲消费及其潜力发挥财富效应。对于尚没有住房的城镇居民而言,房价上涨带来住房成本的增加,一种可能的情况是,城镇居民因此选择降低住房水平或质量,反而将当期增加的收入用于休闲消费,使得房价上涨带来明显的财富效应。

近年来,伴随我国城市化进程不断推向深入,城镇居民收入的主要部分被用于购置房产,住房价格的持续上涨使得城镇居民家庭资产中房产价值所占比例越来越大。一方面,随着首套房购置的完成,城镇居民的收入来源极有可能发生重要变化,这带来居民可支配收入和家庭财富的大幅增加,进而对居民消费产生极大促进作用。另一方面,社会经济的发展和城市文明程度的提高使城镇居民催生出对于生活质量的更高要求,这在很大程度上需要通过提升居民消费尤其是休闲消费的水平和质量予以满足。因此,房价上涨带来一系列连锁反应,财富效应出现并不断发生变化,最终对城镇居民休闲消费及其潜力产生重要影响。

① 刘英群,邵广哲.城市住房价格波动对居民消费的影响[J].财经问题研究,2017,39(11):121-126.

二、住房价格上涨的挤出效应

（一）上涨带来的成本增加

住房价格上涨将会带来住房成本的增加,城镇居民为了维持当前的住房水平可能会选择减少休闲消费,从而对当期休闲消费产生挤出效应。这里存在以下两种情况:一方面,对于目前拥有住房的城镇居民来讲,当面临房价上涨时,他们可能会做出房价持续上涨的预期,由于住房与休闲消费具有完全的替代关系,消费者将会选择增加房地产的投入,从而减少当期休闲消费,或是将更多的收入用于储蓄以备购买新房之用;另一方面,对于尚没有住房的城镇居民而言,面临房价上涨,为购置新房他们一般会选择减少当期休闲消费进行储蓄,或者房价上涨导致租房成本的增加,同样会使城镇居民减少当期休闲消费。

可以看出,房价上涨将会对上述两类城镇居民产生挤出效应,使得城镇居民休闲消费得以减少,直接影响到他们的休闲消费潜力水平,住房价格上涨对城镇居民休闲消费潜力的挤出效应如图 5-3 所示。

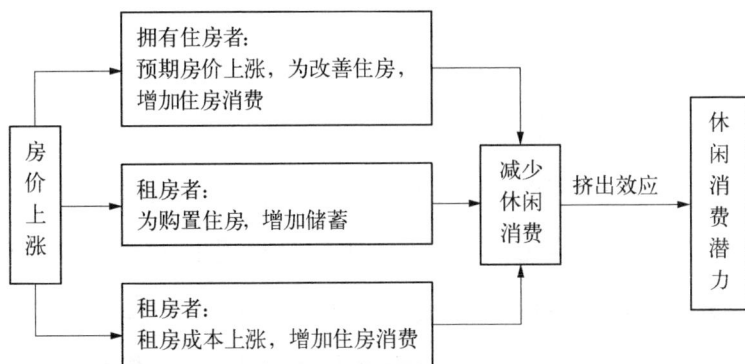

图 5-3　房价上涨对城镇居民休闲消费潜力的挤出效应

（二）上涨对消费潜力的挤出效应

分析房价上涨对城镇居民休闲消费潜力的挤出效应,主要原因来自两个方面。

（1）挤出效应在很大程度上是由居民消费的预算约束造成的。对于尚没有住房而又暂时无力购房、需要租赁住房的城镇居民来说，房价上涨带来房租相应上涨，使得居住成本和住房消费支出增加，在总收入一定条件下，城镇居民用于休闲消费的支出受到挤压而相应减少。由预防性储蓄理论也可以知道，人们为了应付意料之外的未来开支，会进行更多的储蓄，这就刺激了家庭储蓄的增长，相反，也就会使得家庭消费有所收缩。陈训波等人（2017）基于城镇家庭跟踪调查数据，研究了房价上涨对我国城镇居民消费的影响，发现房价上涨对于打算购房家庭的非耐用品消费具有明显的预算约束效应[①]。

（2）挤出效应也会因城镇居民的消费替代和储蓄替代而形成。一方面，储蓄替代主要针对计划购买住房的家庭。随着住房价格的上涨，该部分家庭要么购买一套价值相对较小的住房，要么依靠减少当期休闲消费以增加储蓄，以便在未来购买高价住房。另一方面，消费替代主要针对已有住房的家庭。在房价上涨的投资回报率较高诱惑下，该部分家庭很有可能倾囊而出，加入投机购房的行列，购房支出比重迅速膨胀，从而对休闲消费产生明显的排挤作用。

（三）上涨的负向财富效应

一般意义上，也可以将房价上涨的挤出效应视为负向财富效应。国内外有关房价与居民消费关系的经验研究显示，房价上涨的正向财富效应远远甚于挤出效应，这已成为学术界的主流共识。但是在我国特定社会经济发展情境下，房价攀升对于居民消费的财富效应和挤出效应孰大孰小仍然是学者们深入探讨的话题。诸多学者从不同视角切入研究了房

[①] 陈训波,钟大能,李婧.房价上涨对我国城镇居民消费的影响——基于城镇家庭跟踪调查的研究[J].西南民族大学学报（人文社科版），2017,38(9)：140－145.

价上涨对居民消费的挤出效应,姚玲珍和丁彦皓(2013)考察了房价波动对不同收入阶层消费的挤出效应,发现房价变动对上海中等收入阶层的消费表现为微弱的财富效应,然而对中高和中低收入阶层的消费逐渐呈现较为明显的挤出效应①。李成武(2010)则研究了房价上涨对居民消费影响的地区差异性,认为我国中西部地区房价上涨的财富效应并不显著,并且在东部地区房价上涨进一步表现为挤出效应②,也就是说,经济越发达地区城镇居民的住房压力越大,房价上涨的挤出效应也就越明显。

三、住房价格波动的抵押品效应

住房价格波动的抵押品效应指的是住房价格波动使得房地产价值发生变化,因此影响到城镇居民的资产负债表,进而造成对休闲消费的影响。抵押品效应的发生,与城镇居民的流动性约束直接相关。流动性约束指的是城镇居民从金融机构、非金融机构和个人手中取得贷款用以满足消费时受到的限制。一般来讲,当存在流动性约束时,居民消费将会减少,居民储蓄相对增加。房地产属于质量较好且经常被优先选择的抵押品,当城镇居民存在流动性约束时,可以通过住房抵押以解决流动性困境。

国内外学者就住房价格波动的抵押品效应进行了一定讨论。Iacoviello(2008)基于货币经济周期模型,发现抵押品效应加强了居民消费需求对住房价格冲击的影响③。陈健(2012)认为,对于实际拥有住房的家庭而言,随着房价的上涨,在信贷约束偏松情况下,城镇居民可以通过

---

① 姚玲珍,丁彦皓.房价变动对不同收入阶层消费的挤出效应——基于上海市的经验论证[J].现代财经(天津财经大学学报),2013,33(5):3－15＋27.
② 李成武.中国房地产财富效应地区差异分析[J].财经问题研究,2010,32(2):124－129.
③ Iacoviello M. The credit channel of monetary policy[J]. Journal of Macroeconomics. 2008,72(1): 69－76.

资产增值抵押借款(Housing Equity Withdrawal,HEW)的方式获得更多消费贷款,从而使得休闲消费出现一定程度的扩大[①]。显然,房价上涨将会导致家庭住房价值的增加,因而可以用来获取更多的抵押贷款,从而放松城镇居民的流动性约束,进而对其休闲消费产生刺激作用。相反,如果房地产价格大幅度下降,银行也可能出于风险管理角度考虑对住房价格进行重估,要求住房者提供更多信贷保障,这就加大了对消费者的流动性约束[②],使得城镇居民休闲消费受到一定限制。当然,抵押品效应的强弱还要受制于抵押的价值和便利性[③]。换句话说,抵押价值越高,房地产变现能力越强,城镇居民的流动性约束就越小,其休闲消费的空间和潜力就越大。

第三节　人口年龄结构影响休闲消费潜力的机制

"老龄化"和"少子化"是当前我国人口年龄结构变化的主要特征。一方面,我国的老年抚养比不断上升。从全球范围来看,老年人(60 岁以上)的比例在 1950 年是 8%,在 2000 年为 10%,预测在 2050 年将达到21%[④];就我国实际情况而言,根据国家统计局发布的 2010 年第六次全国人口普查数据,我国大陆地区 60 岁及以上人口占总人口比重为 13.26%。2017 年年末中国大陆总人口 139 008 万人,其中,60 周岁及以上人口达24 090万人,占到总人口的 17.3%。一般来说,国际上以 65 岁以上人口比

---

① 陈健,陈杰,高波.信贷约束、房价与居民消费率——基于面板门槛模型的研究[J].金融研究,2012, 55(4): 45 - 57.
② 黄静,屠梅曾.房地产财富与消费:来自于家庭微观调查数据的证据[J].管理世界,2009,25(7): 35 - 45.
③ 刘旭东,彭徽.房地产价格波动对城镇居民消费的经济效应[J].东北大学学报(社会科学版),2016, 18(2): 143 - 151.
④ 2017 年世界人口老龄化趋势分析[EB/OL].(2017 - 09 - 26).http://www.chyxx.com/industry/ 201709/567710.html.

重达到 7% 作为进入老龄化社会的标准,2010 年第六次全国人口普查数据显示,我国 65 岁及以上人口比重为 8.87%,可见我国已经步入老龄化社会。另一方面,我国的少儿抚养比持续下降。根据人口统计标准,0～14 岁人口占比在 15%～18% 为严重"少子化",在 15% 以内为"超少子化"。2010 年第六次全国人口普查数据显示,我国 0～14 岁人口总数为 2.22 亿人,占总人口的比重为 16.6%,说明我国已经步入"少子化"社会。

国内外大量经验研究均证实,人口年龄结构在很大程度上影响着一个社会的消费总量和消费结构。那么,老龄化和少子化的事实是否同样会拉高和拉低我国城镇居民的休闲消费? 它们对城镇居民的休闲消费结构以及休闲消费潜力又会产生什么样的影响? 这是本节要讨论的主要问题。笔者认为人口年龄结构主要通过如下 3 种机制影响城镇居民休闲消费潜力(见图 5-4)。

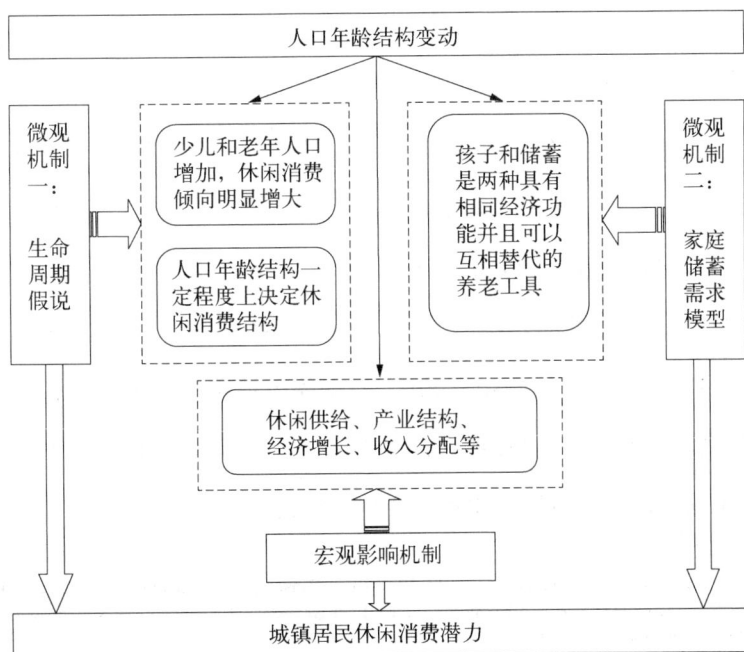

图 5-4　人口年龄结构变动影响休闲消费潜力的机制

一、生命周期假说

生命周期消费理论是人口年龄结构影响居民休闲消费潜力的一种重要微观机制。莫迪利安尼（Modigliani）的生命周期假说（LCH）认为，人在一生中的不同时期，消费重点会有所不同，因此人们的消费结构会随着年龄的变化而有所改变。他进一步指出，一国青少年和老龄人口占总人口的比例越高，消费需求也相应越大[①]。因此，根据生命周期假说，如果社会上少儿人口和老年人口占比增大，消费倾向明显提高；相反，如果中年人所占比例增大，消费倾向会有所降低。尽管生命周期假说弥补了凯恩斯消费理论中缺乏的微观基础，但是它忽略了未来收入预期变化对消费和储蓄的影响，也忽略了老年人遗赠动机和应付意外支出的谨慎动机[②]。

尽管生命周期假说仍存在理论上的某些缺陷，不过它为人口年龄结构与消费关系研究奠定了理论基础，尤其在人口年龄结构对城镇居民休闲消费影响方面更加具有理论指导价值。

首先，从某种意义上来说，人口年龄结构决定着城镇居民的休闲消费结构。一方面，未成年人和老年人不必承担全职工作，拥有更多的可自由支配时间，这为休闲消费创造了便利条件；另一方面，伴随国家退休政策和福利制度的不断完善，老年人退休后的福利待遇有了更好的保障，他们的休闲生活具备了较好的物质条件，使得休闲消费的可能性和消费比例得以提高。因此，若一个社会中的少儿人口和老年人口比例相对较高的话，城镇居民休闲消费所占比重也会相应较大。

---

① Modigliani F，R Brumberg. Utility Analysis and the Consumption Function：An Interpretation of the Cross-section Data［M］// Kenneth，K. K. Post-Keynesian Economics. New Brunswick，NJ：Rutgers University Press，1954.
② 刘铠豪.人口年龄结构变化影响城乡居民消费率的效应差异研究——来自中国省级面板数据的证据［J］.人口研究，2016，40(2)：98 - 112.

其次,人口年龄结构变化对休闲消费的影响在某种程度上属于"净效应"。根据生命周期理论,城镇居民收入除了用于自己的消费以外,有一部分用于抚养下一代,另有一部分储蓄起来用于退休生活。人口年龄结构变化带来抚养后代和退休之用的部分增加(减少),这使得当期居民消费减少(增加),由于自己消费部分已能够保证日常基本生活需要的满足,因而减少或增加的部分主要是用于休闲消费。所以,由人口年龄结构变化带来抚养后代和退休之后部分的减少或增加,对城镇居民休闲消费产生直接"净影响"。

最后,人口年龄结构的变化还会带来休闲消费及结构的群体差异。城镇居民除了要为自己的退休生活做打算,还是考虑到抚养老人的费用开支,这会对其自身的休闲消费产生影响。倘若城镇居民抚养老人的比例较高,无疑会增加其经济负担,一般而言将会给自身休闲消费潜力带来不利影响。

在人口年龄结构对居民消费影响研究文献中,也曾有学者认为生命周期消费理论是其中重要的影响机制。比如,王霞(2011)解释到,城镇居民除了自己的消费外还必须储蓄一部分给孩子和老人,所以他们始终处于负储蓄状态;从静态观点看,少儿人口抚养比和老年人口赡养比越高,一个国家的消费需求会相应增大[①]。李响等人(2010)也讨论到,如果社会中非劳动人口比重较小,劳动年龄人口承担的抚育和赡养等负担较轻的话,家庭消费支出有所减少;与之相反,如果社会中儿童与老人等非劳动人口比重越大,家庭消费支出也就越大[②]。但是,理论阐释与现实发展似乎存在矛盾之处,主要原因在于生命周期理论忽略了财产继承与遗留的

---

① 王霞.中国各地区人口年龄结构变动的消费效应分析[J].西北人口,2011,32(6):74-78.
② 李响,王凯,吕美晔.人口年龄结构与农村居民消费:理论机理与实证检验[J].江海学刊,2010,53(2):93-98+239.

问题。李文星(2008)认为,生命周期理论忽略了居民消费或储蓄行为的重要影响因素,比如,退休人口可能会遗赠一部分财产给子女,还会保留一些储蓄以应付未预期的支出。如果劳动人口比重上升带来长期人均收入增长,人们可能会增加消费,从而部分抵消劳动人口比重上升引起的总储蓄率上升[①]。因此,基于生命周期理论考察人口年龄结构对居民消费的影响仍有待深入研究和实证检验。

综上分析可知,生命周期假说能够为人口年龄结构与城镇居民休闲消费潜力关系研究提供重要理论基础,是人口年龄结构影响城镇居民休闲消费潜力的重要机制之一。

二、家庭储蓄需求模型

家庭储蓄需求模型(Household Saving Demand Model, HSDM)(Samuelson,1958;Neher,1971)是人口年龄结构影响居民休闲消费潜力的另一种重要微观机制。根据家庭储蓄需求模型,孩子和储蓄被看作是两种具有相同经济功能并且可以互相替代的养老工具。当一个家庭孩子数量较多时,父母对未来的生活保障越有信心,就会减少养老保证的储蓄转而增加消费;相反,当一个家庭孩子数量较少时,他们就会通过减少消费和增加储蓄用来养老。然而也有学者研究发现,孩子数量和孩子质量间存在相互替代关系,也就是说,一个家庭孩子数量减少时,父母对孩子的人力资本投资很大可能会有所增加(Becker,1981)。因此可以看出,尽管家庭储蓄需求模型与生命周期假说阐述的侧重点不同,但是也同样从理论层面做出支持,表明人口年龄结构变化能够对城镇居民休闲消费潜力产生重要影响。

---

① 李文星,徐长生,艾春荣.中国人口年龄结构和居民消费:1989—2004[J].经济研究,2008,55(7):118-129.

家庭储蓄需求模型在阐释人口年龄结构对休闲消费潜力影响时,主要侧重于考察子女数量增减带来的人口年龄结构变化对休闲消费潜力发挥的作用。我们可以从以下方面加以理解。

第一,在某种程度上,子女数量增加会使得用在他们身上的休闲消费支出有所增长。未成年子女尚未有收入来源,属于单纯的"消费者",居民家庭在子女抚养方面处于投入阶段,同时子女在某种意义上更加具备从事休闲消费的时间和条件,因而对于城镇居民家庭来说,子女数量增加会使得家庭休闲消费同步增长。

第二,子女数量增加,使得城镇居民家庭教育文化类休闲消费支出明显增大。这里存在两种情况:一是子女数量较多时,相应子女教育有关的人力资本投入增大,教育文化类休闲消费明显增加;二是子女数量较少时,父母为提高子女培养的质量,在该子女身上的人力资本投入亦会加大,同样使得家庭休闲消费比重增大。

第三,子女数量增加,一定程度上对休闲消费信心产生积极影响,增强了城镇居民的休闲消费意愿。家庭子女数量的增加,弱化了城镇居民的谨慎消费心理,从而使得他们相应增加当期休闲消费。

在人口年龄结构对居民消费影响研究文献中,也有学者认为家庭储蓄需求模型是重要影响机制之一。比如,李响等人(2010)认为,居民对单位子女培育成本的增加可能反而会高于由子女数量下降引起的即期费用减少[1]。王霞(2011)基于家庭储蓄需求模型,对中国各地区人口年龄结构变动的消费效应进行了分析[2]。因此可以看出,家庭储蓄需求模型为人口年龄结构与城镇居民休闲消费潜力关系研究提供了理论依据,是人口年

---

[1] 李响,王凯,吕美晔.人口年龄结构与农村居民消费:理论机理与实证检验[J].江海学刊,2010,53(2):93-98+239.

[2] 王霞.中国各地区人口年龄结构变动的消费效应分析[J].西北人口,2011,32(6):74-78.

龄结构影响城镇居民休闲消费潜力的重要机制之一。

三、宏观影响机制

生命周期假说和家庭储蓄需求模型是人口年龄结构影响城镇居民休闲消费潜力的微观机制,除此之外,两者的内在关联还可以从宏观层面予以阐释。

国内外学者就人口年龄结构影响居民消费的宏观机制进行了一些探讨。国外研究方面,卡特勒等(Cutler,1990)在讨论技术进步对居民产出和消费的影响时指出,处于劳动年龄阶段的人口下降会引起社会总消费的增加,但是长期而言,人均消费水平会随着产出水平下降而下降,不过技术进步在一定程度上抵消这种下降趋势,最终结果取决于两种效应的大小[1]。威尔(Weil,1999)研究发现,在人均资本存量没有变化的情况下,劳动人口减少会使得多余的资本转化为居民消费,人均消费有所增加,然而社会的总消费需求水平则是由少儿人口比重下降带来的消费需求增加和老年人口比重上升带来的消费需求减少共同决定[2]。国内研究方面,部分学者考察了宏观经济因素对人口年龄结构与居民消费关系的中介或调节作用。李文星等人(2008)认为,如果少儿人口比重下降引起的消费增加大于老年人口比重上升引起的消费减少,社会人均消费水平就会上升[3]。王芳(2013)探讨了人口年龄结构对居民消费影响的直接路径和间接路径,其中间接影响研究发现,总抚养比、少儿抚养比能够通过产业结构、经济增长及收入分配影响居民消费,而老年抚养比只通过收入分配影

① Cutler D M, Poterba J M, Sheiner L M, et al. An Aging Societ: Opportunity or Challenge? [J]. Brookings Papers on Economic Activity,1990,1:1-73.
② Weil D N. Population Growth, Dependency, and Consumption[J]. American Economic Review,1999,89:251-255.
③ 李文星,徐长生,艾春荣.中国人口年龄结构和居民消费:1989—2004[J].经济研究,2008,55(7):118-129.

响居民消费,同时她还发现,人口年龄结构对居民消费的间接影响路径系数大于直接影响路径系数[①]。此外,人口年龄结构变化还会通过影响城市休闲基础设施建设、产业结构调整等,进而影响城市休闲消费氛围的整体营造,这将最终关系到城镇居民休闲消费潜力的大小。

---

① 王芳.人口年龄结构对居民消费影响的路径分析[J].人口与经济,2013,34(3):12 - 19.

第六章 中国城镇居民休闲消费潜力影响因素实证分析

当前,有效扩大居民消费需求是我国国民经济发展的宏观战略目标,在居民消费结构转型升级趋势明显背景下,如何全面释放城镇居民休闲消费潜力成为亟须解决的重要课题。一方面,从一定意义上来说,城镇居民休闲消费与日常基础性生活消费此消彼长、相互牵制。伴随居民生活水平的快速提高和恩格尔系数的不断下降,城镇居民用于食物方面的消费持续减少,与之相对的是,住房成本的急剧增加对休闲消费扩大形成不尽一致的双向和复杂的影响。另一方面,社会保障和卫生医疗水平的改善带来居民寿命的普遍延长,而社会文化变迁则导致人们生育观念的变化,这使得城镇人口年龄结构出现较大调整,休闲消费主体的这种变化必然引起休闲消费规模和结构发生相应变化。因此,住房价格波动和人口年龄结构变化对城镇居民休闲消费潜力影响效应的检验应该引起学界的高度关注。

基于前述理论分析内容,本章实证检验住房价格波动和人口年龄结构变化对城镇居民休闲消费潜力的影响,以期为全面释放休闲消费潜力提供经验依据。主要结构安排如下:第一节对1998—2016年我国城镇住房价格的波动趋势和现状特征,以及人口年龄结构变化及特征进行统计描述;第二节交代研究设计,包括计量模型的设定、变量选取和数据来源;第三节为实证结果的呈现及分析。

第一节 住房价格和人口年龄
结构的变化及特征

1998—2016 年我国城镇住房价格和居民人口年龄结构发生了极为明显的变化,这将直接影响到城镇居民休闲消费的规模、结构及潜力。同时,我国 31 个省、自治区和直辖市间存在较大差别,使得城镇居民休闲消费潜力截然不同。

一、城镇住房价格波动特征及现状描述

（一）城镇住房价格持续上涨,近 20 年绝对数翻两番

新中国成立至今,我国住房制度经历了一系列的改革和实践。改革开放以前主要实行住房分配制度,1978—1993 年进行福利分房制度改革,1994—1997 年逐步由实物分配向住房市场化改革过渡。1998 年,《关于进一步深化城镇住房制度改革加快住房建设的通知》(国发〔1998〕23 号)正式落地,我国城镇住房制度迎来了根本性的转变,住房分配货币化开始走向历史舞台。

自 1998 年住房市场化全面改革以来,我国城镇住房价格不断攀升(见图 6-1)。可以看出,除了 2008 年出现轻微下降外,城镇住房价格一路上涨,由 1998 年的 1 854 元上涨到 2016 年的 7 203 元,价格水平接近翻了两番。诚然,2008 年住房价格下降主要来自全球金融危机的直接冲击,不过城镇住房市场在第二年便很快全面恢复,相应住房价格又出现快速提升。城镇住房价格的急剧上涨显然增加了居民的生活成本,一定意义上会对城镇居民休闲消费产生明显抑制作用。

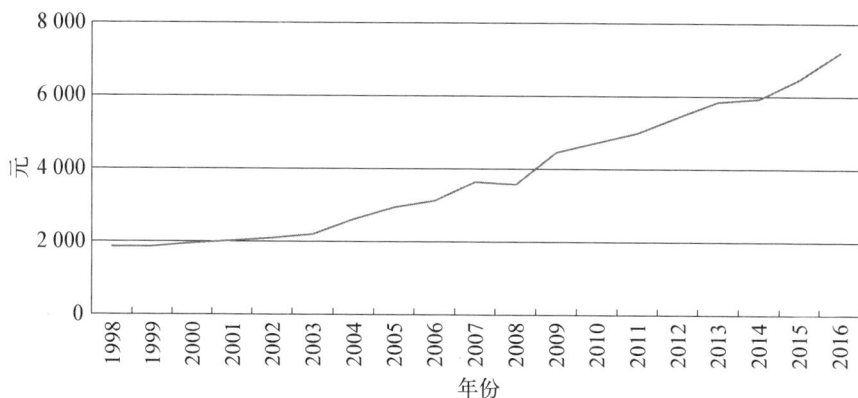

图 6-1　1998—2016 年我国城镇住房价格的变化

(二)城镇住房价格占人均可支配收入比重呈波动下降趋势

在住房价格与居民消费关系分析中,除了住房价格增长外,住房价格占居民人均可支配收入的比重(以下简称住房价格占比)也是重要指标。图 6-2 显示,1998—2016 年我国城镇住房价格占比变化具有以下特点:第一,从长期来看,住房价格占比显著下降,由 1998 年的 34.17% 下降到 2016 年的 21.43%。需要指出的是,住房价格占比的下降为城镇居民休闲消费释放了更多空间。第二,2003 年和 2008 年住房价格占比下降幅度较大。分析认为,由于 1998—2016 年城镇居民人均可支配收入逐年递增,

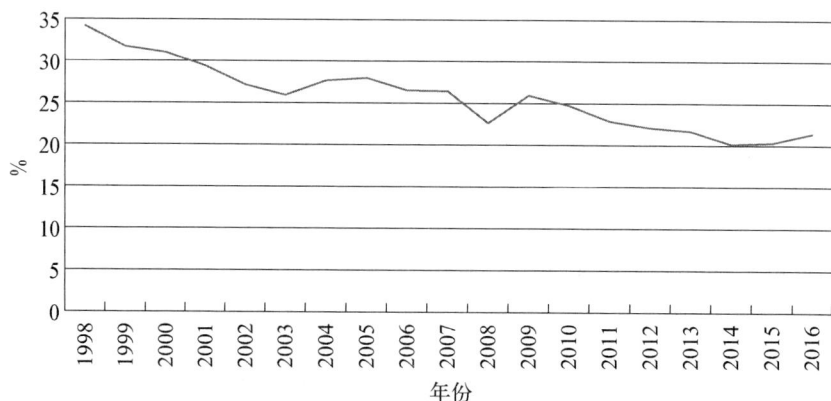

图 6-2　1998—2016 年我国城镇住房价格占人均可支配收入比重的变化

住房价格占比降幅较大从侧面反映出住房价格本身上涨幅度较小甚或出现一定下降,从实际情况可知,2003 年城镇住房价格增幅较小,而在 2008 年出现一定下降。由于恰逢 2003 年处于非典时期、2008 年面临次贷危机,因此可以判断城镇住房市场极易受到宏观经济环境的影响。第三,2016 年住房价格占比出现略微上升,相应城镇居民休闲消费可能会受到一定挤压。

（三）城镇住房价格地区差异较大,东部省、直辖市明显偏高

本节选择 2016 年为时间节点,分析当前我国城镇住房价格的地区差异性(见图 6-3)。根据城镇住房价格高低排序,我国 31 个省、自治区和直辖市大致可划分为三个梯度:第一梯度为北京和上海,两个城市分属于我国政治文化中心和国际商业中心,相应住房价格均已超过25 000 元;第二梯度包括天津、浙江、广东、海南、福建和江苏 6 个省,住房价格在 8 000～13 000 元;第三梯度为湖北、河北等剩余 23 个省、自治区和直辖市,住房价格在 3 500～6 500 元。从中不难看出以下两个特点:一

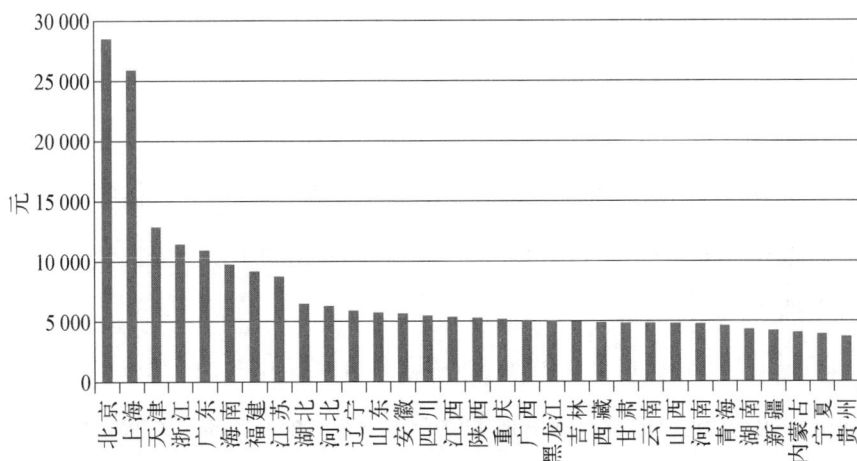

图 6-3　2016 年我国 31 个省、自治区和直辖市城镇住房价格的比较

是东部省、直辖市城镇住房价格明显偏高,这与当地经济发展的繁荣、地理位置和社会环境的优越存在必然联系;二是梯度间省城镇住房价格差距相对悬殊,尤其是第一梯度的北京市和上海市住房价格具有绝对优势,是第三梯度省、自治区和直辖市住房价格的 4 倍以上。城镇住房价格的地区差异特点,一定程度上也与城镇居民休闲消费的省、自治区和直辖市差异产生联系、形成呼应。

二、城镇居民人口年龄结构的变化及特征

(一)城镇居民人口年龄结构发生重要调整,老龄化和少子化趋势明显

老年抚养比和少儿抚养比是反映人口年龄结构的两个重要指标。其中,老年抚养比指的是老年人口占劳动人口数的比例,少儿抚养比指的是少儿人口占劳动人口数的比例。从老年抚养比变化趋势来看,城镇老年抚养比逐年缓慢上升,分析认为若无社会动荡或特殊事件发生,这一比例将会延续这一趋势。从少儿抚养比变化趋势来看,除 2016 年有略微增长外,城镇少儿抚养比逐年下降。具体体现在以下三个方面。

(1) 2000 年和 2010 年少儿抚养比降幅相对较大。1978—2001 年《中华人民共和国计划生育法》经历了研究、起草、修改和完善的过程;进入 21 世纪后,我国的生育政策开始构建更为全面的运行机制,相应配套政策进一步完善①。这为我国城镇少儿抚养比的不断下降提供了制度性条件。

(2) 2010 年以后少儿抚养比下降幅度明显减小。2010 年以后尤其是近 5 年来,我国的生育政策出现了较大调整,2013 年党的十八届三中全会

---

① 黄娟.新中国成立以来生育政策变迁与社会机制调整[J].人口与经济,2014,35(6): 119-126.

对外发布《中共中央关于全面深化改革若干重大问题的决定》,启动实施"单独二孩生育政策",2015 年中共十八届五中全会公布实施"全面二孩生育政策",这使得城镇少儿抚养比的下降趋势得以减缓甚或停止。

(3) 2016 年少儿抚养比开始有回升趋势。随着"单独二孩"尤其是"全面二孩"生育政策的深入实施,我国城镇出生人口很大程度上会有所增加,相应少儿抚养比的下降趋势亦会出现一定转折。另外需要关注的是,随着老年抚养比的持续提升和少儿抚养比的不断下降,两者的差距在迅速缩小,即使少儿人口的下降有所减缓,但是老年人口的增加存在很大必然性,也就是说,我国社会的老龄化趋势仍将持续加重。

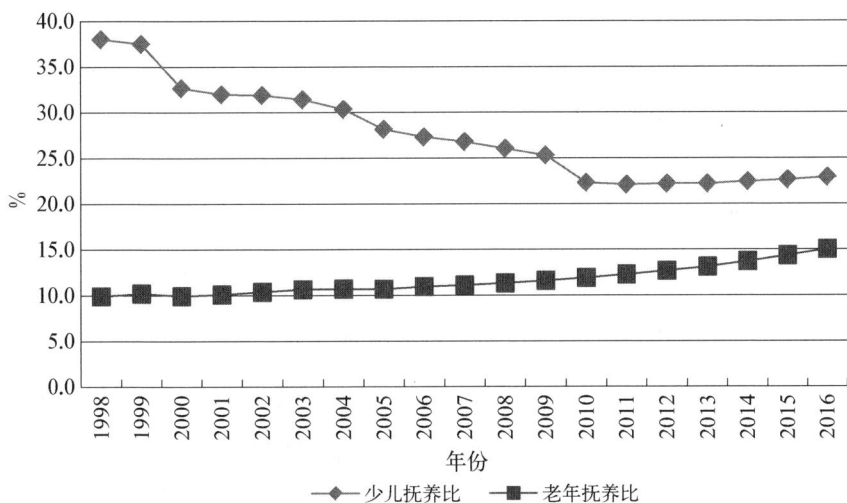

图 6-4　1998—2016 年我国城镇居民少儿和老年抚养比的变化

(二) 老年抚养比区域分布特征不明显,但仍有规律可循

从 2016 年我国 31 个省、自治区和直辖市城镇老年抚养比的比较(见图 6-5)来看,老年抚养比的高低并不存在显著的地区差异性。但是也不难发现以下特征。

(1) 老年抚养比相对较高的省主要集中在山东、四川、江苏、湖南、安

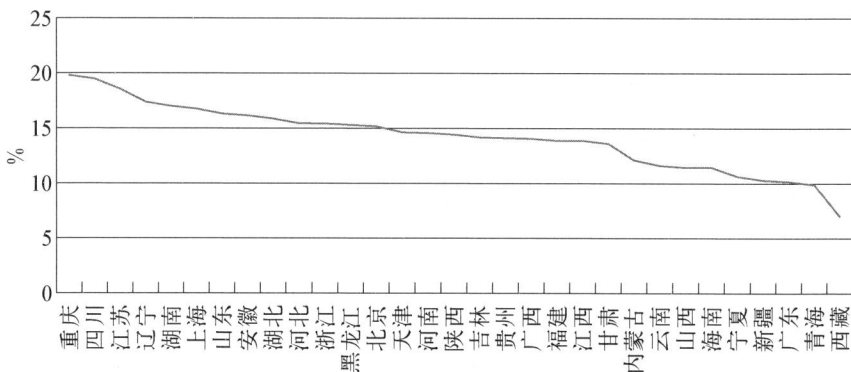

图 6-5　2016 年我国 31 个省、自治区和直辖市城镇老年抚养比的比较

徽等人口大省,以及重庆、上海等直辖市和辽宁省。分析认为,人口大省的老龄化增速相对较快,而上海等直辖市和辽宁省的少儿抚养比较低一定程度上使得老年人口所占比重相对较高。重庆市的老龄化程度最为严重,这与其作为我国西部地区唯一直辖市身份有着一定关联。一是重庆市直辖以后经济高速发展、社会进步、人民生活水平显著提高;二是重庆市各项改革事业均走在全国前列,并且中央给重庆市发展描绘出"314"发展宏伟蓝图[①],力争要在西部率先全面建成小康社会。这些因素都会对重庆市的社会老龄化程度和速度产生积极影响。

(2)老年抚养比相对较低的省、自治区主要集中在宁夏、新疆、青海和西藏等西部地区,但是作为人口大省和东部主要省份的广东也在此列。分析认为,上述西部省、自治区少儿人口所占比重相对较高,从而使得老年抚养比相对较高;广东省作为东部沿海经济发展较为活跃的地区,成功地吸引着年轻人口的不断加入,从而使得劳动人口基数增大带来老年抚养比相应下降。

① 2007 年,胡锦涛提出重庆新阶段发展的"314"总体部署:明确三大定位——西部地区的重要增长极、长江上游地区的经济中心、城乡统筹发展的直辖市;提出一大目标——在西部地区率先实现全面建设小康社会目标;交办四大任务——加大以工促农、以城带乡力度,扎实推进社会主义新农村建设;切实转变经济增长方式,加快老工业基地调整改革步伐;着力解决好民生问题,积极构建社会主义和谐社会;全面加强城市建设,提高城市管理水平。

（三）少儿抚养比呈现地区差异性，由西向东递减规律明显

2016 年我国 31 个省、自治区和直辖市城镇少儿抚养比的比较（见图 6 - 6）显示，少儿抚养比呈现出明显的区域差异特征。一方面，西藏、贵州、新疆和广西等省、自治区的城镇少儿抚养比明显偏高，这与当地居民的社会文化观念和"养儿防老"的生育态度有着极大关联。另一方面，上海、北京、天津等直辖市以及黑龙江、辽宁等东北省份的城镇少儿抚养比相对较低。分析认为，北京、上海等直辖市社会经济发展水平较高，城镇居民生活成本和压力相对较大，一定程度上对少儿人口增加带来抑制作用，从而使得少儿抚养比相应较低；黑龙江、吉林等东北省份近年来经济发展活跃程度略显不足，出现大量年轻人口的外流现象，在老龄人口比重有所增加的同时少儿人口比重相应降低。

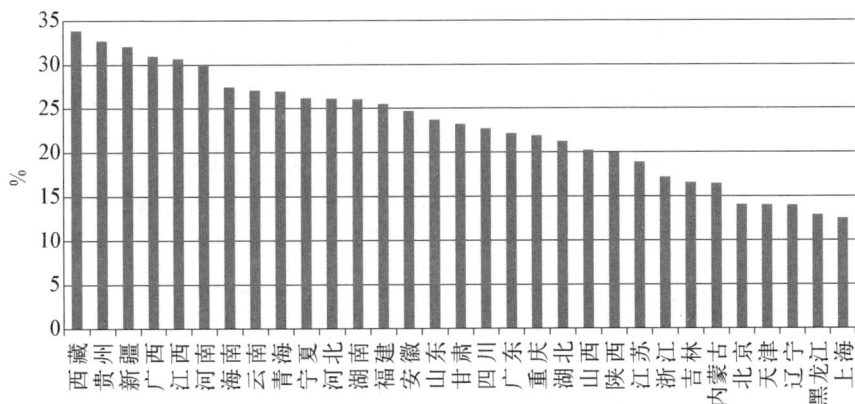

图 6 - 6 2016 年我国 31 个省、自治区和直辖市城镇少儿抚养比的比较

第二节 实证研究设计

本节进一步构建计量模型以实证检验住房价格波动和人口年龄结构变化对城镇居民休闲消费潜力的影响。

一、计量模型设定

根据上文的梳理和分析,我们设定基准回归模型如下:

$$\text{lcp}_{it} = \beta_0 + \beta_1 \text{ house\_price}_{it} + \beta_2 \text{ chi\_ratio}_{it} +$$
$$\beta_3 \text{ old\_ratio}_{it} + \varphi X_{it} + \varepsilon_{it} \qquad (6-1)$$

其中,下标 i 表示省、自治区和直辖市,下标 t 表示年份;lcp_{it} 表示 i 省、自治区和直辖市第 t 年的城镇居民休闲消费潜力,house_price_{it} 表示 i 省、自治区和直辖市第 t 年的商品房销售价格,chi_ratio_{it} 表示 i 省、自治区和直辖市第 t 年的城镇少儿抚养比,old_ratio_{it} 表示 i 省、自治区和直辖市第 t 年的城镇老年抚养比。X 为影响城镇居民休闲消费潜力的一组控制变量,其中主要的控制变量有城镇居民人均可支配收入、固定资产价值、社会保障水平、休闲供给水平、休闲消费意愿和休闲消费环境。在参考已有研究文献以及考虑数据可得性基础上,本节还加入其他几个控制变量,包括受教育水平、城镇化水平、政府支出比重和收入分配状况等。ε 为误差项。

二、变量选取与说明

城镇居民休闲消费潜力是本节的核心被解释变量,主要通过由休闲消费能力、休闲消费支出和休闲消费环境构成的指标体系予以综合测度。本节的核心解释变量有:反映城镇人口年龄结构的少儿抚养比和老年抚养比,以及反映城镇居民住房成本的商品房销售价格。控制变量选取说明如下。

(1) 人均可支配收入(disp_income)。收入与消费关系是消费理论的重要基石,人均可支配收入是城镇居民持久收入的重要指标和主要组成部分,它代表着城镇居民进行休闲消费的"购买力",直接决定着休闲消费的水平及潜力。

(2)固定资产价值。根据前述分析,本节主要将住房资产价值(value_house)纳入分析。住房资产价值反映了城镇居民的家庭财富水平,财富水平除了关系到城镇居民休闲消费购买力外,还会影响到休闲消费的意愿和习惯,进而对休闲消费潜力产生重要影响。

(3)社会保障水平。本节以社会保障支出占政府财政支出比重(sse_ratio)来反映城市社会保障水平。城镇社会保障制度的日益完善和社会保障水平的不断提高,能够为城镇居民的休闲消费免除后顾之忧和创造必要条件,一定程度上能够增强城镇居民扩大休闲消费的信心,进而影响到休闲消费潜力的变化。

(4)休闲供给水平。供给和需求分别处于产业发展的两端,两者相辅相成、互相促进。城镇居民休闲消费受到来自城镇休闲供给水平的直接影响,因而休闲供给水平高低关系着城镇居民休闲消费的潜力大小。从某种意义上来讲,休闲产业更多地被列入第三产业的范畴,产业结构的变化尤其是产业结构的升级能够体现休闲供给水平的提高,从而对城镇居民休闲消费潜力产生影响。因此,本节以第三产业占比(indus_ratio)反映城镇产业结构状况,对产业结构与城镇居民休闲消费潜力关系进行考察。

(5)休闲消费意愿。作为一项主观指标,城镇居民休闲消费意愿的测量存在一定困难。在遵循数据代表性和可得性原则下,本节选择城镇居民休闲消费增长率(lcg_ratio)作为代理变量。城镇居民各期休闲消费的增长和变化从侧面反映和预示着休闲消费的意愿程度,进而从主观层面对休闲消费潜力水平产生影响。

(6)休闲消费环境。休闲消费环境是城镇居民休闲消费潜力的重要影响因素,这里我们用居民消费价格指数(cpi)表示。居民消费价格指数是反映与居民生活有关的消费品及服务价格水平变动情况的重要宏观经济指标。一方面,居民消费价格指数能够通过影响城镇居民实际收入水平,进而引起休闲消费购买能力的变化;另一方面,居民消费价格指数还能够间接影响资本市场(如股票市场、期货市场、资本市场、金融市场),从而对城镇居民休闲消费投入量及潜力发挥作用。

(7) 受教育水平(education)。教育是人力资本投资的主要形式,一方面,经验研究认为教育程度与居民收入水平具有正相关关系,从而对休闲消费水平带来影响。另一方面,受教育水平提高在一定程度上会引起人们消费观念和消费习惯的变化,进而影响到消费结构的变迁,其中更为可能的是能够带来休闲消费的增加。这里我们沿用陆铭(2013)的做法[1],采用教师数与学生数之比作为受教育水平的代理变量。

(8) 城镇化水平(urbanlization)。一般而言,城镇化水平用城镇化率来衡量,它指的是城镇常住人口占总人口的比重。伴随城镇化进程的不断推进,城镇休闲公共设施进一步完善,休闲服务供给水平不断提高,相应地,城镇居民对于休闲消费的个性化需求日益呈现多样化,这对于城镇居民休闲消费潜力无疑产生重要影响。

(9) 政府支出比重(gov_gdp)。政府财政支出占城镇GDP的比重大小反映出政府财政反哺城镇和居民的程度。政府财政支出的增加将会直接影响城镇社会经济的总需求水平,其中对于城镇居民文化教育、医疗保健等休闲消费的影响更大。

(10) 收入分配状况(income_ratio)。本节采用城镇居民人均可支配收入与农村居民人均纯收入之比作为替代指标。城乡居民收入分

---

[1]　陆铭.空间的力量——地理、政治与城市发展[M].上海:格致出版社/上海人民出版社,2013:68.

配情况能够影响到城镇和农村人财物的交互流动程度,影响到城镇产业结构和居民消费结构的调整,进而也会影响城镇居民休闲消费潜力的变化。

三、数据来源及描述性统计

(一)数据来源

本节所涉及的变量数据来源情况如下:休闲消费潜力数据由前文综合测度得到;少儿抚养比、老年抚养比原始数据主要来自 1999—2017 年《中国统计年鉴》《中国城市统计年鉴》,部分年份数据经计算得到;商品房销售价格、住房资产价值的原始数据主要来自 1999—2017 年《中国房地产统计年鉴》;其他控制变量原始数据均来自 1999—2017 年《中国统计年鉴》《中国城市统计年鉴》、中国经济社会发展统计数据库、我国 31 个省、自治区和直辖市的统计年鉴以及相关行政管理部门公开出版或官方网站发布的统计数据,部分变量数据经计算得到。

(二)描述性统计

表 6-1 给出了相关变量的描述性统计量,从中可以看出各变量符合随机性要求。被解释变量城镇居民休闲消费潜力变动范围为[5.3,71.81],核心解释变量商品房销售价格、少儿抚养比、老年抚养比的变动范围分别为[596,28 489]、[9.64,57.78]、[6.13,21.88],均表现出较大的变异性。从住房价格、少儿抚养比、老年抚养比与休闲消费潜力关系的散点图(见图 6-7)上也可以比较容易地看出,住房价格、老年抚养比均与城镇居民休闲消费潜力呈同方向变动趋势,而少儿抚养比与休闲消费潜力则成反方向变化。那么,住房价格波动和人口年龄结构变化对城镇居民休闲消费潜力的影响程度和过程究竟如何?下面将通过实证检验予以进一步揭示。

表 6 - 1 相关变量及其描述性统计

变量类型	变 量 名	符 号	单位	均 值	标准差	最小值	最大值	样本量
被解释变量	休闲消费潜力	lcp	—	29.04	14.93	5.3	71.81	589
解释变量	住房价格	house_price	元	3 681.9	3 294.17	596	28 489	586
	少儿抚养比	chi_ratio	%	26.41	8.39	9.64	57.78	558
	老年抚养比	old_ratio	%	12.02	2.67	6.13	21.88	558
	人均可支配收入	disp_income	元	15 451.16	9 656.9	4 009.61	57 691.67	584
	固定(住房)资产价值	value_house	亿元	988.23	1 529.94	0.07	14 240.33	587
	休闲消费增长率	lcg_ratio	%	5.76	35.5	−52.07	119.65	558
	居民消费价格指数	cpi	—	101.94	2.22	96.6	110.1	582
控制变量	社会保障支出占政府财政支出比重	sse_ratio	%	9.38	4.79	0.64	25.49	589
	政府支出占GDP比重	gov_gdp	%	21.2	16.72	4.68	137.92	588
	休闲供给水平(第三产业占比)	indus_ratio	%	40.71	8.19	28.6	80.2	589
	受教育水平(教师数/学生数)	education	%	6.92	2.31	5.17	24.19	589
	城镇化水平	urbanlization	%	47.06	16.19	14.04	89.6	575
	收入分配状况(城乡收入比)	income_ratio	—	2.88	0.69	—	5.6	589

(a)　　　　　　　　　　　　　　　　(b)

(c)

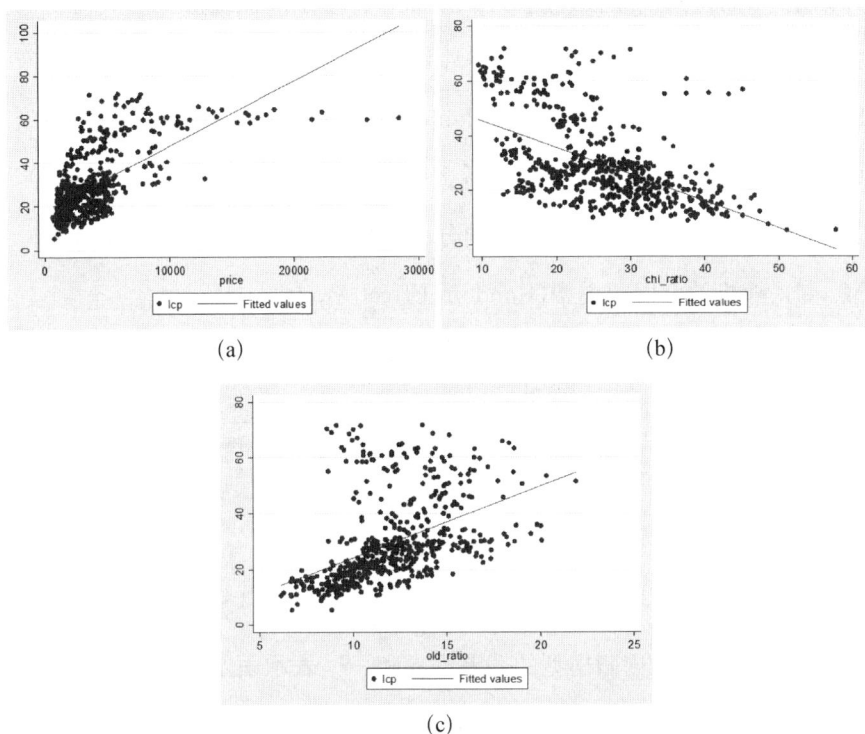

图 6-7　住房价格、人口年龄结构与休闲消费潜力关系的散点图

(a) 住房价格与休闲消费潜力　(b) 少儿抚养比与休闲消费潜力
(c) 老年抚养比与休闲消费潜力

第三节　实证结果分析

一、估计方法及结果

本节实证分析所用数据为面板数据（Panel Data），它是一种能够同时体现时间和截面特征和结构的数据类型，因此可以看出，本节构造的计量模型属于面板数据模型。面板数据模型较截面数据或时间序列数据分析具有一定独特优势：一方面它通过控制不可观测经济变量引起的 OLS 估

计偏差,从而得到一致估计量;另一方面它有助于降低经济变量间可能的共线性,通过增加自由度来提高估计的有效性。面板数据模型主要有3种类型,分别是混合回归模型(Pooled Regression Model)、变截距模型(Variable-Intercept Model)和变系数模型(Variable-Coefficient Model)。其中,变截距和变系数模型又可划分为固定效应回归模型(Fixed Effect Model)、随机效应回归模型(Random Effect Model)。

估计面板数据模型时,首先需要通过统计检验以判断和选择数据模型类型。在混合回归模型和固定效应回归模型之间进行选择时,一般采用 F 统计量检验。F 统计量的定义为:

$$F = \frac{(S_1 - S_2)/(N-1)}{S_2/(NT-N-K)} \tag{6-2}$$

其中,S_1 表示混合回归模型的残差平方和,S_2 表示固定效应回归模型的残差平方和。若 F 大于临界值,拒绝原假设,认为应选择固定效应回归模型。在固定效应回归模型和随机效应回归模型的选择中,一般采用Hausman 检验。如果 Hausman 检验值大于临界值,拒绝原假设,则认为应选择固定效应回归模型。

经检验,固定效应回归结果的 F 统计量值为 $118.52(p=0.000\,0)$,表明固定效应回归模型要优于混合回归模型;Hausman 检验的 p 值为 $0.000\,0$,表明固定效应回归模型要优于随机效应回归模型。因此,本节使用固定效应回归模型对全样本进行分析,回归结果整理如表 6-2 所示。模型(Ⅰ)为仅包含核心解释变量的回归结果,模型(Ⅱ)和模型(Ⅲ)分别为依次加入人均可支配收入、住房资产价值以及休闲消费增长率、居民消费价格指数、社会保障支出占政府财政支出比重等主要控制变量的回归结果,模型(Ⅳ)为模型(Ⅲ)基础上加入政府支出占 GDP 比重、产业机构

（第三产业占比）、受教育水平、城镇化水平和收入分配状况（城乡收入比）
等控制变量的回归结果。

表6－2　全样本估计结果

解 释 变 量		模型（Ⅰ）	模型（Ⅱ）	模型（Ⅲ）	模型（Ⅳ）
house_price	住房价格	0.662*** (0.779)	0.678** (0.162)	0.188* (1.587)	0.176** (0.170)
chi_ratio	少儿抚养比	−0.480*** (0.418)	−0.429*** (0.449)	−0.426*** (0.542)	−0.152*** (0.674)
old_ratio	老年抚养比	0.336*** (0.109)	0.999** (1.205)	0.358** (1.188)	0.802*** (1.168)
disp_income	人均可支配收入		0.167*** (0.058)	0.118** (0.056)	0.021*** (0.075)
value_house	固定（住房）资产 价值		0.438*** (0.191)	0.586*** (0.184)	0.438** (0.188)
lcg_ratio	休闲消费增长率			0.137*** (0.018)	0.120*** (0.018)
cpi	居民消费价格指数			0.156* (0.086)	0.045 (0.086)
sse_ratio	社会保障支出占 政府财政支出比重			0.098 (0.069)	0.021* (0.067)
gov_gdp	政府支出占GDP 比重				0.255* (0.367)
indus_ratio	休闲供给水平（第 三产业占比）				0.551** (0.516)
education	受教育水平（教师 数/学生数）				0.144** (1.696)
urbanlization	城镇化水平				0.329*** (0.497)
income_ratio	收入分配状况（城 乡收入比）				2.664*** (0.754)

（续表）

解　释　变　量		模型（Ⅰ）	模型（Ⅱ）	模型（Ⅲ）	模型（Ⅳ）
_cons	常数项	35.527*** (2.130)	36.217*** (2.114)	19.952** (9.440)	5.991 (10.830)
R^2	拟合优度	0.519	0.542	0.564	0.613
N	观测值	555	551	519	512

注：＊显著水平在10％以下，＊＊显著水平在5％以下，＊＊＊显著水平在1％以下，括号内为标准误。

由表6-2的回归结果可以看出，依次加入控制变量后，尽管核心解释变量住房价格、少儿抚养比和老年抚养比对城镇居民休闲消费潜力影响的系数有所减小，不过影响方向并未发生变化，并且均在1％、5％和10％的显著性水平上通过检验。具体分析如下。

首先，住房价格对城镇居民休闲消费潜力的影响为正，也就是说，随着住房价格的上涨城镇居民休闲消费潜力会相应提升。结合前述住房价格影响城镇居民休闲消费潜力的机制分析，本节认为住房价格波动对于城镇居民休闲消费潜力变化具有相对较大的财富效应和抵押品效应。需要指出的是，我们并不能排除和避免住房价格波动的挤出效应，而只是表示财富效应或抵押品效应较挤出效应更为明显。

其次，少儿抚养比对城镇居民休闲消费潜力的影响为负，也就是说，少儿抚养比增加一定程度上带来城镇居民休闲消费潜力的下降。不难看出，这一结论并没有对家庭储蓄需求模型给予充分的实证支持。根据家庭储蓄需求模型，子女数量增加会使得储蓄减少，从而消费总量有所增加，但是本节实证结果表明，城镇家庭子女数量增加反而带来休闲消费潜力一定程度上的降低。在这里，可能的解释如下。

一方面，随着我国社会经济发展和文明程度的提高，城镇居民家庭在子女人力资本投入方面持续加大，相应地，子女数量增加会使得现实休闲消费需求尤其是文化教育消费明显增加,然而这在很大程度上会压缩城镇居民未来休闲消费的潜力空间,带来城镇居民休闲消费潜力的下降。

另一方面,子女数量增加会强化城镇居民的谨慎消费心理,他们很大可能会为满足未来消费之需增加现期储蓄,这就会对当期休闲消费产生负向影响。从我国现实情况来看,受我国传统文化影响,父母在子女抚养和照料方面承担着相对较大的压力,这就使得城镇居民的休闲消费行为更为谨慎和保守。

最后,老年抚养比对城镇居民休闲消费潜力的影响为正,也就是说,老年人口比重增加带来城镇居民休闲消费潜力的相应提高。可以看出,这一结论支持了生命周期假说的理论解释。休闲产业发展和休闲氛围营造为城镇居民创设了更为优越的休闲消费外部条件,加上老年群体自身具备进行休闲消费时间和金钱上的主观保障,同时因生命周期所处阶段的关系,年龄增大使得老年人对于医疗保健等的休闲消费需求更加旺盛。上述种种原因均可以解释老年抚养比对休闲消费潜力的积极影响。

从表6-2模型(Ⅳ)中核心解释变量对城镇居民休闲消费潜力影响的系数大小可以看出,老年抚养比变化对城镇居民休闲消费潜力有着相对较大的影响。具体而言:住房价格每上升1个百分点,休闲消费潜力提高0.176个百分点;少儿抚养比每下降1个百分点,休闲消费潜力提高0.152个百分点;老年抚养比每增加1个百分点,休闲消费潜力提高0.802个百分点。具体分析如下。

第一,我国社会老龄化趋势日益加重,除了老年人自身更加具备休闲消费的基础和条件外,休闲供给行业意识到老年群体市场潜力极大,因此他们竭力完善休闲产品和服务体系,以满足老年群体不断扩大的休闲消费需求,从而使得休闲消费潜力发生较大变化。

第二,从住房价格波动对城镇居民休闲消费潜力的影响来看,一方面,我国目前房产市场仍不够稳定,住房价格的波动较大和持续上涨使得城镇居民的不可预期心理和谨慎消费行为表现较为突出,这在一定程度上对城镇居民休闲消费潜力产生挤出作用;但是另一方面,我国长期以来经济社会环境保持稳定和繁荣,居民对于未来生活有着更好的预期,加上现代休闲时尚文化对城镇居民消费观念的冲击以及居民对于美好生活需要的不懈追求,使得休闲消费潜力仍朝着积极方面发展。需要说明的是,挤出效应与财富效应、抵押品效应这种"此消彼长"的作用,使得住房价格对城镇居民休闲消费潜力的积极影响程度局限在相对较小的范围。

第三,从少儿抚养比对城镇居民休闲消费潜力的影响来看,一方面子女数量增加导致居民产生相对较强的储蓄动机和谨慎消费心理,另一方面由于子女人力资本投入包含了较多的休闲消费内容,这也会对休闲消费潜力带来一定积极影响,因此从最终结果可以看出,少儿抚养比对城镇居民休闲消费潜力具有相对较小的负向作用。

在其他变量的影响方面,人均可支配收入(disp_income)正向影响城镇居民的休闲消费潜力,且在 1% 的显著性水平上通过检验,这也说明居民收入仍然是休闲消费及潜力的重要基础和保证。住房资产价值(value_house)对城镇居民休闲消费潜力存在相对较大的正向影响,且在 5% 的显著性水平上通过检验,可以认为住房资产价值对休闲消费潜力表现出较为明显的财富效应。休闲消费增长率(lcg_ratio)正向影响城镇居民休闲消费潜力,且在 1% 的显著性水平上通过检验,说明城镇居民休闲消费行为具有一定惯性。居民消费价格指数(cpi)未能在 10% 的显著性水平上通过检验,但是能够看出其对休闲消费潜力发挥正向作用,说明城镇居民休闲消费潜力与消费环境尤其是价格环境具有一定关联,不过居民对它的敏感性表现不是非常强烈。社会保障支出占政府财政支出比重(sse_ratio)、政府支出占 GDP 比重(gov_gdp)对城镇居民休闲消费潜力存在相对较小的正向影响。第三产业占比(indus_ratio)很大程度上体现着城镇休闲产业的供给水平,从回归结果来看,它对城镇居民休闲消费潜力具有相对较大的积极影响,且在1‰的显著性水平上通过检验,这表明休闲消费潜力的提升仍然以供给端的休闲供给为重要依托。受教育水平(education)正向影响城镇居民休闲消费潜力,且在5‰的显著性水平上通过检验,说明休闲消费潜力在很大程度上会随着社会文明程度的进步而不断提高。城镇化水平(urbanlization)尤其是城乡收入比(income_ratio)对城镇居民休闲消费潜力产生较大正向影响,且在1‰的显著性水平上通过检验,均表明城镇的发展繁荣和城镇化进程的加快极大地影响着休闲消费潜力,换句话说,在城镇休闲产业和休闲消费发展过程中,乡村对城镇发挥着较为显著的推动作用。

从上述分析中也不难得出一些提示性的结论:一方面,若我国老年化和少子化趋势能够持续,老年抚养比不断上升、少儿抚养比不断下降,那么我国城镇居民休闲消费潜力将会出现进一步的提升。另一方面,由于我国住房价格对于其他经济因素的反应更为敏感,同时在住房价格波动下城镇居民的消费心理具有一定复杂性、差异性和不稳定性,因此住房价格波动对于城镇居民休闲消费潜力的未来影响尚不明朗。但是就目前来讲,住房价格波动对城镇居民休闲消费潜力影响的财富效应较挤出效应体现更为明显。

二、稳健性检验

上述实证分析发现,住房价格波动和老年抚养比对城镇居民休闲消费潜力具有正向影响,而少儿抚养比与城镇居民休闲消费潜力则呈现反方向变化。为了进一步检验这一实证结论的可靠性,本节主要采取如下方式进行稳健性分析:① 变换核心变量构造。前述分析以少儿抚养比和老年抚养比作为人口年龄结构的表征,本部分用"15～64 岁人口占比"将该核心解释变量予以替换,然后采用固定效应模型重新进行估计;② 样本分组检验。依据大多数研究文献有关区域的划分方法,本节将我国 31个省、自治区和直辖市按照东、中、西部①进行样本分组,然后对各区域分别进行回归以分析上述结论的稳健性。稳健性检验分析结果整理如表 6‐3 所示,不难看出,无论是变换核心解释变量还是对样本进行分组估计,住房价格的回归系数均显著为正,人口年龄结构对城镇居民休闲消费潜力也具有显著性影响,因此可以说明实证结论具有一定的稳健性。

表 6‐3 稳健性检验

解释变量		模型（Ⅰ）变换解释变量	模型（Ⅱ）东部地区	模型（Ⅲ）中部地区	模型（Ⅳ）西部地区
house_price	住房价格	0.133** (0.160)	0.297*** (2.678)	1.163** (1.044)	0.496** (0.676)
chi_ratio	少儿抚养比		−0.346** (0.152)	−0.172** (0.138)	−0.522*** (0.900)
old_ratio	老年抚养比		0.428** (0.210)	0.426*** (0.260)	0.132** (0.217)
mid_ratio	15～64 岁人口占比	0.301*** (0.110)			
disp_income	人均可支配收入	0.285** (0.733)	0.197*** (1.265)	0.620*** (0.188)	0.379*** (0.120)
value_house	固定（住房）资产价值	0.449** (0.187)	0.125*** (0.311)	0.898* (0.582)	0.132** (0.067)
lcg_ratio	休闲消费增长率	0.121*** (0.018)	0.183*** (0.034)	0.152*** (0.054)	0.099** (0.251)

① 东部地区包括北京、天津、河北、辽宁、上海、江苏、浙江、福建、山东、广东和海南,共 11 个省、直辖市;中部地区包括山西、吉林、黑龙江、安徽、江西、河南、湖北、湖南,共 8 个省;西部地区包括四川、重庆、贵州、云南、西藏、陕西、甘肃、青海、宁夏、新疆、广西、内蒙古,共 12 个省、自治区和直辖市。

（续表）

解 释 变 量		模型（Ⅰ）	模型（Ⅱ）	模型（Ⅲ）	模型（Ⅳ）
		变换解释变量	东部地区	中部地区	西部地区
cpi	居民消费价格指数	0.402* (0.858)	−0.020 (1.956)	0.011* (1.338)	0.104 (0.144)
sse_ratio	社会保障支出占政府财政支出比重	0.236** (0.659)	0.263* (0.160)	0.105** (1.185)	0.754** (0.727)
gov_gdp	政府支出占 GDP 比重	0.288 (0.361)	0.127** (0.154)	0.283** (0.226)	0.372 (0.367)
indus_ratio	休闲供给水平（第三产业占比）	0.507** (0.513)	0.735*** (1.399)	1.555** (0.783)	0.282** (0.677)
education	受教育水平（教师数/学生数）	0.230** (1.625)	1.889** (3.907)	0.999** (0.419)	0.209*** (0.186)
urbanlization	城镇化水平	0.332*** (0.048)	0.360*** (0.082)	0.435*** (0.117)	0.157* (0.099)
income_ratio	收入分配状况（城乡收入比）	2.693*** (0.748)	0.329*** (2.415)	3.182** (2.089)	3.657*** (0.859)
_cons	常数项	20.708* (11.669)	21.053** (24.995)	26.757* (19.214)	0.280** (12.980)
R^2	拟合优度	0.614	0.673	0.744	0.599
N	观测值	512	184	136	192

注：* 显著水平在 10% 以下，** 显著水平在 5% 以下，*** 显著水平在 1% 以下，括号内为标准误。

表 6-3 中模型（Ⅰ）回归结果显示：住房价格每上涨 1 个百分点，城镇居民休闲消费潜力提升 0.133 个百分点；"15～64 岁人口占比"每增加 1 个百分点，城镇居民休闲消费潜力提高 0.301 个百分点。可以看出，相较于住房价格波动，人口年龄结构变化对城镇居民休闲消费潜力影响更大。控制变量中的人均可支配收入、住房资产价值、城乡收入比、第三产业占比等对城镇居民休闲消费潜力也具有相对较大的影响。因此可以认为，城镇居民的绝对或相对支付水平、个体特征以及与休闲消费直接相关

的休闲供给状况是决定城镇居民休闲消费潜力的关键因素。

由分区域回归结果可以得出如下结论:第一,从核心解释变量对城镇居民休闲消费潜力影响的系数大小来看,东部地区老年抚养比、中部地区住房价格和西部地区少儿抚养比的影响系数相对较大。可能的原因在于,东部地区老年群体休闲消费支付能力相对较强且休闲消费条件较为优越,中部地区住房价格波动带来的财富效应更为明显,而西部地区子女数量增加对城镇居民休闲消费潜力的挤出效应更大。第二,从地区比较来看,中部地区住房价格影响系数相对较大,西部地区少儿抚养比影响系数相对较大,东部地区老年抚养比系数相对较大,这与上述结论基本保持一致。第三,在其他变量的影响方面,东、中部地区第三产业占比、受教育水平、城镇化水平和城乡收入比对城镇居民休闲消费潜力的影响较大,人均可支配收入和住房资产价值对休闲消费潜力的影响在中部地区体现的较为明显,西部地区人均可支配收入、社会保障支出水平和城乡收入比的影响系数相对较大。分析认为,居民收入水平是休闲消费潜力的基础条件,家庭财富多少对于城镇居民休闲消费潜力的提升具有促进作用,然而随着休闲消费潜力逐步增大,城市休闲供给水平、居民个体特征和城乡互动成为决定其进一步发展的关键因素。我国东、中、西部地区经济社会发展水平大致呈现依次递减的态势,休闲消费潜力水平也具有相类似的特征,因此各因素对不同地区城镇居民休闲消费潜力的影响程度必然存在一定差异。具体而言,居民收入水平对西部地区城镇居民休闲消费潜力影响更大,家庭财富水平对中部地区的影响较为突出,而休闲供给水平和居民特征的影响在东部和中部地区体现更为显著。

三、三大经济区估计结果分析

以上从全国层面就住房价格和人口年龄结构对城镇居民休闲消费潜

力的影响进行了实证分析,同时分别针对东、中、西部样本进行了稳健性检验。随着我国经济社会改革的深化,加强区域合作与协调发展成为重要途径和必然选择,"都市圈""城市群""经济区"等形式不断涌现。其中,泛长三角、泛珠三角和环渤海是我国经济社会发展中发挥重要引领作用的三大主要经济区。近年来,三大经济区的协调发展正在进一步推向深入,2016 年《长江三角洲城市群发展规划》《泛珠三角区域深化合作共同宣言(2015—2025 年)》以及 2015 年《环渤海地区合作发展纲要》等战略性文件的出台和实施即是有力证明。

　　为探明变量间关系在我国三大经济区中的具体表现,对三大经济区①样本数据分别进行固定效应回归,估计结果如表 6 - 4 所示。从估计结果可以发现,人口年龄结构对城镇居民休闲消费潜力影响的结论与全国层面保持一致,即少儿抚养比负向影响休闲消费潜力,老年抚养比正向影响休闲消费潜力。然而,住房价格对城镇居民休闲消费潜力的影响出现一定差异,具体而言,泛珠三角和环渤海地区住房价格对城镇居民休闲消费潜力具有显著正向影响,而长三角地区估计结果恰恰相反,长三角地区住房价格每上涨 1 个百分点,城镇居民休闲消费潜力将会降低 0.039 个百分点。分析认为:一方面,长三角地区各省、直辖市住房价格水平处于相对高位,2016 年上海市和浙江、江苏省城镇住房平均价格分列全国第 2 位、第 4 位和第 8 位;另一方面,该地区城镇住房价格的上涨速度较快,从 1998—2016 年住房价格变化来看,上海市和浙江省住房价格分别上涨了 10 倍和 7 倍,江苏和安徽省均上涨 6 倍以上。因此不难理解,住房价格较高及上涨较快对于城镇居民休闲消费潜力表现出更为明显的挤出效应。

---

① 泛长三角经济区包括上海 1 个直辖市和江苏、浙江、安徽 3 个省;泛珠三角经济区包括广东、福建、江西、海南、湖南、四川、云南、贵州 8 个省和广西 1 个自治区以及香港和澳门 2 个特别行政区(香港和澳门不在本次分析之列);环渤海经济区包括北京、天津两个直辖市和河北、山东和辽宁 3 个省。

表 6-4　三大经济区估计结果

解 释 变 量		模型（Ⅰ）泛长三角地区	模型（Ⅱ）泛珠三角地区	模型（Ⅲ）环渤海地区
house_price	住房价格	−0.039** (0.041)	0.192*** (0.043)	0.026* (0.339)
chi_ratio	少儿抚养比	−0.833*** (0.152)	−0.165** (0.110)	−0.313*** (1.140)
old_ratio	老年抚养比	0.208* (0.327)	0.462*** (0.216)	0.053** (0.170)
disp_income	人均可支配收入	0.060* (0.232)	0.015** (0.017)	0.089** (4.800)
value_house	固定（住房）资产价值	0.604** (0.687)	0.121*** (0.032)	0.220*** (2.700)
lcg_ratio	休闲消费增长率	0.151*** (0.568)	0.110*** (0.031)	0.042** (0.730)
cpi	居民消费价格指数	0.093 (0.292)	0.053* (0.131)	0.151 (0.520)
sse_ratio	社会保障支出占政府财政支出比重	0.462 (0.391)	0.094* (0.108)	0.070 (0.300)
gov_gdp	政府支出占GDP比重	0.134* (0.391)	0.237** (0.104)	0.765*** (2.480)
indus_ratio	休闲供给水平（第三产业占比）	1.921** (2.783)	0.318** (0.098)	1.192** (6.400)
education	受教育水平（教师数/学生数）	0.671** (0.993)	0.711*** (0.476)	0.824** (1.850)
urbanlization	城镇化水平	0.217*** (0.172)	0.192*** (0.102)	0.103** (0.700)
income_ratio	收入分配状况（城乡收入比）	0.977** (3.680)	4.796* (1.254)	1.636** (0.470)
_cons	常数项	52.632*** (35.593)	7.652* (18.989)	63.827*** (15.400)

（续表）

解 释 变 量		模型（Ⅰ）	模型（Ⅱ）	模型（Ⅲ）
		泛长三角地区	泛珠三角地区	环渤海地区
F	F 检验	23.10***	27.56***	7.08***
R^2	拟合优度	0.822	0.734	0.638
N	观测值	83	152	68

注：* 显著水平在10％以下，** 显著水平在5％以下，*** 显著水平在1％以下，括号内为标准误。

　　分别比较三大经济区影响因素估计系数可以发现：第一，对于泛长三角经济区而言，核心解释变量中的少儿抚养比对城镇居民休闲消费潜力表现为较为突出的负向影响。需要指出的是，这一结论没有给予家庭储蓄需求模型以更多的实证支持，也就是说，子女数量增加对于城镇居民休闲消费潜力在更大程度上发挥的是抑制作用。其他控制变量如住房资产价值、第三产业占比、受教育水平、收入分配状况等均对休闲消费潜力带来较大的正向影响。第二，对于泛珠三角经济区而言，核心解释变量中的老年抚养比对城镇居民休闲消费潜力的影响较为突出。这一结论为生命周期理论假说提供了经验支持，表明老年人口比重的增加对城镇居民休闲消费潜力具有促进作用。其他控制变量如第三产业占比、受教育水平和收入分配状况等对休闲消费潜力带来较大的正向影响。第三，对于环渤海经济区而言，核心解释变量中的少儿抚养比对城镇居民休闲消费潜力的影响较为突出，同样没有支持家庭储蓄需求模型。其他控制变量如政府支出占 GDP 比重、第三产业占比、受教育水平和收入分配状况等对休闲消费潜力带来较大的正向影响。

　　三大经济区对比分析发现：一方面，从核心解释变量对城镇居民休闲消费潜力影响的系数大小来看，泛长三角经济区少儿抚养比的影响系数较大,而泛珠三角经济区的住房价格和老年抚养比影响系数较大。另一方面,其他控制变量中的第三产业占比、受教育水平和收入分配状况,在三大经济区中均表现出较为明显的正向影响。这说明,休闲消费潜力是城镇居民休闲消费行为的结果和表征,它与城镇居民的自身状况和特征紧密相关。同时,作为需求端的休闲消费潜力与供给端的休闲产业发展存在相辅相成的关系,毋庸置疑它会受到城镇休闲供给状况的极大影响。

第七章 中国城镇居民休闲消费潜力影响因素空间异质性考察

1998—2016年我国31个省、自治区和直辖市城镇居民休闲消费潜力整体呈现逐步提升态势,然而由于各地区在经济发展水平、社会文明程度、休闲产业供给、地理交通条件和自然资源禀赋等方面存在较大差异,休闲消费潜力水平和质量迥然不同。居民收入水平、生活成本、家庭固定资产、家庭负担和休闲消费意愿等均对城镇居民休闲消费潜力产生影响,但是实证研究显示影响大小明显不一,东中西部或分经济区经验研究也证明,诸因素对休闲消费潜力的影响存在显著差异。为进一步识别城镇居民休闲消费潜力影响因素在不同省、自治区和直辖市的影响效应,本章将对休闲消费潜力影响因素的空间异质性进行考察,以期为给出更具针对性的政策建议提供经验证据。

第一节 研究方法与数据来源

本节主要介绍城镇居民休闲消费潜力影响因素空间异质性考察研究方法的选择以及计量模型的设定,并简要交代所需数据来源及变量情况。

一、研究方法选择

(一)空间自相关

空间自相关(Spatial Autocorrelation)指的是一些变量在同一个分布

区内观测数据之间存在的潜在相互依赖性。Tobler(1970)提出的地理学第一定律认为,任何事物之间都是相关的,但是近处的东西比远处的东西相关性更强[①]。莫兰指数(Moran's I)是表征空间自相关程度的一个综合性评价指标,用来衡量属性在空间范围内的相互依赖程度。计算公式如下:

$$\text{Moran's I} = n \sum_{i=1}^{n} \sum_{j=1}^{n} W_{ij} (x_i - \bar{x})(x_j - \bar{x}) / \sum_{i=1}^{n} \sum_{j=1}^{n} W_{ij} \sum_{i=1}^{n} (x_i - \bar{x})^2$$

(7-1)

式中,n 代表观测值数量;x_i 和 x_j 表示空间单元 i 和 j 的属性值;$\bar{x}$ 表示所有空间数据的平均值;W_{ij} 为空间权重矩阵,采用 Queen 邻接标准构建,反映空间单元共边又共点的邻接关系。采用 Z 检验,显著性检验公式为:

$$Z(I) = \frac{\text{Moran's I} - E(\text{Moran's I})}{\sqrt{VAR(\text{Moran's I})}}$$

(7-2)

莫兰指数介于 $-1 \sim 1$ 之间,越接近 0 表示空间自相关性越弱;相反,越接近 1 或 -1 表示空间自相关性越强。若显著为正说明存在正的空间自相关,表现为高—高集聚或低—低集聚;若显著为负说明存在负的空间自相关,表现为高—低集聚或低—高集聚。

（二）标准差椭圆

标准差椭圆反映的是地理现象空间分布在各个方向上的离散程度。由于椭圆的轴是以平均中心作为起点,对 x 坐标和 y 坐标的标准差进行计算和定义,因此被称为标准差椭圆。标准差椭圆能够显示要素分布是否为狭长形,也就是是否具有特定的方向。标准差椭圆的计算公式为:

---

① Tobler W. A. Computer Movie Simulation Urban Growth in the Detroit Region[J]. Economic Geography,1970,2:234-240.

$$C = \left(\frac{\mathrm{var}(x)\ \mathrm{cov}(x,y)}{\mathrm{cov}(y,x)\ \mathrm{var}(y)} \right) = \frac{1}{n} \left| \begin{array}{c} \sum_{i=1}^{n} \tilde{x}_i^2 \ \sum_{i=1}^{n} \tilde{x}_i\ \tilde{y}_i \\ \sum_{i=1}^{n} \tilde{x}_i\ \tilde{y}_i \ \sum_{i=1}^{n} \tilde{y}_i^2 \end{array} \right| \qquad (7-3)$$

标准差椭圆有 3 个主要元素：转角 θ、长半轴和短半轴。数据分布的方向角度由转角 θ 予以表示，具体来看，数据分布的方向由椭圆的长半轴表示，数据分布的范围由短半轴表示。长短半轴的值差距越大，也就是扁率越大，表示数据的方向性越明显；相反，长短半轴的值差距越小，表示方向性越不明显。另外，短半轴越短表示数据呈现的向心力越明显；短半轴越长表示数据的离散程度越大。

（三）OLS 模型回归

OLS（普通最小二乘）模型是一种全局线性回归模型，主要用于检验被解释变量与各解释变量以及控制变量间的平均关系。OLS 模型回归方法在经济学、管理学、社会学和地理学等多个学科领域得以广泛运用，其基本模型形式为：

$$y_i = \beta_0 + \sum_{j=1}^{n} \beta_j\, x_{ij} + \varepsilon_i \qquad (7-4)$$

式中，下标 i 代表区域，y_i 为第 i 个区域被解释变量的值，x_{ij} 为第 i 个区域第 j 个解释变量的值，β_0 为常数项，β_j 为第 j 个解释变量的待估计参数，ε_i 是整个回归模型独立分布的随机误差项，通常假定服从 $N(0, \sigma^2)$。

（四）GWR 模型回归

在实际问题研究中，回归参数在不同地理位置上往往具有不同的表现。当回归参数随地理位置发生变化时，全局空间回归模型得到的回归参数估计不能反映回归参数的真实空间特征[1]。Fortheringham 等人（1998）在空间变系数目回归模型基础上，利用局部光滑思想构造了地理

---

① 覃文忠.地理加权回归基本理论与应用研究[D].上海：同济大学，2007.

加权回归模型(Geographically Weighted Regression Model,GWR)[1]。进一步来讲,GWR 模型将全域参数转变为局域参数,利用临近观测值的子样本数据信息进行局部回归估计获得特定单元 i 的回归系数,它随着空间局部地理位置的变化而变化。基于 OLS 模型,可以构建 GWR 模型形式如下:

$$y_i = \beta_0(\mu_i, v_i) + \sum_{j=1}^{n} \beta_j(\mu_i, v_i) x_{ij} + \varepsilon_i \qquad (7-5)$$

式中,(μ_i, v_i) 为第 i 个区域的经纬度坐标,$\beta_0(\mu_i, v_i)$ 为区域 i 的常数项,$\beta_j(\mu_i, v_i)$ 第 i 个区域第 j 个解释变量的待估计参数,ε_i 是第 i 个区域第随机误差项。GWR 模型使用每个区域的经纬度坐标作为地理加权最小二乘回归中的目标点,估计出观测值各个参数向量的值。

GWR 模型中的权重设定为某一观测点到其他观测点距离的函数。常用的空间权重函数是高斯(Gaussian)权重函数,形式如下:

$$W_i = \varnothing\left(\frac{d_i}{\delta\theta}\right) \qquad (7-6)$$

式中,$\varnothing$ 表示标准正态密度函数;δ 表示距离向量 d_i 的标准离差。在计算空间权重 $W(\mu_i, v_i)$ 时,需要引入一个衰减函数,参数 θ 即为衰减参数,或者称之为带宽参数。确定带宽的方法有赤池信息准则(Akaike Information Criterion,AIC)和交叉确认法(Cross-Validation,CV)等,同时也可人为设定。空间权重确定后,利用加权最小二乘回归的标准解法即可得到参数:

$$\beta_j(\mu_i, v_i) = [X^T W(\mu_i, v_i) X]^{-1} X^T W(\mu_i, v_i) Y \qquad (7-7)$$

[1] Fortheringham A S, Brunsdon C, Charlton M. Geographically Weighted Regression: A Natural Evolution of the Expansion Method for Spatial Data Analysis[J]. Environment And Planning A, 1998, 30(11): 1905-1927.

二、计量模型设定

全局线性回归和地理加权回归的具体计量模型设定如下：

$$\text{lcp}_{it} = \beta_0 + \beta_1 \, \text{house\_price}_{it} + \beta_2 \, \text{chi\_ratio}_{it} +$$
$$\beta_3 \, \text{old\_ratio}_{it} + \varphi \, X_{it} + \varepsilon_{it} \qquad (7-8)$$

其中，下标 i 表示省、自治区和直辖市，下标 t 表示年份；lcp_{it} 表示 i 省、自治区和直辖市第 t 年的城镇居民休闲消费潜力，house_price_{it} 表示 i 省、自治区和直辖市第 t 年的商品房销售价格，chi_ratio_{it} 表示 i 省、自治区和直辖市第 t 年的城镇少儿抚养比，old_ratio_{it} 表示 i 省、自治区和直辖市第 t 年的城镇老年抚养比。X 为影响城镇居民休闲消费潜力的一组控制变量，其中主要的控制变量有城镇居民人均可支配收入、固定资产价值、社会保障水平、休闲供给水平、休闲消费意愿和休闲消费环境。ε 为误差项。

三、变量及数据说明

如前所述，因变量为城镇居民休闲消费潜力，主要通过休闲消费能力、休闲消费支出和休闲消费环境综合测度获得。自变量包括住房价格、少儿抚养比、老年抚养比、人均可支配收入、固定资产价值、休闲消费意愿和休闲消费环境。其中，反映城镇人口年龄结构的少儿抚养比和老年抚养比，以及反映城镇居民住房成本的商品房销售价格对城镇居民休闲消费潜力的影响是本书关注的核心问题。需要说明的是，住房资产价值作为固定资产价值的代理变量，休闲消费意愿以城镇居民休闲消费增长率为代理变量，休闲消费环境用居民消费价格指数予以反映。

本章所涉及变量的数据来源如下：休闲消费潜力由前文综合测度得到；少儿抚养比、老年抚养比原始数据主要来自 1999—2017 年《中国统计年鉴《中国城市统计年鉴》,部分年份数据经计算得到;商品房销售价格、住房资产价值的原始数据主要来自 1999—2017 年《中国房地产统计年鉴》;其他变量原始数据来自 1999—2017 年《中国统计年鉴》《中国城市统计年鉴》"中国经济社会发展统计数据库",和我国 31 个省、自治区和直辖市的地区统计年鉴以及相关行政管理部门公开出版或官方网站发布的统计数据,部分变量数据经计算得到。

第二节　城镇居民休闲消费潜力空间格局分析

本节首先根据均匀分布准则选取 1999 年、2007 年和 2016 年三个时间节点[①],研究城镇居民休闲消费潜力的空间分布特征及其方向性,然后运用空间自相关分析研究城镇居民休闲消费潜力的空间依赖性。

一、休闲消费潜力空间分布特征

采用最佳自然断裂法将 1999 年、2007 年和 2016 年我国城镇居民休闲消费潜力划分为 5 个梯度。整体而言,我国城镇居民休闲消费潜力存在较为明显的省际空间差异。从第一、二、三梯度的省、自治区和直辖市数量来看,1999 年为 20 个、2007 年为 19 个、2016 年为 18 个。由于最佳自然断裂法梯度划分标准中每一梯度的区间值出现整体提升,因此尽管前三个梯度省、自治区和直辖市数量有所减少,但是城镇居民休闲消费潜力的实际值仍呈现增长态势。

从年度变化上来看,1999 年城镇居民休闲消费潜力值处于第一梯度

[①]　由于 1998 年部分变量的原始数据存在缺失,为保证研究结果的科学性,故选择以 1999 年的分析予以替代。

的有北京、上海 2 个直辖市和广东 1 个省,占总数的 9.7%;处于第二梯度的有天津 1 个直辖市和山东、江苏、浙江和福建 4 个省,占总数的 16.1%;处于第三梯度的有辽宁、河北、陕西、河南、安徽、湖北、湖南、四川、云南、海南等 10 个省和重庆 1 个直辖市及广西 1 个自治区,占总数的 38.7%;除西藏外,其他省、自治区处于第四梯度,数量为 10 个,占到总数的 32.3%。2007 年,浙江省跃居第一梯度,第一梯度数量增加为 4 个,占到总数的 12.9%;安徽省跃居第二梯度,天津市落入第三梯度,第二梯度数量为 4 个,占到总数的 12.9%;内蒙古自治区跃居第三梯度,陕西和云南省则落入第四梯度,第三梯度数量为 10 个,占到总数的 32.3%;其余 13 个省、自治区处于第四梯度,占到总数的 41.9%。2016 年,江苏、安徽和福建等省跃居第一梯度,处于第一梯度的数量增加为 7 个,占到总数的 22.6%;海南省跃居第二梯度,第二梯度数量为 2 个,占到总数的 6.5%;广西壮族自治区落入第四梯度,第三梯度数量为 10 个,占到总数的 32.3%;第四梯度数量为 12 个,占到总数的 38.6%。不难发现:一方面,随着第一梯度数量有所增加,区域间的差距在逐步缩小,地区不均衡的状况有所缓解。另一方面,处于第三、第四梯度的数量一直占据多数,说明城镇居民休闲消费潜力尚存较大提升空间。

结合上述分析可以看出,城镇居民休闲消费潜力空间格局呈现如下特点。

第一,我国东部尤其是东南沿海地区城镇居民休闲消费潜力处于明显优势地位。休闲消费潜力是休闲消费能力、休闲消费支出和休闲消费环境的综合反映,由于我国东南沿海省、直辖市经济社会发展程度相对较高,城镇居民休闲消费支付能力较强、休闲需求相对旺盛,城市休闲产业供给水平较高,休闲消费环境和氛围的营造得到较好重视,因此城镇居民休闲消费潜力处于相对较高的水平。

第二,城镇居民休闲消费潜力空间格局由竖"川"字形向横"川"字形转变。1999 年城镇居民休闲消费潜力处于前三个梯度的省、自治区和直辖市在我国东南部区域呈竖"川"字形聚集,2007 年则开始向北部延伸,呈现横"川"字形格局。导致这一格局转变的重要原因在于,一是内蒙古休闲消费潜力梯度等级明显跃升,二是云南和广西休闲消费潜力梯度有所回落。

第三,城镇居民休闲消费潜力空间格局变中趋稳。从年度变化上来看,尽管多数省、自治区和直辖市休闲消费潜力梯度等级发生一定变化,但是 2007 年和 2016 年分析显示梯度空间布局渐趋稳定,各省、自治区和直辖市城镇居民休闲消费潜力得以同步提升。

二、休闲消费潜力空间分布方向性的变化

我国城镇居民休闲消费潜力在空间分布上存在方向性[①]。具体而言表现在以下三个方面。

第一,从转角 θ 的变化(见表 7 - 1)来看,1999 年的 θ 角为 20.86°,略呈东北—西南走向;2007 年的 θ 角为 20.44°,发生逆时针小幅度偏转;2016 年的 θ 角为 18.27°,进一步逆时针偏转,更加呈现南北走向。这表明,我国南北走向省、自治区和直辖市城镇居民休闲消费潜力的变化要快于东北—西南走向省、自治区和直辖市。

第二,从 X 轴(长半轴)和 Y 轴(短半轴)数值的差距来看,与 1999 年和 2016 年相比,2007 年的差距(扁率)更大,说明该年度城镇居民休闲消费潜力空间分布的方向性相对明显,东北—西南走向省、自治区和直辖市在城镇居民休闲消费潜力提升方面的重要性相对较大。

第三,从 Y 轴(短半轴)长度变化来看,1999 年长度相对较短,说明数

---

① 胡宇娜,梅林,魏建国.基于 GWR 模型的中国区域旅行社业效率空间分异及动力机制分析[J].地理科学,2018,38(1):107—113.

据呈现的向心力相对较强;相反,2007 年和 2016 年短半轴长度相对较长,说明数据分布的离散程度较大,城镇居民休闲消费潜力呈现出更大变化。

表 7 - 1　休闲消费潜力标准差椭圆的参数变化

参数名称	参数含义	1999 年	2007 年	2016 年
Shape_Length	椭圆的周长	6 552 327.50	6 542 848.94	6 649 422.64
Shape_Area	椭圆的面积	3 401 072 204 049.92	3 375 384 029 908.47	3 506 734 258 262.66
CenterX	椭圆的 中心点	776 590.40	818 344.92	775 079.04
CenterY		3 523 278.96	3 542 508.92	3 521 188.07
XStdDist	X 轴的长度	985 016.51	958 459.74	1 007 938.84
YStdDist	Y 轴的长度	1 099 119.51	1 121 043.11	1 107 494.81
Rotation	方向角度 (转角 θ)	20.86°	20.44°	18.27°

三、休闲消费潜力空间自相关分析

运用 GeoDa 空间计量软件计算 1998—2016 年我国城镇居民休闲消费潜力的全局 Moran's I 值及其显著性(表 7 - 2)。不难发现,城镇居民休闲消费潜力全局 Moran's I 值均为正,并且除了 2001 年未通过显著性检验外,1998—2000 年在 $P<0.10$ 水平上通过检验,2002—2016 年在 $P<0.05$ 水平上通过检验。这表明,城镇居民休闲消费潜力在空间分布上并不是完全随机的,而是具有明显的空间依赖和空间集聚特征。

表 7 - 2　1998—2016 年城镇居民休闲消费潜力全局 Moran's I 统计量

年　份	1998	1999	2000	2001	2002	2003	2004	2005	2006	2007
Moran's I	0.069	0.073	0.089	0.072	0.081	0.124	0.12	0.151	0.18	0.2
Z 值	1.968	1.972	2.115	1.675	2.037	1.994	1.989	1.977	1.983	2.104
P 值	0.073	0.061	0.082	0.163	0.047	0.044	0.049	0.038	0.037	0.026

（续表）

年　份	2008	2009	2010	2011	2012	2013	2014	2015	2016	
Moran's I	0.197	0.21	0.215	0.21	0.2	0.231	0.212	0.201	0.245	
Z 值	2.071	2.189	2.231	2.186	2.092	2.352	2.191	2.091	2.031	
P 值	0.026	0.022	0.019	0.02	0.025	0.014	0.02	0.025	0.028	

　　从变化趋势（见图 7-1）可以看出，1998—2016 年城镇居民休闲消费潜力全局 Moran's I 值呈波动上升态势。值得注意的是，2007 年前全局 Moran's I 值的上升速率较快，这表明城镇居民休闲消费潜力的空间集聚效应显著增强，也就是说，城镇居民休闲消费潜力越来越多地受到其他区域的影响。2007 年后全局 Moran's I 值的上升速率放缓，但是依然维持在一定水平，说明城镇居民休闲消费潜力的空间依赖特征依然存在，需要进一步识别和分析。

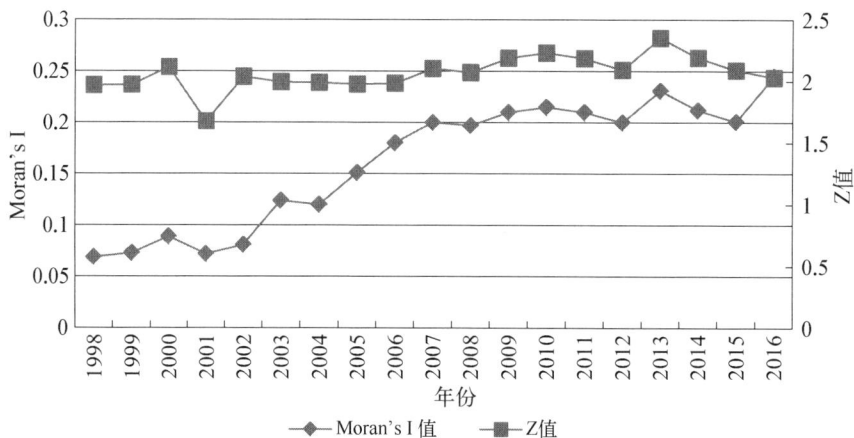

图 7-1　1998—2016 年城镇居民休闲消费潜力全局 Moran's I 值和 Z 值的变化

第三节　城镇居民休闲消费潜力
影响因素的空间异质性

　　如前所述，我国城镇居民休闲消费潜力在空间分布上存在明显差异，并且呈现出一定的空间集聚特征。那么,住房价格和人口年龄结构对休闲消费潜力的影响是否也存在空间上的异质性,以及这种影响的空间异质性是否存在显著的变化是本节关注的重点内容。

一、OLS 模型回归结果分析

为更好地进行模型的对比分析,首先构建住房价格和人口年龄结构对城镇居民休闲消费潜力影响的 OLS 回归模型。OLS 模型回归结果(见表 7-3)显示,1999 年、2007 年和 2016 年模型的校正可决系数分别为0.92、0.88 和 0.76,说明模型均得到了较好的拟合。

从影响系数及其变化来看,首先,住房价格对城镇居民休闲消费潜力的影响显著为正,其中 2016 年影响系数相对较大为 0.654,表明住房价格每上升 1 个百分点,城镇居民休闲消费潜力提高 0.654 个百分点。显然,住房价格对休闲消费潜力的影响更多地表现为财富效应和抵押品效应。其次,少儿抚养比对城镇居民休闲消费潜力的影响显著为正,其中 2016年影响系数相对较大为 0.157,表明少儿抚养比每增长 1 个百分点,城镇居民休闲消费潜力提高 0.157 个百分点。子女数量增加对城镇居民的休闲消费产生了较大激发作用,储蓄动机和谨慎消费心理并未得到明显呈现。最后,老年抚养比对城镇居民休闲消费潜力的影响显著为正,其中2007 年影响系数相对较大为 0.69,表明老年抚养比每上升 1 个百分点,城镇居民休闲消费潜力提高 0.69 个百分点;2016 年影响系数较 2007 年略小为 0.604。伴随老龄化社会的到来,老年人口数量快速增长,老年休闲消费市场大规模扩张,对城镇居民休闲消费潜力产生积极影响。

另外,从控制变量回归情况来看,人均可支配收入和固定资产价值对城镇居民休闲消费潜力具有显著正向影响;休闲消费增长率和居民消费价格指数对休闲消费潜力并未呈现稳定的显著影响。也就是说,收入水

表 7 - 3　OLS 模型回归结果

变　　量	1999 年			2007 年			2016 年		
	系　数	标准差	t 统计量	系数	标准差	t 统计量	系数	标准差	t 统计量
常数项	8.309*	3.655	2.273	110.567**	49.709	2.224	−165.054**	72.456	−2.278
住房价格	0.467**	0.146	3.199	0.090*	0.044	2.045	0.654***	0.266	2.459
少儿抚养比	0.051***	0.025	2.040	0.093***	0.036	2.583	0.157***	0.063	2.492
老年抚养比	0.434**	0.145	2.993	0.690**	0.281	2.456	0.604*	0.216	2.796
人均可支配收入	0.366**	0.092	3.978	0.820***	0.348	2.356	0.834**	0.398	2.095
固定资产价值	0.053**	0.012	4.417	0.170**	0.035	4.857	2.238***	0.568	3.940
休闲消费增长率	−0.011	0.035	−0.314	0.048	0.063	0.762	−0.075	0.072	−1.042
居民消费价格指数	−0.171	0.647	−0.264	−1.062**	0.511	−2.078	1.444	3.291	0.439
AICc	180.740			209.304			226.464		
BIC/MDL	185.074			213.638			230.799		
CV	26.787			47.105			66.449		
可决系数	0.942			0.914			0.829		
校正可决系数	0.921			0.883			0.767		

注：人均可支配收入、固定资产价值、休闲消费增长率和居民消费价格指数作为控制变量。* 显著水平在 10% 以下，** 显著水平在 5% 以下，*** 显著水平在 1% 以下。

平和家庭财富对城镇居民休闲消费潜力发挥极大作用,而休闲消费意愿和休闲消费环境对城镇居民休闲消费潜力影响有限。

二、GWR 模型回归结果分析

(一)参数估计结果

通过构建住房价格和人口年龄结构对城镇居民休闲消费潜力影响的 GWR 模型,并运用 GWR4 软件进行计量分析,结果如表 7-4 所示。不难发现,1999 年、2007 年和 2016 年 GWR 模型回归的校正可决系数分别为 0.87、0.886 和 0.753,模型拟合优度较为理想,说明地理加权模型很好地拟合了城镇居民休闲消费潜力与住房价格、人口年龄结构以及控制变量间的关系。

表 7-4　GWR 模型回归结果

变　　量	1999 年				
	最小值	25% 分位数	中位数	75% 分位数	最大值
常数项*	−65.663	−38.460	−21.624	7.849	43.215
住房价格**	0.513	0.552	0.578	0.623	0.667
少儿抚养比***	−0.255	−0.151	−0.035	0.072	0.158
老年抚养比**	−0.360	0.181	0.338	0.671	0.932
人均可支配收入**	0.017	0.021	0.027	0.028	0.028
固定资产价值***	0.548	0.616	0.718	0.807	0.841
休闲消费增长率**	−0.151	0.072	0.108	0.144	0.154
居民消费价格指数	−0.344	−0.061	0.134	0.258	0.454
AICc	204.045				
BIC/MDL	203.725				
F 统计量	1.719				
CV	37.825				
校正决定系数	0.870				

变　　量	2007 年				
	最小值	25% 分位数	中位数	75% 分位数	最大值
常数项*	−1 066.904	−771.042	−620.411	−503.330	−296.046
住房价格***	−0.090	0.038	0.242	0.512	0.799
少儿抚养比***	−1.242	−0.995	−0.724	−0.462	−0.088
老年抚养比**	−0.511	−0.498	−0.486	−0.445	−0.323
人均可支配收入***	0.043	0.054	0.073	0.088	0.098
固定资产价值**	0.299	0.342	0.365	0.423	0.462
休闲消费增长率*	−0.038	0.418	0.561	0.622	0.680
居民消费价格指数*	2.362	4.794	5.719	7.259	9.974
AICc	216.262				
BIC/MDL	215.752				
F 统计量	1.172				
CV	46.342				
校正决定系数	0.886				

变　　量	2016 年				
	最小值	25% 分位数	中位数	75% 分位数	最大值
常数项*	−382.313	−301.381	−146.664	61.967	185.148
住房价格***	0.141	0.366	0.530	0.694	0.836
少儿抚养比**	−0.029	0.057	0.211	0.277	0.340
老年抚养比**	0.417	0.461	0.557	0.638	0.781
人均可支配收入***	0.001	0.001	0.001	0.001	0.001
固定资产价值***	0.061	0.076	0.099	0.118	0.134
休闲消费增长率**	0.207	0.214	0.219	0.224	0.227
居民消费价格指数	−0.961	−0.915	−0.838	−0.704	−0.563
AICc	235.573				
BIC/MDL	235.383				

（续表）

变　　量	2016 年				
	最小值	25% 分位数	中位数	75% 分位数	最大值
F 统计量	0.780				
CV	70.483				
校正决定系数	0.753				

注：人均可支配收入、固定资产价值、休闲消费增长率和居民消费价格指数作为控制变量。＊显著水平在 10%以下，＊＊显著水平在 5%以下，＊＊＊显著水平在 1%以下。

由于 GWR 模型针对每一区域都给出了各解释变量对休闲消费潜力的影响系数，为便于分析，在这里详细提供全部区域影响系数的最小值、25%分位数、中位数、75%分位数和最大值。分析可见对休闲消费潜力影响如下。

（1）住房价格对休闲消费潜力的影响。1999 年影响系数显著为正，影响程度在 0.513～0.667 之间；2007 年个别省、自治区和直辖市影响为负，影响程度在－0.09～0.799 之间；2016 年影响系数显著为正，影响程度在 0.141～0.836 之间。

（2）少儿抚养比对休闲消费潜力的影响。1999 年大多省、自治区和直辖市影响为负，影响程度在－0.255～0.158 之间；2007 年影响系数显著为负，影响程度在－1.242～－0.088 之间；2016 年个别省、自治区和直辖市影响为负，影响程度在－0.029～0.34 之间。

（3）老年抚养比对休闲消费潜力的影响。1999 年个别省、自治区和直辖市影响为负，影响程度在－0.36～0.932 之间；2007 年影响系数显著为负，影响程度在－0.511～－0.323 之间；2016 年影响系数显著为正，影响程度在 0.417～0.781 之间。不难看出，考虑省、自治区和直辖市之间的空间作用后，住房价格和人口年龄结构对城镇居民休闲消费的影响呈现出一定变化,其中尤为值得关注的是,2007 年少儿抚养比和老年抚养比的影响系数均显著为负,这说明子女数量和老年人口的增加对休闲消费潜力产生一定抑制作用。另外,1999 年老年抚养比、2007 年住房价格、2016 年少儿抚养比,在对城镇居民休闲消费潜力影响中也表现出较为明显的空间异质性。

(二)标准化残差检验

基于 GWR4 的空间计量结果,从 1999 年、2007 年和 2016 年 GWR 模型回归标准化残差的空间分布不难看出,局部回归模型的标准化残差在空间上呈完全随机分布。进一步,标准化残差自相关性检验结果(见表 7 - 5)显示,1999 年、2007 年和 2016 年标准化残差的 Moran's I 值分别为 -0.04、-0.093 和 -0.195,并且分别在 10%、10% 和 5% 的水平上通过显著性检验,这表明 GWR 模型回归结果整体上较为理想。

表 7 - 5　标准化残差自相关性检验

年　份	Moran's I 值	Z 值	P 值
1999	-0.040	-0.086	0.081
2007	-0.093	-0.567	0.094
2016	-0.195	-1.620	0.034

(三)影响因素的空间异质性分析

以 1999 年、2007 年和 2016 年城镇居民休闲消费潜力作为被解释变量,住房价格、少儿抚养比和老年抚养比作为核心解释变量,人均可支配收入、固定资产价值、休闲消费增长率和居民消费价格指数作为控制变量构造 GWR 模型,从而进行空间计量分析。在这里,本书重点关注住房价格、少儿抚养比和老年抚养比对城镇居民休闲消费潜力的影响。

1. 1999 年 GWR 模型影响系数的空间异质性分析

采用最佳自然断裂法,将 1999 年住房价格和人口结构对城镇居民休闲消费影响的回归系数划分为 7 个等级。

(1)住房价格对休闲消费潜力影响的空间异质性特征。1999 年我国 31 个省、自治区和直辖市住房价格对城镇居民休闲消费潜力具有正向影响,影响系数的区间为[0.513,0.667]。从回归系数的空间分布来看,影响程度存在一定空间差异,大致表现出由北向南依次递减的规律。其中,内蒙古、黑龙江、吉林、辽宁和北京等省、自治区和直辖市城镇居民休闲消费潜力受住房价格的影响最大,而海南、广西、广东和贵州等省、自治区受到的影响则较小。

分析发现住房价格对休闲消费潜力影响如下。

一是住房价格对休闲消费潜力影响的方向在空间上没有存在差别,各省、自治区和直辖市影响系数均为正。这表明,住房价格上涨能够强化城镇居民休闲消费的信心,从侧面反映并在一定程度上提升了城镇居民休闲消费潜力。

二是尽管住房价格对休闲消费潜力影响程度存在空间异质性,然而影响系数并未呈现较大差距。由于我国自 1998 年才开始全面实行住房制度改革的新办法,也就是由以前的住房实物分配逐步过渡到住房分配货币化,这一政策在住房价格对休闲消费潜力影响效应的空间差异方面必然存在一定滞后性,影响系数极值的差距仅为 0.154 也充分印证了这一点。

三是住房价格对休闲消费潜力影响更多地体现为间接效应。换句话说,由于 1999 年 31 个省、自治区和直辖市住房价格的差异相对较小,房价泡沫尚不明显,使得住房价格对休闲消费潜力的影响受到诸如地域文化、消费观念等其他因素的极大调节。从一般意义上来讲,我国北部人口具有注重享受、储蓄观念相对较弱的特点,使得房价上涨对于城镇居民休闲消费潜力的刺激作用更加明显。

(2)少儿抚养比对休闲消费潜力影响的空间异质性特征。1999年我国31个省、自治区和直辖市少儿抚养比对城镇居民休闲消费潜力影响系数的区间为[−0.255,0.158],可以得知该影响在省、自治区和直辖市间存在方向上的差异,具体而言,黑龙江、吉林、辽宁、北京、天津、内蒙古、山东、河北、上海、山西、江苏、浙江、安徽和河南等15个省、自治区和直辖市少儿抚养比对城镇居民休闲消费潜力的影响为正,这在一定意义上与生命周期假说和家庭储蓄需求模型理论相契合。

从回归系数的空间分布来看,正向影响大致表现出由东向西依次递减的规律,而负向影响则呈现由南向北递减态势。具体分析如下。

一方面,少儿抚养比与休闲消费潜力的关系很大程度上受到该地区经济发展水平的影响。经济发展水平越高的地区,比如北京、上海、江苏、浙江等省、直辖市,子女数量增加不会对居民休闲消费潜力带来较大约束,反而会由于休闲消费支出的相应提高使得休闲消费潜力得以进一步提升。相反,在经济发展相对欠发达的地区,比如广西、贵州、甘肃、西藏、青海、宁夏等西部省、自治区,子女数量增加会对城镇居民形成较大压力,相应休闲消费潜力受到一定牵制。

另一方面,少儿抚养比与休闲消费潜力的关系还会受到来自社会文化因素的调节。比如,消费观念和消费习惯会对少儿抚养比增加形成反作用力,也就是说,即便子女数量有所增加并且收入水平不占优势,消费观念浓厚、储蓄观念相对淡薄的居民仍会表现出较强休闲消费意愿,东北地区各省存在明显倾向。与家庭储蓄需求模型相一致,"养儿防老"观念较强地区少儿抚养比对城镇居民休闲消费潜力的正向影响也具有相对突出表现,比如河南省等。

（3）老年抚养比对休闲消费潜力影响的空间异质性特征。除海南、广西、广东和贵州外，1999 年我国 31 个省、自治区和直辖市老年抚养比对城镇居民休闲消费潜力均存在正向影响，影响系数的区间为[－0.36，0.932]。从回归系数的空间分布来看，大致呈现由北向南递减趋势。具体来看，内蒙古、新疆、宁夏、黑龙江、吉林、北京等省、自治区和直辖市正向影响程度较大，而湖南、重庆、云南、江西和福建等省、直辖市正向影响程度较小；广东和贵州省老年抚养比对休闲消费潜力的负向影响相对较小。

分析发现老年抚养比对休闲消费潜力的影响如下。

一是大多数省、自治区和直辖市老年抚养比对城镇居民休闲消费潜力的影响为正，这与生命周期假说的理论含义相一致，也就是说，老年人口增加使得居民休闲消费相应增加，休闲消费潜力有所提升。

二是各省（自治区、直辖市）间存在较为明显的空间差异特征。某一省（自治区、直辖市）老年抚养比对休闲消费潜力的影响受到邻近省（自治区和直辖市）老年抚养比的影响较大，同时影响系数值的差距相对较大，更加说明老年抚养比是影响城镇居民休闲消费潜力的关键指标。随着老龄化社会的到来，城镇居民休闲消费潜力将会发生重要变化，因此我国人口年龄结构问题需要特别重视。

三是影响程度存在空间上的渐次变化，说明各省（自治区、直辖市）间老年抚养比对休闲消费潜力影响有着显著的邻近效应。进一步分析可知，在老年抚养比对休闲消费潜力影响方面，省（自治区、直辖市）之间具有较为明显的相互作用力。

四是老年抚养比对休闲消费潜力影响呈现北高南低的格局，尤其是新疆、内蒙古自治区以及东北地区各省表现相对突出。可能的解释是，上述省、自治区和直辖市老年抚养比相对较低，休闲消费潜力对于老年人口增加反应比较敏感；相反，南部地区城镇居民休闲消费潜力对于老年抚养比敏感程度相对较小。

2. 2007 年 GWR 模型影响系数的空间异质性分析

采用最佳自然断裂法,将 2007 年住房价格和人口结构对城镇居民休闲消费影响的回归系数划分为 7 个等级。

(1) 住房价格对休闲消费潜力影响的空间异质性特征。2007 年我国 31 个省、自治区和直辖市住房价格对城镇居民休闲消费潜力影响系数的区间为[−0.09,0.799],可以得知该影响在省(自治区和直辖市)际间出现了方向上的差异,也就是说,住房价格对休闲消费潜力的影响在某些省(自治区和直辖市)表现为财富效应,而在另外一些省(自治区和直辖市)则表现为抑制效应。具体来讲,住房价格对休闲消费潜力产生抑制作用的省(自治区和直辖市)主要分布在内蒙古、宁夏、黑龙江、吉林、辽宁和北京等地区。从回归系数的空间分布来看,正向影响大致表现出由南向北依次递减的规律,而负向影响主要出现在北部省(自治区和直辖市)。可能的解释如下。

第一,新世纪以来,国家陆续出台了刺激消费的政策文件和行动纲领,尽管住房价格上涨明显,但是它对于休闲消费潜力的影响在多数地区仍然表现出较为明显的财富效应。

第二,北京与上海、广东等省、直辖市的影响效应截然相反,北京表现为抑制效应,而同等地位的上海和广东等则表现为财富效应。可能的原因在于,北京是我国的政治文化中心,而上海和广东的商业文明更为发达,城市属性和地域特质存在较大差异。

第三,内蒙古自治区和东北地区诸省的影响为负,一定程度上表明该区域的社会经济活跃程度有所下滑,这对城镇居民休闲消费潜力形成约束和限制。

第四,影响效应依次递减的规律性也印证了城镇居民休闲消费潜力存在空间相互作用,并且这种空间作用具有明显的传递性。

(2)少儿抚养比对休闲消费潜力影响的空间异质性特征。2007年我国31个省、自治区和直辖市少儿抚养比对城镇居民休闲消费潜力均具有负向影响,影响系数的区间为[−1.242,−0.088]。从回归系数的空间分布来看,影响程度存在一定空间差异,大致表现出由东北向西南递减的规律。需要说明的是,影响系数值越大,负向影响程度越小;影响系数值越小,负向影响程度越大。其中,内蒙古、北京、山西、黑龙江、吉林、河北、天津等省、自治区和直辖市影响程度较大,新疆、西藏、云南、四川、广西、贵州、海南、青海、重庆等省、自治区和直辖市影响程度较小。具体分析如下。

第一,各省、自治区和直辖市少儿抚养比对休闲消费潜力产生负向影响,说明微观机制较难给予此现象更好的解释,也就是说城镇居民休闲消费潜力同时更多地受到外界宏观环境的影响。

第二,东部较发达省、直辖市少儿抚养比对休闲消费潜力发挥更大的抑制作用,而西部欠发达城市少儿抚养比的约束作用相对较小。可能的解释是,随着经济社会转型的不断加快,居民的经济行为和消费心理也在悄然发生一些变化,理性和谨慎的休闲消费倾向明显,然而发达地区由于生活成本相对较高,这种心理倾向表现得更为突出。

第三,从影响系数的大小来看,各省、自治区和直辖市间差距相对较大,这表明伴随国家刺激消费政策的推进,各省、自治区和直辖市城镇居民休闲消费潜力不均衡的状况较为明显。

(3)老年抚养比对休闲消费潜力影响的空间异质性特征。2007年我国31个省、自治区和直辖市老年抚养比对城镇居民休闲消费潜力均具有负向影响,影响系数的区间为[−5.113,−3.225]。从回归系数的空间分布来看,影响程度存在一定空间差异,大致表现出由东向西递减的规律。

需要说明的是,影响系数值越大,负向影响程度越小;影响系数值越小,负向影响程度越大。其中,上海、福建、浙江、江苏、安徽、江西和辽宁等省、直辖市负向影响程度较大,而新疆、西藏、青海等自治区负向影响程度较小。具体分析如下。

第一,老年抚养比对休闲消费潜力的影响为负,说明随着老年人口的增加,城镇居民休闲消费规模受到一定限制,居民消费显得更加理性和谨慎。

第二,大多数省、自治区和直辖市老年抚养比与休闲消费潜力的关系均较大程度地受到相邻省(自治区、直辖市)老年人口增加的影响,也就是说两者关系存在明显空间效应。

第三,东部省、自治区老龄化程度相对较高,同时城镇居民生活成本相对较大,在我国社会保障制度尚不健全背景下,老年人口增加势必对这些区域居民的休闲消费形成挤压,对休闲消费潜力产生较大负面影响。

3. 2016 年 GWR 模型影响系数的空间异质性分析

采用最佳自然断裂法,将 2016 年住房价格和人口结构对城镇居民休闲消费影响的回归系数划分为 7 个等级。

(1) 住房价格对休闲消费潜力影响的空间异质性特征。2016 年我国 31 个省、自治区和直辖市住房价格对城镇居民休闲消费潜力具有正向影响,影响系数的区间为 $[0.141,0.836]$。从回归系数的空间分布来看,影响程度存在一定空间差异,大致表现出由南向北依次递减的规律。其中,云南、广西、海南、西藏和贵州等省、自治区城镇居民休闲消费潜力受住房价格的影响最大,而宁夏和内蒙古等省、自治区受到的影响则较小。具体分析如下。

第一,住房价格对休闲消费潜力影响的方向在空间上没有存在差别,各省、自治区和直辖市影响系数均为正。然而这与 1999 年出现类似情况的原因不尽相同,1999 年住房价格上涨对休闲消费潜力的影响仅仅可以理解为未对城镇居民休闲消费带来更大压力,而 2016 年住房价格上涨更多地表现为财富效应,城镇居民休闲消费潜力得以进一步激发。

第二,住房价格对休闲消费潜力影响的空间异质性愈加明显,影响系数极值的差距在6倍左右。值得注意的是,影响系数的较大值和较小值主要出现在"胡焕庸线"以西的省、自治区和直辖市,而东部地区由于社会经济相对发达,居民绝对支付能力相对较强,因而休闲消费潜力对于住房价格上涨的敏感程度相对较弱。

第三,影响效应依次递减的规律性同样印证了城镇居民休闲消费潜力具有空间上的相互作用,并且这种空间作用具有明显的传递性。

(2)少儿抚养比对休闲消费潜力影响的空间异质性特征。除西藏和云南外,2016年我国31个省、自治区和直辖市少儿抚养比对城镇居民休闲消费潜力均存在正向影响,影响系数的区间为[-0.029,0.34]。从回归系数的空间分布来看,大致呈现由东北向西南依次递减的态势。具体来看,黑龙江、吉林、辽宁、北京、天津、内蒙古、山东、河北、山西等省、自治区和直辖市影响程度较大,而广西、四川、贵州、海南等省、自治区影响程度较小;西藏自治区和云南省少儿抚养比对休闲消费潜力的负向影响同样表现得有些微弱。具体分析如下。

第一,生命周期假说和家庭储蓄需求模型理论很好地解释了子女数量增加给城镇居民休闲消费潜力带来的影响。一方面少儿抚养比提高使得青少年的休闲消费规模有所扩大,另一方面子女数量增加进一步强化了城镇居民休闲消费的信心,进而使得休闲消费潜力水平相应提升。

第二,东北地区享受消费色彩的浓郁以及北方受"养儿防老"观念的影响使得少儿抚养比对休闲消费潜力的影响相对较大。西部地区影响程度较小的可能原因在于,尽管如四川省、重庆直辖市等亦具有较好休闲氛围,然而受宏观经济环境影响,子女增加带来的生活成本上升仍然对城镇居民休闲消费潜力表现出更大挤出作用。

第三,各省、自治区和直辖市间影响系数大小差距相对较小,这在一定程度上反映出居民消费观念的趋同特征,进一步分析可以发现,休闲消费在人们生活中的地位和重要性日渐凸显,并在不同省、自治区和直辖市城镇居民中逐渐形成共识。

(3)老年抚养比对休闲消费潜力影响的空间异质性特征。2016年我国31个省、自治区和直辖市老年抚养比对城镇居民休闲消费潜力具有正向影响,影响系数的区间为[0.417,0.781]。从回归系数的空间分布来看,影响程度存在一定空间差异,大致表现出由北向南的递减规律。其中,内蒙古、黑龙江、新疆、宁夏、北京和吉林等省、自治区和直辖市城镇居民休闲消费潜力受老年抚养比的影响较大,而福建、广东、江西、浙江、湖南和海南等省受到的影响较小。具体分析如下。

第一,各省、自治区和直辖市老年抚养比对城镇居民休闲消费潜力的影响显著为正,说明随着社会经济发展、居民收入提高以及消费引领力度加强,老年人口增加对城镇居民休闲消费潜力的提升愈加发挥积极作用。因此,如何满足老年人口的休闲消费需求,成为当前和今后社会经济工作的重要任务。

第二,省、自治区和直辖市间老年抚养比对休闲消费潜力影响系数大小差距较小。这在一定程度上表明,人口老龄化给城镇居民休闲消费潜力带来的影响需要所有省、自治区和直辖市引起同等重视。

第三,尽管影响程度差异较小,但是仍然呈现出空间上的渐次变化,老年抚养比对休闲消费潜力的影响在各省、自治区和直辖市尤其是相邻省、自治区和直辖市之间存在交叉作用。

第四,老年抚养比对休闲消费潜力影响呈现北高南低的格局,尤其是东南沿海的福建、广东、浙江等省份的影响程度较小。可能的原因在于,东南沿海区域社会经济较为发达,各年龄结构人群休闲消费需求相对均衡,老年人口增加对休闲消费潜力的影响面相对来讲不会无限扩大。然而对西部、西北和东北区域而言,由于老年人在医疗保健等方面的休闲消费具有一定刚性,老年人口数量增加对于休闲消费潜力的拉动效应相对明显。

三、进一步讨论

(一)住房价格和人口年龄结构对消费潜力的影响

住房价格和人口年龄结构对城镇居民休闲消费潜力影响存在地域区块化特征。不难看出,1999 年东北部地区、2007 年和 2016 年西南部地区住房价格对休闲消费潜力的影响程度较大;1999 年和 2016 年东北部地区、2007 年西部地区少儿抚养比对休闲消费潜力的影响程度较大;1999年和 2016 年北部地区、2007 年西北部地区老年抚养比对休闲消费潜力的影响程度较大。上述现象表明:一方面,受地理位置、区域文化等因素影响,相邻省、自治区和直辖市间社会经济发展环境、城镇居民休闲消费状况及其影响因素间存在诸多相似性;另一方面,省、自治区和直辖市间休闲消费潜力及其影响因素具有明显的邻近效应和空间依赖作用,使得住房价格和人口年龄结构对休闲消费潜力影响呈现区块化的异质特点。

(二)住房价格的影响

住房价格对城镇居民休闲消费潜力空间异质性影响具有一定时序变化特征。1999 年住房价格对城镇居民休闲消费潜力具有正向影响,影响系数的大小大致为由北向南依次递减,然而各省、自治区和直辖市影响系数差距较小;2007 年住房价格对城镇居民休闲消费潜力的影响出现方向上的差异,正向影响表现出由南向北依次递减的规律,负向影响主要出现在北部地区;2016 年住房价格对城镇居民休闲消费潜力的影响转为正向,影响系数大小大致为由北向南依次递减。可以看出,住房价格对休闲消费潜力的空间异质性影响出现一定时序变化,然而稳定的空间影响格局亦在逐步形成。当然,我国各地区房产市场变化及走向依然对城镇居民休闲消费潜力的变化和空间特点具有决定性作用。

（三）人口年龄结构的影响

人口年龄结构对城镇居民休闲消费潜力空间异质性影响同样具有时序变化规律。一方面,在少儿抚养比对休闲消费潜力的影响上,1999 年在省、自治区和直辖市间存在影响方向的差异,半数左右的省、自治区和直辖市影响为正,正向影响大致呈现由东向西依次递减的规律,而负向影响则呈现由南向北递减态势;2007 年各省、自治区和直辖市均具有负向影响,影响大小在空间格局上大致由东北向西南递减;2016 年除西藏自治区和云南省外,其他省、自治区和直辖市均存在正向影响,空间分布上大致呈现由东北向西南递减态势,而西藏和云南负向影响表现微弱。可以看出,近 20 年来少儿抚养比对城镇居民休闲消费潜力的影响方向和程度出现了较为明显的变化,而子女数量增加对休闲消费潜力的拉动作用日渐凸显,因此在充分发挥消费对经济增长基础性作用大背景下,为有效推动居民消费结构的转型升级,生育政策的精准把握成为重要环节。另一方面,在老年抚养比对休闲消费潜力的影响上,1999 年除海南、广东、贵州省和广西壮族自治区外,其他省、自治区和直辖市均存在正向影响,在空间格局上大致呈现由北向南递减趋势;2007 年各省、自治区和直辖市均具有负向影响,空间分布上表现出由东向西递减的规律;2016 年各省、自治区和直辖市均存在正向影响,影响大小由北向南渐次递减。本节分析还发现,人口老龄化在很大程度上影响着城镇居民休闲消费潜力,一个很重要的趋势是,随着我国社会经济的快速发展,老年人口增加对城镇居民休闲消费潜力提升具有较为明显的拉动效应,而如何使这一拉动作用最大化,需要根据各省、自治区和直辖市不同特点因地制宜、区别施策。

第八章 结论、建议与展望

在我国城镇居民休闲消费潜力影响实证研究基础上,本章将就影响因素的空间异质性问题进行深入考察。同时对全书研究结论做归纳总结,进而提出城镇居民休闲消费潜力释放的政策建议,并在审视研究局限性基础上给出下一步研究的方向。

第一节 研 究 结 论

本书在分析我国城镇居民休闲消费演变特征基础上,通过构建休闲消费潜力评价指标体系对城镇居民休闲消费潜力进行了综合测度和时空演化分析。基于对城镇居民休闲消费潜力影响机理的探讨,实证研究了住房价格波动和人口年龄结构变化对城镇居民休闲消费潜力的影响,并进一步考察了城镇居民休闲消费潜力影响因素的空间异质性。主要研究结论如下。

第一,近20年来我国城镇居民休闲消费总量和结构均发生重要变化,并且这些变化呈现出明显的地区差异特征,同时也体现出一定空间相关性的存在。1998—2016年我国城镇居民休闲消费总量整体递增,不过休闲消费增长率逐渐放缓。城镇居民休闲消费结构不断优化,其中,教育文化娱乐、交通通信和医疗保健消费增速较快。从空间差异性来看,交通通信消费的地区差异较大,而医疗保健消费差异较小。从空间相关性来看,教育文化娱乐消费的空间交互作用明显。

第二,休闲消费能力、休闲消费支出和休闲消费环境能够综合反映和评估城镇居民休闲消费潜力。近 20 年来,伴随休闲消费潜力水平不断上升,我国城镇居民休闲消费潜力出现阶段性演进,空间布局发生较大变化,同时类型归属也出现相应调整。实证分析如下。

首先,从上述三个维度的权重变化来看,休闲消费支出在彰显城镇居民休闲消费潜力方面地位更加突出,然而休闲消费环境的重要性也在日益凸显。

其次,城镇居民休闲消费潜力先后经历了潜力初显期、快速提升期和平稳增长期三个阶段。区域比较显示,东部地区处于相对较高水平,中部地区稍显落后但部分省有所提升,西部地区相对较弱。

再次,城镇居民休闲消费潜力等级空间分布不均衡,高水平省、直辖市主要集中在东南沿海和京津冀区域,然而正逐步向其他省、自治区和直辖市扩散,中等水平省、自治区和直辖市渐趋连接成片,部分省、自治区和直辖市始终处于较低水平。最后,城镇居民休闲消费潜力类型归属具有一定连续性和一致性,并且聚类精度逐步提高。

第三,居民收入水平、居民生活成本、家庭固定资产、居民家庭负担和休闲消费意愿是影响城镇居民休闲消费潜力的主要因素。居民收入水平和家庭固定资产能够为城镇居民休闲消费提供物质条件和重要基础,居民生活成本和家庭负担对休闲消费潜力产生多元化和差异化影响,而居民休闲消费意愿在主观层面对休闲消费的规模和结构产生制约作用,进而对休闲消费潜力产生影响。此外,城市休闲消费环境、社会保障制度水平等外部因素间接影响城镇居民休闲消费潜力,城市休闲供给水平作为休闲消费的前提条件,则在很大程度上决定着休闲消费潜力的上限。然而我国现阶段人口政策出现调整,老龄化进程不断加快,教育医疗等社会保障制度日趋健全,在此背景下,住房价格和人口年龄结构成为影响城镇居民休闲消费潜力的关键要素。

住房价格和人口年龄结构影响休闲消费潜力的机制分析认为:住房价格主要通过财富效应、挤出效应和抵押品效应三个渠道对城镇居民休闲消费潜力产生综合影响;人口年龄结构主要基于生命周期假说和家庭储蓄需求模型的微观机制对休闲消费潜力产生影响,以及通过休闲供给、产业结构、经济增长等外部因素间接影响休闲消费潜力。

第四,近20年来我国城镇住房价格持续上涨且地区差异特征明显,人口年龄结构出现重要调整,老龄化和少子化趋势显现,这对城镇居民的休闲消费潜力产生重要影响。全样本回归结果显示,住房价格和老年抚养比正向影响城镇居民休闲消费潜力,而少儿抚养比则具有显著负向影响。分析认为,住房价格对休闲消费潜力表现出明显的财富效应和抵押品效应;老年人口增加有助于促进城镇居民休闲消费潜力的提高;子女数量增加一定程度上对休闲消费潜力产生抑制作用。因此做出如下推断:一方面,若我国老龄化和少子化趋势能够持续,那么城镇居民休闲消费潜力将会进一步提升;另一方面,由于住房价格波动极具敏感性,同时住房价格波动下的城镇居民消费心理有着一定复杂性、差异性和不稳定性,所以住房价格波动对休闲消费潜力的未来影响尚不明朗。但是就当前情况而言,住房价格波动的财富效应较挤出效应体现更为明显。

东、中、西分区域以及泛长三角、泛珠三角、环渤海三大经济区的实证分析结论与全国层面的实证研究结论基本一致。从区域比较结果来看,东部地区老年抚养比、中部地区住房价格和西部地区少儿抚养比的影响系数相对较大;泛长三角经济区少儿抚养比的影响系数较大,而泛珠三角经济区的住房价格和老年抚养比的影响系数相对较大。

第五,我国城镇居民休闲消费潜力存在较为明显的省际空间差异,住房价格和人口年龄结构对城镇居民休闲消费潜力的影响系数具有显著空间异质性。研究发现,城镇居民休闲消费潜力的空间格局呈现如下特点:一是东部尤其是东南沿海地区城镇居民休闲消费潜力处于明显优势地位;二是休闲消费潜力空间格局由竖"川"字形向横"川"字形转变;三是城镇居民休闲消费潜力空间格局变中趋稳。然而从空间分布的方向性上来看,南北走向省、自治区和直辖市城镇居民休闲消费潜力的变化要快于东北—西南走向省、自治区和直辖市。

地理加权回归模型的实证分析结果为住房价格和人口年龄结构对休闲消费潜力影响的空间异质性做了更为全面的呈现。首先,住房价格影响系数的空间异质性。1999 年影响系数为正,系数大小由北向南依次递减,然而各省、自治区和直辖市影响系数差距较小;2007 年影响方向存在差异,正向影响由南向北依次递减,负向影响主要出现在北部地区;2016 年影响系数为正,系数大小由北向南依次递减。其次,少儿抚养比影响系数的空间异质性。1999 年影响方向存在差异,正向影响呈现由东向西依次递减规律,负向影响由南向北递减;2007 年影响系数为负,系数大小由东北向西南递减;2016 年除西藏自治区和云南省外,其他省、自治区和直辖市影响系数均为正,系数大小由东北向西南递减。最后,老年抚养比影响系数的空间异质性。1999 年除海南、广西、广东和贵州省外,其他省、自治区和直辖市均存在正向影响,系数大小在空间格局上呈现由北向南递减趋势;2007 年影响系数为负,系数大小由东向西递减;2016 年影响系数为正,系数大小由北向南渐次递减。

关于上述空间异质性形成的原因,本书分析认为:一是在社会经济相对发达的地区,由于居民绝对支付能力相对较强,因而休闲消费潜力对住房价格上涨的敏感程度相对较弱。二是受消费习惯和"养儿防老"等观念的约束和调节,不同地区在少儿抚养比对城镇居民休闲消费影响方面表现出一定差异性。三是在社会经济相对发达的地区,往往不同年龄层次人群的休闲消费需求相对均衡,因而老年人口增加对休闲消费潜力的影响面不会无限扩大;相反,在社会经济相对欠发达的地区,由于老年人的医疗保健等消费具有一定刚性,老年人口增加对休闲消费潜力的拉动效应相对明显。但是需要指出的是,随着休闲消费在人们生活中地位和重要性的日渐凸显,住房价格和人口年龄结构对休闲消费潜力影响的空间异质程度会相应减小。

第二节 政 策 建 议

基于上述研究结论,本书从强化休闲消费地位和作用、优化休闲消费内部结构、调适住房制度和人口政策、重视区域协同推动等方面提出如下政策建议。

一、重视居民休闲消费的引导,做好休闲消费统计工作

(一)重视居民休闲消费的引导

工作和休闲是人类两种重要的生活方式,基本涵盖了个体生命的全部意义。然而从某种意义上讲,休闲又可以看作是工作的终极指向和目标,因此休闲在个体生命全面发展中占据无比重要的地位。同时,消费是休闲活动的重要属性之一,很多休闲活动都带有消费的性质,因而消费性休闲成为人们休闲活动的主要选择。从国家层面而言,随着我国社会经济改革和发展的不断深入,消费在经济增长中的地位和作用日益凸显,尤其是居民消费需求亟须进一步激发,以持续拉动国民经济的快速发展。本书研究发现,近20年来居民休闲消费得到极大提升,居民消费结构甚至是休闲消费结构的转型升级已成为必然趋势,因此对于居民休闲消费

的引领和指导显得尤为迫切和必要。本书认为如下几点需予以关注。

首先,科学明晰休闲消费支出内容,充分理解休闲消费潜力内涵,理性认识休闲消费潜力全面释放问题。居民休闲消费涉及层面较广,需要从宏观、中观和微观多重角度去审视和解读。

其次,可以在现有城镇居民消费统计数据基础上,剥离休闲消费支出内容,深度分析城镇居民休闲消费实际情况,调整和优化休闲供给结构,以期与居民休闲消费需求形成良好匹配。

最后,休闲消费潜力释放更多地仍要回归到城镇居民休闲消费行为这一根本出发点上,这就需要仔细揣摩居民休闲消费的需要和动机,认真研究居民休闲消费显在行为的变化和趋势。建议将居民休闲消费调查纳入统计工作计划,开展居民休闲消费的入户微观调查,并使之常态化。

（二）注重休闲消费的重点引领

从休闲消费涉及的主要内容来看,以下三个方面需要做好重点引领。

1. 文化娱乐消费

从学理层面来说,休闲与文化存在某种必然的联系,休闲之于个人的目的意义与文化活动内容形成良好契合。从实践层面来讲,西方社会更多地将休闲与文化纳入同一范畴,而我国也越来越重视它们之间的密切关系,旅游休闲与文化的融合发展即是很好的例证。因此可以说,文化休闲是居民休闲消费的核心内容,政府应结合地区发展实际和文化现状,在产业规划、营销宣传、政策保障等方面将其作为重点工作来抓。需要指出的是,娱乐文化是社会文化的重要内容,娱乐消费也是居民休闲消费的主要方面。然而现阶段,我国社会悄然出现泛娱乐化甚至是过度娱乐化的倾向,这对社会经济发展带来双向影响,需要从文化精神层面做出恰当而合理的指引,使之真正满足居民休闲需求进而对社会经济发展发挥有效拉动作用。

2. 教育培训消费

教育消费主要是指居民对于教育服务及产品的费用支出,与一般性商品及服务消费具有不尽一致的特性,它更多地是为了满足人们精神和发展的需要。一般认为,人们的衣食等基本型需求得到满足后,享受型和发展型需求上升到更加重要的地位,其中教育消费成为居民休闲消费的重要内容。这是因为,一方面,伴随居民收入水平的不断提高,教育消费等发展型需求越来越受到人们的重视;另一方面,现时代社会和市场竞争渐趋激烈,终身学习和人力资本的持续投资已成趋势。当前,除了政府增加教育投入、学校扩大招生规模以刺激居民教育消费外,社会各类教育培训的潮流日盛。需要提醒的是,政府应在这一方面加以管控和引导,保障教育培训的规范有效,从而避免和杜绝教育培训的盲目性。

3. 医疗保健消费

本书分析发现,我国城镇居民的医疗保健消费增长迅速,是休闲消费不可忽视的重要方面。居民医疗保健消费的主要内容包括治病就医花费和养生保健消费,其中治病就医花费具有一定刚性,它对居民休闲其他消费具有一定"挤出效应",因此对于医疗保健消费的引导更应侧重养生保健等健康消费内容。阿里巴巴《2017 年国民健康消费趋势报告》显示,2017 年居民健康消费超过美容消费和服装消费,较上年增长 54%,并且女性健康消费增长明显,年轻人是消费主体。因此,政府和产业界需要结合大数据统计分析,采取有效且具针对性的措施切实激发和满足居民医疗保健的消费需求。

此外,加强居民休闲消费的引导,还要不断完善居民休闲消费环境,培养居民休闲消费的理念和习惯,营造消费者想消费、敢消费的市场氛围,进一步提高居民休闲消费的积极性,从而实现休闲消费需求的持续扩大。

二、加强全方位休闲建设，有力提升居民休闲消费潜力

（一）休闲产业建设

本书研究认为，影响城镇居民休闲消费潜力的因素主要有收入水平、生活成本、家庭财富、消费环境和消费意愿等。确保国民经济发展的良好势头以及居民收入的持续增加是提升居民休闲消费潜力的基础和前提，而休闲产业的大力发展和产业结构的优化升级则是实现国民经济发展目标的必要举措。因此，财政、货币、金融与产业政策等应当为休闲相关产业发展提供支持，努力促成产业结构与消费结构升级的良性互动。

1. 传统休闲产业

目前，休闲产业的类型和范畴在国内外并没有严格的界定和划分，但是从各国发展实践和统计规则方面可以大致梳理出休闲产业所涵盖的基本内容。比如：联合国统计委员会、北美产业分类系统（North American Industry Classification System，NAICS）均将艺术、娱乐和游憩作为单独的产业门类；澳大利亚国家统计局制定了专业的文化与休闲分类标准，其中包括遗产、艺术、运动体育休闲、其他文化和休闲四个部门；英国经济活动标准产业分类涉及住宿和餐饮、信息和通信、管理和支持服务、艺术娱乐和游憩等相关类别。综合来看，传统上休闲产业大致包含艺术、娱乐、文化、体育、博彩、住宿、餐饮、交通、购物、信息、会展、游憩等产业门类[①]。政府应针对上述产业门类，做好战略规划，突出发展重点，进而实现产业结构的调整和优化。

2. 新兴休闲产业

近年来，伴随社会变迁、科技发展以及居民生活的重大变化，新兴产业层出不穷，其中不乏与休闲产业相关的诸多内容。在未来很长一

---

① 李丽梅.中国休闲产业发展评价、结构与效率研究[D].上海：华东师范大学，2018.

段时间,除了云计算、大数据、虚拟现实(Virtual Reality,VR)、人工智能
(Artificial Intelligence,AI)、无人技术、机器人、新能源、新材料、生命技术
与生命科学外,医疗服务、医疗器材、互联网医疗、健康养老、体育、教育、
文化娱乐等休闲产业也将是我国极具潜力的重点新兴产业①。根据《国务
院关于加快培育和发展战略性新兴产业的决定》(国发〔2010〕32 号)的要
求,《战略性新兴产业分类(2018)》针对新一代信息技术产业、高端装备制
造产业、新材料产业、生物产业、新能源汽车产业、新能源产业、节能环保
产业、数字创意产业、相关服务业 9 大领域进行了详细分类,其中数字创
意产业和相关服务业中包含了诸多休闲产业的类别。因此,各地区不仅
应高度重视国家战略性新兴产业中休闲门类的发展,也应该重点发展消
费需求旺盛的新兴休闲产业。

3. 休闲新型业态

伴随社会经济快速发展,人们生活水平持续登上新台阶,"享乐主义"
逐渐成为时代主流,新兴文化娱乐休闲业态不断涌现②。当前社会,传统
商业发展出现"百货购物中心化、购物中心娱乐化、品牌主题生活化"的趋
势,传统业态积极融入文化元素和休闲娱乐的理念,进而演化成休闲新型
业态。比如,融入休闲元素的复合书店、演艺文化与休闲娱乐综合广场、
特色影院、主题夜市等的出现广受消费者的欢迎和青睐。因此,休闲市场
应及时把握消费文化和理念的变化,创新休闲产品与服务的内容和方式,
从而满足消费者多元化的休闲需求。

(二)休闲设施的供给和休闲环境的营造

开展全方位的休闲建设也离不开公共休闲设施的供给和休闲环境的

---

① 信中利.未来 10 年,中国很赚钱的 17 个新兴产业[EB/OL].(2018 - 08 - 29). https://baijiahao.
baidu.com/s? id=16100921334607923308&wfr=spider&for=pc.
② 中国网地产.新兴娱乐休闲业态迎来爆发,最高规模可达万亿[EB/OL].(2017 - 04 - 10).http://
house.china.com.cn/daqing/view/904643.htm.

营造。政府需要加大公共基础休闲设施的建设力度,使居民充分享受新时代美好生活的社会福利,进而养成居民休闲的行为习惯,以培育全社会休闲的良好氛围。要多样化提供公共休闲设施条件,大力创设居民休闲的行为基础。首先,在公共休闲设施建设方面,要补充和完善供居民休闲游憩的图书馆、博物馆、档案馆、科技馆、体育场馆和俱乐部等基础设施。其次,在城市生态环境建设方面,要注重城市公园、动植物园、自然保护区等的建设和保护。最后,在文化设施建设和休闲文化环境营造方面,重点关注演艺剧场、节庆活动、历史遗迹和遗址、游乐园和主题公园、乡村俱乐部等的规划设计和开发建设。

三、有效利用房地产价格工具,妥善处理住房与休闲消费关系

住房价格波动对居民休闲消费潜力具有正向影响,房价的财富效应和抵押品效应相对明显。尽管如此,住房价格对休闲消费潜力的影响仍然表现出一定时空异质性。因此,需要有效发挥住房价格这一杠杆工具,协调好住房消费与休闲消费的关系,促进居民休闲消费的良性增长,进而释放居民休闲消费潜力。

(一)合理引导居民住房消费,避免对休闲消费需求的过度挤压

一方面,要树立居民恰当的住房消费理念。鼓励无房者通过信贷消费来计划性购房,以此释放居民休闲消费;鼓励有房者通过抵押贷款方式获取流动性资金,为发挥房价上涨的财富作用创造有利条件。另一方面,要适时调整房地产政策,规避房价过快上涨对居民休闲消费的负面影响。可以鼓励小户型住房消费,适当限制大户型住房需求,为居民休闲消费留出更大空间。采用税收等手段区别对待居民购房需求,限制投机性购房行为,淡化房地产的资本品属性,从而引导居民转向休闲消费。

（二）运用多元化政策机制，充分发挥住房财富效应

一是在货币政策方面，有效利用利率对住房价格的调节作用，防止住房价格的过度上涨。二是在财政政策方面，通过调控政府财政支出和运用房产税手段稳定房价。三是在金融政策方面，不断完善住房金融市场，丰富住房权益变现工具，增强住房资产收益的可获得性。适当增加信贷规模，减小流动性约束程度，进而发挥住房财富变化对休闲消费的促进作用。此外，还应加强经济型住房、保障性住房等的建设和落实，在保证我国房地产市场活跃前提下，实现居民消费结构的合理化，并进而推动居民向休闲消费为主的转型升级。

（三）房地产政策应因地制宜、区别对待

本书研究发现，房价上涨对于居民休闲消费潜力的影响呈现一定地区差异性。北部、西部等省、自治区和直辖市财富效应体现比较明显，因此应该加强对居民休闲消费的引导和激励。相对而言，东部、南部等发达区域房价上涨一定程度上反映居民生活成本的增加，这对居民休闲消费产生挤出作用，因此调控房价显得尤为重要。住房价格对居民休闲消费潜力的影响存在地区差异性，所以应根据不同地区的实际情况，区别对待、分地区施策。

需要指出的是，尽管住房价格上涨能够带来明显的财富效应，但是上涨过快的同时也会使得住房对休闲消费影响的"挤出效应"愈加突出，从而不利于居民休闲消费潜力的进一步释放。本书研究还发现，居民收入水平是影响休闲消费潜力的关键因素，确保居民可支配收入的稳步提升，缩小居民收入分配的差距，同时关注住房价格波动带来的财富变化，才是释放居民休闲消费潜力的长效机制。

四、采取恰当人口生育政策，高度重视人口老龄化问题

当前我国人口年龄结构正朝着"少子化"和"老龄化"的趋势发展，"人

口红利"在国民经济增长中的关键作用正在逐渐压缩,我国经济进入由高速发展向中高速发展转变的新常态。因此,扩大居民休闲消费需求,切实发挥消费在经济增长中的基础性作用,成为新时代我国经济社会持续发展的重要战略选择。

(一)采取恰当生育政策,平衡生育率提高和休闲消费扩大的关系

本书研究发现,少儿人口增加对居民休闲消费产生一定抑制作用,因此从发展消费角度来讲,生育率的提高更多地给居民休闲消费带来不利影响。然而生育率降低倾向的严重化,社会人力资本的长期匮乏,又会削弱经济增长的核心动能。因此,建议维持目前"全面二孩"生育政策。这是因为,一方面它在一定程度上使得社会生育人口有所增加,另一方面受社会文化环境和生活方式变迁的影响,人口增长速率将会维持在相对合理的范围。

自"单独二孩"到"全面二孩"政策实施以来,我国少儿抚养比并未出现明显提升,由 2013 年的 22.2% 提高到 2017 年的 23.4%,近五年少儿抚养比仅提升 1.2 个百分点。但是,少儿人口增加对于居民休闲消费的抑制作用仍然需要得以充分重视。为降低这种"挤出效应",需要做到:一是要有效增强居民休闲消费的信心,实现经济成功转型以维持良好发展势头,进而持续增加居民可支配收入;二是要制定并实施休闲发展相关政策,加强公共休闲供给,优化休闲产业结构;三是要着力发展儿童休闲市场和教育消费,积极创新儿童休闲产品及服务,大力引领儿童休闲消费需求。

(二)充分认识人口老龄化问题,精心开发老年休闲消费市场

近 20 年间,我国老年抚养比由 1998 年的 9.9% 上涨到 2017 年的 15.9%,增加了 6.6 个百分点。在未来,我国老年人口的数量还将大大增加,人口老龄化进程将加速推进。然而,我国当前的人均收入水平依然较低,正面临"未富先老"的困境。不过,人口老龄化将直接导致国内市场需

求的转型,老年人口数量增加意味着对养老设施、养老服务需求的增加,大力发展老龄产业,提高老年人的消费能力,通过"银发经济"形成新的消费增长点,成为未来我国社会经济发展面临的重要课题。

应对人口老龄化趋势,发展老年休闲消费,需要注意以下问题:一是要充分重视对老年人口的抚养和赡养,确保衣食住行等基本需求的满足;二是客观看待老年医疗保健消费需求,提供充足的基本医疗保障,适当减少刚性医疗消费,大力促进老年健康消费;三是要积极发展老年休闲产业,培育新兴消费市场,比如老年照料与护理、老年教育、银发旅游休闲等。

（三）扩大社会保险覆盖面,不断提高社会保障水平

生育、养老、医疗等社会保险的全面覆盖,有利于切实解决居民休闲消费需求满足的"后顾之忧"。社会保障支出的扩大,可以增加政府支出和促进政府消费,也可以降低预防性储蓄进而促进居民消费。因此,从扩大居民休闲消费需求的角度来看,结合我国人口结构的实际情况,配合人口政策的调整和完善,建设完备的社会保障体系以发挥稳定器功能,能够有力提升居民休闲消费意愿,增强居民休闲消费信心,也能够改善居民的休闲消费预期。

五、客观审视地区差异性,全力推进区域间协调发展

毋庸置疑,城镇居民休闲消费潜力存在显著的地区差异特征,同时住房价格和人口年龄结构对休闲消费潜力影响亦存在明显的空间作用,也就是说,居民休闲消费潜力受到来自相邻或其他地区住房价格和人口年龄结构的影响。因此,各地区在政策实施方面需要加强沟通、协调合作,方能取得更大成效。

一方面,加强区域一体化发展,强化对居民休闲消费的考量。目前我

国已形成京津冀、渤海湾、长三角、珠三角、粤港澳等经济圈,区域经济一体化发展非常有效,并且未来区域协调发展仍然具有明显趋势。长江中游城市群、哈长城市群、成渝城市群、长江三角洲城市群、中原城市群、北部湾城市群等发展规划的相继落地,即是很好的例证。但是需要强调的是,在城市群规划建设和区域合作一体化发展过程中,在国家消费促进和结构转型背景下,居民休闲消费的协调互动应纳入考量并形成实效。

另一方面,在制定房地产政策、社会保障制度以及落实人口政策、城镇化发展规划中,要实现地区间的沟通和协调、借鉴和参考。在居民休闲消费潜力的释放方面,住房政策、人口政策以及城市休闲供给、产业规划等均能够起到关键作用,然而也应该看到,地区之间的政策效果存在某种程度上的相互促进甚或抑制作用,这就需要地区间在政策制定前加强沟通,政策实施中加强协调,实现区域一体化发展,以此共同促进居民消费结构的转型升级和地区经济的持续增长。

第三节　研究不足与展望

本书主要采集省(自治区、直辖市)级面板数据对城镇居民休闲消费潜力进行综合测度,进而研究住房价格和人口年龄结构的影响效应及其空间异质性,研究上仍然存在不足之处:首先,在数据使用方面,本书采集的是宏观面板数据,主要使用公开出版的统计资料进行研究。由于缺乏个体微观数据,无法对居民进行细化考察,因此具有一定局限。其次,实证研究设计方面,本书主要考察住房价格和人口年龄结构对城镇居民休闲消费潜力的影响。影响居民休闲消费潜力的因素可能很多,并且它们之间存在较为复杂的关系,然而限于研究能力和研究条件,本书基于消费函数理论并侧重于现有消费研究成果构造实证研究框架,在研究深度上仍有很大提升空间。最后，在研究手段使用精确性方面，由于本书研究单位为省（自治区、直辖市）域，因而研究对象数量受到一定局限。在城镇居民休闲消费潜力影响的空间异质性分析中，样本量显得有些不足，这在一定程度上影响到研究结果的精确性。

结合休闲消费研究现状及以上研究不足，未来可在如下方面做拓展性研究。

第一，遵循本书现有研究逻辑，灵活改变研究设计，进行研究结论的进一步检验。一是尝试扩展研究范畴和缩小研究单位，比如可以地级市为对象研究城镇居民休闲消费潜力及影响因素，同时考察其时空异质性。二是进行城乡居民休闲消费潜力的比较研究。由于我国城乡二元结构极为明显，城镇化进程推动较快，同时受收入水平、经济结构和社会文化的多重影响，城乡居民休闲消费潜力必然存在较大差别，因此城乡比较也是具有重要意义的研究议题。三是进行城镇居民休闲消费潜力分群组研究。我国城镇居民收入差距相对较大，社会分层现象比较明显，不同群体、不同组别居民在休闲消费意愿、水平和习惯等方面必然存在一定差别，分群组的细化研究对于城镇居民休闲消费潜力释放具有重要价值。

第二，尝试开展居民休闲消费行为的微观研究，以此深入考察居民休闲消费潜力释放问题。可以考虑从以下两个方面展开：一是进行典型区域或城市居民休闲消费的调查，仔细揣摩城镇居民休闲消费的需要和动机，认真研究城镇居民休闲消费显在行为的变化和趋势；二是利用现有微观数据库，比如：中国综合社会调查数据（CGSS）、中国家庭追踪调查数据（CFPS）、中国健康与养老追踪调查（CHARLS）、中国劳动力动态调查数据（CLDS）、中国家庭金融调查数据（CHFS）、中国社会状况综合调查数据（CSS）、中国城镇住户调查数据（UHS）等研究居民休闲消费问题。

第三，在住房价格和人口年龄结构对城镇居民休闲消费潜力影响的后续研究,甚或其他视角切入的休闲消费潜力研究中,要充分重视社会文化传统和个体文化特质等对居民休闲消费行为的影响,研究思路的设计和计量模型的构建考虑加入反映此方面的变量,也是今后研究需要重点关注的方向和内容。

参考文献

［1］ Aall C. Energy Use and Leisure Consumption in Norway：An Analysis and Reduction Strategy［J］. Journal of Sustainable Tourism，2011，19（6）：729－745.

［2］ Anselin luc. Spatial Economitrics：Methods and Model［M］. Boston：Kluwer Academic，1988.

［3］ Aronsson T，Johansson-Stenman O. Conspicuous Leisure：Optimal Income Taxation When Both Relative Consumption and Relative Leisure Matter［J］. Scandinavian Journal of Economic，2013，115(1)：155－175.

［4］ Arrow K J，Dasgupta P S. Conspicuous Consumption，Inconspicuous Leisure［J］. Economic Journal，2009，119(541)：F497－F516.

［5］ Baranano I，Moral M P. Consumption-Leisure Trade-Offs and Persistency in Business Cycles［J］. Bulletin of Economic Research，2013，65(3)：280－298.

［6］ Becker G S. A Theory of the Allocation of Time［J］. Economic Journal，1965，75(3)：493－517.

［7］ Bilancini E，D'Alessandro S. Long-Run Welfare under Externalities in Consumption，Leisure，and Production：A Case For Happy Degrowth Vs. Unhappy Growth［J］. Ecological Economics，2012，84(6)：194－205.

［8］ Bloom D E，Canning D，Mansfield R K，et al. Demographic Change，Social Security Systems，and Savings［J］. Journal of Monetary Economics，2007，1：92－114.

［9］ Boadway R，Gahvari F. Optimal Taxation with Consumption Time As a Leisure or Labor Substitute［J］. Journal of Public Economics，2006，90(10－11)：1851－1878.

［10］ Brunsdon C，Fotheringham A S，Charlton M. Geographically Weighted Regression：a Method for Exploring Spatial Nonstationarity［J］. Geographical

Analysis，1996，28：281 - 298.

[11] Calomiris C，Longhofer S D，Miles M. The (Mythical?) Housing Wealth Effect
[R]. NBER Working Paper，Cambridge，2009：15075.

[12] Campbell J，Cocco J. How Do House Prices Affect Consumption? Evidence from
Micro Data[J]. Journal of Monetary Economics，2007，54：591 - 621.

[13] Carroll C D，Otsuka M，Slacalek J. How Large is the Housing Wealth Effect? A
New Approach[M]. New York：Social Science Electronic Publishing，2006.

[14] Celsi R L，Rose R L，Leigh T W. An Exploration of High-Risk Leisure
Consumption through Skydiving[J]. Journal of Consumer Research，1993，
20(1)：1 - 23.

[15] Cho Kwang-ick. Mode of Leisure Consumption and Cultural Capital：Bourdieu's
Cultural Theory[J]. Journal of Tourism Sciences，2006，30(1)：379 - 401.

[16] Cho Kwang-ick，Doh Kyung-Rok. Relationship between Leisure Consumption
and Cultural Capital—"Distinction" Based on Sports Activities in Korea[J].
Korean Journal of Tourism Research，2010，25(5)：291 - 314.

[17] Choi K J，Shim G，Shin Y H. Optimal Portfolio，Consumption-Leisure and
Retirement Choice Problem with CES Utility[J]. Mathematical Finance，2008，
18(3)：445 - 472.

[18] Choi Young-rae，Lee Jae-hee. The Effects of Consciousness of Social Position
and Dignity of Participants in Leisure Sports on Conspicuous Leisure
Consumption[J]. The Korean Journal of Physical Education，2011，50(4)：1 - 11.

[19] Cutler D M，Poterba J M，Sheiner L M，et al. An Aging Societ：Opportunity or
Challenge? [J]. Brookings Papers on Economic Activity，1990，1：1 - 73.

[20] Dane G，Arentze T A，Timmermans H J P，et al. Simultaneous Modeling of
Individuals' Duration and Expenditure Decisions in Out-Of-Home Leisure
Activities[J]. Transportation Research Part A-Policy and Practice，2014，
10(3)：93 - 103.

[21] Deaton A，Blinder A. The Time Series Consumption Function Revisited[J].
Brookings Papers on Economic Activity，1985，2：465 - 521.

[22] Deaton A，Campbell J Y. Why is Consumption So Smooth? [J]. Review of
Economics Studies，1989，56：357 - 374.

[23] Deaton A. Life-Cycle Models of Consumption：Is the Evidence Consistent With
the Theory? [J]. In Bewley T (Ed.). Advances in Econometrics (Vol. II)[C].

North-Holland: Amsterdam, 1987.

[24] Drake L. Nonparametric Demand Analysis of UK Personal Sector Decisions on Consumption, Leisure, and Monetary Assets: A Reappraisal[J]. Review of Economics and Statistics, 1997, 79(4): 679 - 683.

[25] Duernecker G. To Begrudge or Not To Begrudge: Consumption and Leisure Externalities Revisited[J]. Applied Economics Letters, 2008, 15(4): 245 - 252.

[26] Eichenbaum M S, Hansen L P, Singleton K J. A Time Series Analysis of Representative Agent Models of Consumption and Leisure Choice under Uncertainty[J]. Quarterly Journal of Economics, 1988, 103(1): 51 - 78.

[27] Emilio Casetti. Generating models by the Expansion Method: Application to Geographical Research[J]. Geographical Analysis, 1972, 4: 81 - 91.

[28] Escobar-Posada R A, Monteiro G. Optimal Tax Policy in the Presence of Productive, Consumption, and Leisure Externalities[J]. Economic Letters, 2017, 152: 62 - 65.

[29] Fernandez E, Novales A, Ruiz J. Indeterminacy under Non-Separability of Public Consumption and Leisure in the Utility Function[J]. Economic Modelling, 2004, 21(3): 409 - 428.

[30] Fleischer A, Rivlin J. More or Better? Quantity and Quality Issues in Tourism Consumption[J]. Journal of Travel Research, 2009, 47(3): 285 - 294.

[31] Fortheringham A S, Brunsdon C, Charlton M. Geographically Weighted Regression: A Natural Evolution of the Expansion Method for Spatial Data Analysis[J]. Environment And Planning A, 1998, 30(11): 1905 - 1927.

[32] Frensch R. Tariffs in Monopolistic Competition Models with Leisure-Consumption Trade-Off[J]. Economics Letters, 2002, 77(2): 255 - 263.

[33] Gomez M A. Consumption and Leisure Externalities, Economic Growth and Equilibrium Efficiency[J]. Scottish Journal of Political Economy, 2008, 55(2): 227 - 249.

[34] Grzeskowiak S, Lee D J, Yu G B, et al. How Do Consumers Perceive the Quality-of-Life Impact of Durable Goods? A Consumer Well-Being Model Based on the Consumption Life Cycle[J]. Applied Research in Quality of Life, 2014, 9(3):683 - 709.

[35] Han Beom-Soo. A Study on the Polarization of Leisure Consumption in Korea [J]. Journal of Tourism Sciences, 2011, 35(9): 53 - 72.

[36] Han Beom-Soo. Differentiation between Social Class Leisure Consumption in Korea: By Focusing on Art and Culture[J]. Journal of Tourism Sciences, 2011, 35(10): 181 - 199.

[37] Han Kyo-nam, Han Beom-Soo. Changes in Distinction of Leisure Consumption between Social Classes[J]. Journal of Tourism Sciences, 2012, 36(9): 197 - 219.

[38] Hjertstrand P, Swofford J L, Whitney G A. Mixed Integer Programming Revealed Preference Tests of Utility Maximization and Weak Separability of Consumption, Leisure, and Money[J]. Journal of Money Credit and Banking, 2016, 48(7): 1547 - 1561.

[39] Huan T-C, Beaman J, Kozak M. Issues in Modeling Repeat Leisure Consumption Markov Modeling Examples[J]. Loisir et société/Society and Leisure, 2003, 26(1): 183 - 207.

[40] Huang L, Shi H L. Keeping up with the Joneses: From Conspicuous Consumption to Conspicuous Leisure? [J]. Oxford Economic Papers-New Series, 2015, 67(4): 949 - 962.

[41] Huh Kyungok, Cha Kyung-Wook, Yoo Soohyun. Structural Analysis of Time and Money Attitudes, Leisure Consumption Behavior and Leisure Satisfaction [J]. Journal of Korean Family Resource Management Association, 2015, 19(2): 127 - 148.

[42] Iacoviello M. Housing Wealth and Consumption [R]. Washington: Federal Reserve Board International Finance Discussion, 2012.

[43] Iacoviello M. The Credit Channel of Monetary Policy [J]. Journal of Macroeconomics. 2008, 72(1): 69 - 76.

[44] Jacobs K. Consumption-Leisure Nonseparabilities in Asset Market Participants' Preferences[J]. Journal of Monetary Economics, 2007, 54(7): 2131 - 2138.

[45] Kates S M. The Protean Quality of Subcultural Consumption: An Ethnographic Account of Gay Consumers[J]. Journal of Consumer Research, 2002, 29(3): 383 - 399.

[46] Kiley M T. Habit Persistence, Nonseparability between Consumption and Leisure, or Rule-of-Thumb Consumers: Which Accounts for the Predictability of Consumption Growth? [J]. Review of Economics & Statistics, 2010, 92(3): 679 - 683.

[47] Kilponen J. Consumption, Leisure and Borrowing Constraints[J]. The B. E.

Journal of Macroeconomics, 2012, 12(1): 1 - 25.

[48] Kim D, Jang S. Symbolic Consumption in Upscale Cafes: Examining Korean Gen Y Consumers' Materialism, Conformity, Conspicuous Tendencies, and Functional Qualities[J]. Journal of Hospitality & Tourism Research, 2017, 41(2):154 - 179.

[49] Kim Yeong-suk, Park Sun-mee. The Analysis of Leisure Consumption Life Trend and the Policy Plan -For Results of Leisure Study (1995—2004)[J]. Consumer Policy and Education Review, 2005, 1(1): 63 - 93.

[50] Ko Jongbo, Han Beom-Soo. A Study on the Effects of Materialism and Face on Outdoor Leisure Consumption[J]. Journal of Tourism Sciences, 2013, 37(5): 197 - 218.

[51] Koskievic J M. An Intertemporal Consumption-Leisure Model with Non-Expected Utility[J]. Economics Letters, 1999, 64(3): 285 - 289.

[52] Kuang C. Does Quality Matter In Local Consumption Amenities? An Empirical Investigation with Yelp[J]. Journal of Urban Economics, 2017, 100: 1 - 18.

[53] Lee S, Manthiou A, Jeong M. et al. Does Consumers' Feeling Affect Their Quality of Life? Roles of Consumption Emotion and Its Consequences[J]. International Journal of Tourism Research, 2015, 17(4): 409 - 416.

[54] Lenartowicz M. Family Leisure Consumption and Youth Sport Socialization in Post-Communist Poland: A Perspective Based On Bourdieu's Class Theory[J]. International Review for the Sociology of Sport, 2016, 51(2): 219 - 237.

[55] Lipovcan L K, Brkljacic T, Tadic M. Tobacco Consumption, Alcohol Intake Frequency And Quality Of Life: Results from A Nationally Representative Croatian Sample Study[J]. Drustvena Istrazivanja, 2013, 22(4): 627 - 649.

[56] Maitra P. Is Consumption Smooth at The Cost Of Volatile Leisure? An Investigation of Rural India[J]. Applied Economics, 2001, 33(6): 727 - 734.

[57] Mao H, Ostaszewski K M, Wang Y L. Optimal Retirement Age, Leisure and Consumption[J]. Economic Modelling, 2014, 43: 458 - 464.

[58] Matheny K J. Non-Neutral Responses to Money Supply Shocks When Consumption and Leisure Are Pareto Substitutes[J]. Economic Theory, 1998, 11(2): 379 - 402.

[59] Modigliani F, Brumberg R. Utility Analysis and the Consumption Function: An Interpretation of the Cross-section Data[M]// Kenneth, K. K. Post-Keynesian

Economics. New Brunswick,NJ: Rutgers University Press, 1954.

［60］ Nyman J A. Measurement of QALYS and The Welfare Implications of Survivor Consumption and Leisure Forgone[J]. Health Economics, 2011, 20(1): 56-67.

［61］ Park Eun-aha, Ju Kyung-mee. A Study of the Club Leisure Consumption Experiences[J]. The Korean Journal of Consumer and Advertising Psychology, 2006, 7(1): 23-45.

［62］ Park Min-gyu, Park Soon-hee. A Study on the Leisure Consumption of Korean Female University Students[J]. Journal of Leisure Studies, 2008, 6(2): 83-107.

［63］ Park SooJung. An Exploration of Types of Leisure Consumption of Workers[J]. Journal of Leisure Studies, 2018, 16(2): 67-97.

［64］ Park Suk-Hee. Effects of Cultural Capital on Leisure Consumption[J]. Journal of Tourism Sciences, 2006, 30(6): 241-258.

［65］ Patterson K D. A non-parametric analysis of personal sector decisions on consumption, liquid assets and leisure[J]. Economic Journal, 1991, 101(4): 1103-1116.

［66］ Pawlowski T, Breuer C. Expenditure Elasticities of the Demand for Leisure Services[J]. Applied Economics, 2012, 44(26): 3461-3477.

［67］ Perry S L. From Bad to Worse? Pornography Consumption, Spousal Religiosity, Gender, and Marital Quality[J]. Sociological Forum, 2016, 31(2): 441-464.

［68］ Phelan C. Incentives, Insurance, and the Variability of Consumption and Leisure [J]. Journal of Economic Dynamics & Control, 1994, 18(3-4): 581-599.

［69］ Pritchard A, Kharouf H. Leisure Consumption in Cricket: Devising a Model to Contrast Forms and Time Preferences[J]. Leisure Studies, 2016, 35(4): 438-453.

［70］ Ram R. Dependency Rates and Aggregate Savings: a New International Cross-section Study[J]. American Economic Review, 1982, 3: 537-544.

［71］ Ropke I. Work, Leisure, and the Environment, The Vicious Circle of Overwork and Over Consumption[J]. Ecological Economics, 2007, 65(1): 202-203.

［72］ Seckin A. Consumption-leisure Choice with Habit Formation[J]. Economics Letters, 2001, 70(1): 115-120.

［73］ Shen X S, Yarnal C. Blowing Open the Serious Leisure-Casual Leisure Dichotomy: What's in There? [J]. Leisure Sciences, 2010, 32(2): 162-179.

［74］ Sohn Young Mi. The Effect of Leisure Lifestyle on Leisure Consumption and Psychological Characteristics among University Students[J]. Korean Journal of lesure & recreation，2011，35(2)：33 - 48.

［75］ Stebbins R A. Project-Based Leisure：Theoretical Neglect of a Common Use of Free Time［J］. Leisure Studies，2005，24(1)：1 - 11.

［76］ Stebbins R A. Right Leisure：Serious，Casual，or Project-Based？［J］. NeuroRehabilitation，2008，23(4)：335 - 341.

［77］ Stebbins R A. Serious Leisure［J］. Society，2001，38(4)：52 - 57.

［78］ Stebbins R A. Serious Leisure：A Conceptual Statement［J］. Pacific Sociological Review，1982，25(2)：251 - 272.

［79］ Swofford J L，Whitney G A. A Comparison of Nonparametric Tests of Weak Separability for Annual and Quarterly Data on Consumption，Leisure，and Money［J］. Journal of Business & Economic Statistics，1988，6(2)：241 - 246.

［80］ Swofford J L，Whitney G A. Nonparametric-Tests of Utility Maximization and Weak Separability for Consumption，Leisure and Money［J］. Review of Economics and Statistics，1987，69(3)：458 - 464.

［81］ Tiia Kekäläinen，Terhi-Anna W，Katja K. Leisure Consumption and well-Being among Older Adults：Does Age or Life Situation Matter？［J］. Applied Research in Quality of Life，2017，12(3)：671 - 691.

［82］ Tobler W A. Computer Movie Simulation Urban Growth in the Detroit Region ［J］. Economic Geography，1970，2：234 - 240.

［83］ Warde A，Tampubolon G. Social Capital，Networks and Leisure Consumption ［J］. Socialogical Review，2002，50(2)：155 - 180.

［84］ Weagley R O，Huh E. The Impact of Retirement on Household Leisure Expenditures［J］. Journal of Consumer Affairs，2004，38(2)：262 - 281.

［85］ Weil D N. Population Growth，Dependency，and Consumption［J］. American Economic Review，1999，89：251 - 255.

［86］ Won hyungjoong，Ha Jiyoun. A Relationship Study on Lifestyle and Leisure Consumption Pattern Types as Reflected by Employed Korean Women［J］. Journal of Sport and Leisure Studies，2005，25：601 - 611.

［87］ Xiong L Y，Liu G，Jiang S. Competition with Variety Seeking and Habitual Consumption：Price Commitment or Quality Commitment？［J］. Mathematical Problems in Engineering，2017，(3)：1 - 14.

［88］ 丹尼尔·米勒.消费：疯狂还是理智［M］.张松萍,译.北京：经济科学出版社,2013.

［89］ 安格斯·迪顿,约翰·米尔鲍尔.经济学与消费者行为［M］.龚志民,等,译.北京：

中国人民大学出版社,2015.

[90] 贝克尔.人类行为的经济分析[M].王业宇,陈琪,译.上海：格致出版社,2015.

[91] 陈斌开.收入分配与中国居民消费——理论和基于中国的实证研究[J].南开经济研究,2012,28(1)：33－49.

[92] 陈波,刘春玉.中国城乡居民社会分层、消费特征与促动内需[M].上海：上海财经大学出版社,2015.

[93] 陈波.居民消费需求拉动中国经济增长的有效性分析[J].社会科学,2014,36(7)：53－64.

[94] 陈灿平,刘梅,张国峰.居民收入增长、金融资产发展与国内旅游消费的动态关系[J].财经科学,2011,55(9)：25－31.

[95] 陈广,顾江,水心勇.农村地区人口结构对居民文化消费的影响研究——基于省际面板数据的实证研究[J].农村经济,2016,34(1)：75－80.

[96] 陈建宝,李坤明.收入分配、人口结构与消费结构：理论与实证研究[J].上海经济研究,2013,25(4)：74－87.

[97] 陈健,陈杰,高波.信贷约束、房价与居民消费率——基于面板门槛模型的研究[J].金融研究,2012,55(4)：45－57.

[98] 陈劲.城市居民文化消费结构及其资本积累：重庆例证[J].改革,2015,27(7)：110－119.

[99] 陈凯.基于习惯形成和地位寻求的中国居民消费行为研究[D].太原：山西财经大学,2015.

[100] 陈素平,成慕敦.基于Ｓ－Ｏ－Ｒ模型系统的单身女性休闲旅游消费行为分析[J].贵州社会科学,2016,37(3)：154－162.

[101] 陈晓毅.人口年龄结构变动对居民消费的影响研究[M].北京：中国社会科学出版社,2017.

[102] 陈训波,钟大能,李婧.房价上涨对我国城镇居民消费的影响——基于城镇家庭跟踪调查的研究[J].西南民族大学学报(人文社科版),2017,38(9)：140－145.

[103] 陈燕武.消费经济学：基于经济计量学视角[M].北京：社会科学文献出版社,2008.

[104] 陈占彪.自由及其幻象——当代城市休闲消费的发生[M].北京：商务印书馆,2015.

[105] 邓坤,李雪莲.中国城镇居民消费对经济增长的产出效应研究[J].西南民族大学学报(人文社会科学版),2014,35(11)：103－107.

[106] 范叙春,朱保华.持久性冲击、暂时性冲击与中国居民消费波动[J].财贸经济,

2015,36(1)：40－53.

[107] 符国群,彭泗清.中国城镇家庭消费报告 2015[M].北京：北京大学出版社,
2015.

[108] 高莉莉,顾江.能力、习惯与城镇居民文化消费支出[J].软科学,2014,28(12)：
23－26.

[109] 耿莉萍.论休闲消费的特征、发展趋势与企业商机[J].商业经济与管理,2004,
24(3):8－10.

[110] 郭鲁芳.时间约束与休闲消费[J].数量经济技术经济研究,2006,23(2)：117－
125＋160.

[111] 郭鲁芳.休闲消费的经济分析[J].数量经济技术经济研究,2004,21(4):12－21.

[112] 郭鲁芳.中国休闲消费结构：实证分析与优化对策[J].浙江大学学报（人文社会
科学版）,2006,52(5)：122－130.

[113] 国家统计局课题组,林贤郁.如何实现经济增长向消费拉动为主的转变[J].统计
研究,2007,24(3)：3－12.

[114] 韩海燕.城镇居民收入结构不稳定性与消费研究[M].北京：经济日报出版社,
2013.

[115] 韩立岩,杜春越.收入差距、借贷水平与居民消费的地区及城乡差异[J].经济研
究,2012,58(1)：15－27.

[116] 杭斌,修磊.收入不平等、信贷约束与家庭消费[J].统计研究,2016,33(8)：73－79.

[117] 杭斌.人情支出与城镇居民家庭消费——基于地位寻求的实证分析[J].统计研
究,2015,32(4)：68－76.

[118] 杭斌.住房需求与城镇居民消费[J].统计研究,2014,31(9)：31－36.

[119] 郝东阳.中国城镇居民消费行为的经验研究[D].长春：吉林大学,2011.

[120] 何勋,全华.旅游产业结构变动对旅游经济增长和波动的作用机理[J].经济管
理,2013,35(8)：104－11

[121] 何昀,谢迟,毛中根.文化消费质量：内涵刻画、描述性评价与现状测度[J].财经
理论与实践,2016,37(5)：115－120.

[122] 胡雅蓓,张为付.基于供给、流通与需求的文化消费研究[J].南京社会科学,
2014,25(8)：40－46.

[123] 胡宇娜,梅林,魏建国.基于 GWR 模型的中国区域旅行社业效率空间分异及动
力机制分析[J].地理科学,2018,38(1)：107－113.

[124] 黄静,屠梅曾.房地产财富与消费：来自于家庭微观调查数据的证据[J].管理世
界,2009,25(7)：35－45.

[125] 黄娟.新中国成立以来生育政策变迁与社会机制调整[J].人口与经济,2014,35(6):119-126.

[126] 姜宁,赵邦茗.文化消费的影响因素研究——以长三角地区为例[J].南京大学学报(哲学.人文科学.社会科学版),2015,52(5):27-35.

[127] 姜涛.转型时期中国居民消费升级的产业结构效应研究[D].济南:山东大学,2009.

[128] 姜洋,邓翔.传统文化、制度变迁双重影响下的中国居民消费行为研究[J].江苏社会科学,2009,30(3):32-37.

[129] 蒋奖,秦明,克燕南,等.休闲活动与主观幸福感[J].旅游学刊,2011,26(9):74-78.

[130] 杰弗瑞·戈比.你生命中的休闲[M].康筝,译.昆明:云南人民出版社,2000.

[131] 金晓彤,戴美华,王天新.台湾地区老龄人口休闲消费的影响因素与趋势展望[J].亚太经济,2012,29(1):138-142.

[132] 金晓彤,戴美华,王天新.中国台湾地区老龄人口旅游消费现状与发展趋势分析[J].经济问题探索,2012,33(11):136-140.

[133] 金烨,李宏彬,吴斌珍.收入差距与社会地位寻求:一个高储蓄率的原因[J].经济学(季刊),2011,10(3):887-912.

[134] 孔淑红,兰庆新,卢进勇,等.中国行业消费经济研究报告[M].对外经济贸易大学出版社,2014.

[135] 孔淑红,卢进勇,蓝庆新.中国消费经济研究报告[M].北京:对外经济贸易大学出版社,2014.

[136] 匡贤明.消费主导经济转型初探[M].杭州:浙江大学出版社,2016.

[137] 李成武.中国房地产财富效应地区差异分析[J].财经问题研究,2010,32(2):124-129.

[138] 李春风,刘建江,陈先意.房价上涨对我国城镇居民消费的挤出效应研究[J].统计研究,2014,31(12):32-40.

[139] 李怀,程华敏.旅游消费的体验镜像:一个合法性逻辑的分析[J].兰州大学学报(社会科学版),2014,42(5):58-66.

[140] 李剑.房价波动、跨期依赖与居民消费效应——基于Carroll的新财富效应测度方法[J].经济与管理评论,2018,34(5):63-72.

[141] 李剑.住房资产、价格波动与我国城镇居民消费行为——基于传导渠道的分析[J].财经研究,2015,41(8):90-104.

[142] 李丽梅.中国休闲产业发展评价、结构与效率研究[D].上海:华东师范大学,

2018.

[143] 李凌.中国居民消费需求研究[M].上海：上海社会科学院出版社,2016.

[144] 李强,王洪川,胡鞍钢.中国电力消费与经济增长——基于省际面板数据的因果分析[J].中国工业经济,2013,30(9)：19-30.

[145] 李蕊.中国居民文化消费:地区差距、结构性差异及其改进[J].财贸经济,2013,34(7)：95-104.

[146] 李涛,陈斌开.家庭固定资产、财富效应与居民消费：来自中国城镇家庭的经验证据[J].经济研究,2014,60(3)：62-75.

[147] 李文星,徐长生,艾春荣.中国人口年龄结构和居民消费：1989—2004[J].经济研究,2008,55(7)：118-129.

[148] 李祥,李勇刚.人口抚养比、房价波动与居民消费——基于面板数据联立方程模型[J].经济与管理研究,2013,34(1)：35-41+68.

[149] 李响,王凯,吕美晔.人口年龄结构与农村居民消费：理论机理与实证检验[J].江海学刊,2010,53(2)：93-98+239.

[150] 林敏慧,保继刚.城市广场舞休闲研究：以广州为例[J].旅游学刊,2016,31(6)：60-72.

[151] 刘春济,冯学钢,高静.中国旅游产业结构变迁对旅游经济增长的影响[J].旅游学刊,2014,29(8)：37-49.

[152] 刘东皇.居民消费与中国经济增长[M].北京：光明日报出版社,2012.

[153] 刘菲,白贺玲.城市中心商业区休闲消费实证分析——以北京为例[J].北京工商大学学报(社会科学版),2009,29(1)：75-80.

[154] 刘湖,杨立.生产性教育消费对经济增长贡献度的实证研究[J].西北大学学报(哲学社会科学版),2015,45(5)：131-137.

[155] 刘晶晶,黄璇璇,林德荣.房地产价格对城镇居民旅游消费的影响研究——基于动态面板数据的分析[J].旅游学刊,2016,31(5)：26-35.

[156] 刘铠豪.人口年龄结构变化影响城乡居民消费率的效应差异研究——来自中国省级面板数据的证据[J].人口研究,2016,40(2)：98-112.

[157] 刘松,楼嘉军.2003—2013年中国城市休闲化质量评估——耦合与协调双重视角的考察[J].软科学,2017,31(2)：87-91.

[158] 刘松,楼嘉军.深度休闲与游憩专业化关系研究——以摄影爱好者为例[J].安徽师范大学学报(人文社会科学版),2017,45(1)：107-113.

[159] 刘松,楼嘉军.休闲生活方式：国外研究述评与启示[J].宁夏社会科学,2017,34(3):118-124.

[160] 刘松,楼嘉军.休闲约束与游憩专业化结构关系研究——以露营爱好者为例[J].
浙江工商大学学报,2016,24(5)：87-96.

[161] 刘旭东,彭徽.房地产价格波动对城镇居民消费的经济效应[J].东北大学学报
(社会科学版),2016,18(2)：143-151.

[162] 刘燕,蒲波,官振中.沉浸理论视角下旅游消费者在线体验对再预订的影响[J].
旅游学刊,2016,31(11)：85-95.

[163] 刘英群,邵广哲.城市住房价格波动对居民消费的影响[J].财经问题研究,2017,
39(11)：121-126.

[164] 楼嘉军,马红涛,刘润.中国城市居民休闲消费能力测度[J].城市问题,2015,
34(3)：86-93+104.

[165] 楼嘉军.休闲学概论[M].上海：华东师范大学出版社,2016.

[166] 陆铭.空间的力量——地理、政治与城市发展[M].上海：格致出版社/上海人民
出版社,2013：68.

[167] 罗光强,谢卫卫.中国人口抚养比与居民消费——基于生命周期理论[J].人口与
经济,2013,34(5)：3-9.

[168] 马成文,李想,郑丽琳.农村居民消费对我国经济发展影响效应研究[M].合肥：
中国科学技术大学出版社,2010.

[169] 马红涛,楼嘉军,刘润,等.中国城市居民休闲消费质量的空间差异及其影响因
素[J].城市问题,2018,37(9)：65-73.

[170] 马惠娣.21世纪与休闲经济、休闲产业、休闲文化[J].自然辩证法研究,2001,
17(1)：48-52.

[171] 马少华.基于多维视角解读中国居民消费行为[M].广州：中山大学出版社,
2017.

[172] 毛中根,洪涛,等.生产大国向消费大国演进研究[M].北京：科学出版社,2015.

[173] 毛中根,孙豪.中国居民文化消费增长阶段性分析——兼论文化消费"国际经
验"的不适用[J].财经科学,2016,60(1)：111-120.

[174] 毛中根.着力增强消费对经济增长的贡献[J].经济学家,2015,27(12)：12-13.

[175] 潘海颖.休闲消费论纲[M].北京：中国社会科学出版社,2015.

[176] 庞世明.中国旅游消费函数实证研究——兼与周文丽、李世平商榷[J].旅游学
刊,2014,29(3)：31-39.

[177] 皮埃尔·布尔迪厄.实践理论大纲[M].北京：中国人民大学出版社,2017.

[178] 秦晓娟,孔祥利.中国农村居民消费潜能测度及省域差异研究[J].经济经纬,
2017,34(3)：37-42.

[179] 卿前龙,吴必虎.闲暇时间约束下的休闲消费及其增长——兼论休闲消费对经济增长的重要性[J].杭州师范大学学报(社会科学版),2009,31(5):89-94+99.

[180] 尚昀,臧旭恒.家庭资产、人力资本与城镇居民消费行为[J].东岳论丛,2016,37(4):30-41.

[181] 申广斯,杨振之.中国城镇居民休闲消费变迁及影响因素研究[J].河南大学学报(社会科学版),2016,56(2):44-50.

[182] 沈妍.多因素诱导的消费结构变迁与我国经济增长的效率[D].天津:南开大学,2011.

[183] 生延超,周玉姣,黄寅,等.中国旅游经济增长周期的测度与评价[J].人文地理,2014,29(5):113-120.

[184] 生延超.旅游产业结构优化对区域旅游经济增长贡献的演变[J].旅游学刊,2012,27(10):11-19.

[185] 石永珍,王子成.住房资产、财富效应与城镇居民消费——基于家户追踪调查数据的实证分析[J].经济社会体制比较,2017(6):74-86.

[186] 斯蒂芬·迈尔斯.消费空间[M].孙民乐,译.南京:江苏教育出版社,2013.

[187] 宋冬林,金晓彤,刘金叶.我国城镇居民消费过度敏感性的实证检验与经验分析[J].管理世界,2003,19(5):29-35.

[188] 宋建.中国中等收入阶层与居民消费研究[D].济南:山东大学,2015.

[189] 宋瑞.休闲消费和休闲服务调查:国际经验与相关建议[J].旅游学刊,2005,20(4):62-66.

[190] 孙涛,李成友.家庭观念、人口负担比与居民消费——基于2002—2014年山东省面板数据的实证分析[J].山东大学学报(哲学社会科学版),2016,66(3):79-89.

[191] 覃文忠.地理加权回归基本理论与应用研究[D].上海:同济大学,2007.

[192] 田青,马健,高铁梅.我国城镇居民消费影响因素的区域差异分析[J].管理世界,2008,24(7):27-33.

[193] 汪伟,刘志刚,龚飞飞.高房价对消费结构升级的影响:基于35个大中城市的实证研究[J].学术研究,2017,70(8):87-94+177-178.

[194] 汪伟.经济新常态下如何扩大消费需求?[J].人文杂志,2016,60(4):20-28.

[195] 王芳.人口年龄结构对居民消费影响的路径分析[J].人口与经济,2013,34(3):12-19.

[196] 王俊杰.基于面板数据的河南农村文化消费地区差异研究[J].经济地理,2012,32(1):37-40+70.

[197] 王利,韩增林.不同尺度空间发展区划的理论与实证[M].北京:科学出版社,

217

2010.

[198] 王琪延,侯鹏.节假日与休闲消费关系研究——兼论我国假日制度改革[J].北京社会科学,2012,27(1):15-21.

[199] 王青.居民消费变动影响因素的计量分析[M].北京:经济科学出版社,2017.

[200] 王宋涛.收入分配对中国居民文化消费的影响研究[J].广东财经大学学报,2014,29(2):21-27.

[201] 王巍,李平,路春艳.能源消费对经济增长的贡献度分析——以哈尔滨市为例[J].中国管理科学,2016,24(11):927-931.

[202] 王霞.中国各地区人口年龄结构变动的消费效应分析[J].西北人口,2011,32(6):74-78.

[203] 王雪琪,赵彦云,范超.我国城镇居民消费结构变动影响因素及趋势研究[J].统计研究,2016,33(2):61-67.

[204] 王雅林.城市休闲——上海、天津、哈尔滨城市居民时间分配的考察[M].北京:社会科学文献出版社,2003.

[205] 王亚南.公共文化投入和居民文化消费区域差距透析——中国社会结构"非均衡性"的一种检测[J].北京联合大学学报(人文社会科学版),2015,13(2):52-63.

[206] 王莹,杨晋.旅游消费的政策影响因素研究及启示——基于在杭消费者的调查[J].经济地理,2012,32(1):163-167.

[207] 王勇.住房价格波动对自有住房家庭消费的区域异质性影响研究[J].数理统计与管理,2017,36(3):402-418.

[208] 魏翔,张金宝.对中国收入不平等的新估算——基于闲暇时间视角的"全收入基尼系数"[J].河南大学学报(社会科学版),2017,57(1):62-68.

[209] 魏翔.闲暇红利[M].北京:中国经济出版社,2015.

[210] 沃尔特·艾萨德.区位与空间经济学——关于产业区位、市场区、土地利用、贸易和城市结构的一般理论[M].杨开忠,等,译.北京:北京大学出版社,2011.

[211] 邬德政.中国农村居民消费与经济增长的实证研究[D].成都:西南交通大学,2009.

[212] 吴炳新.消费经济理论研究(2016)[M].北京:对外经济贸易大学出版社,2017.

[213] 吴石磊.中国文化产业发展对居民消费的影响研究[M].北京:经济科学出版社,2016.

[214] 吴泗宗,郭海.休闲消费的享乐性/功用性态度研究[J].旅游学刊,2010,25(3):55-60.

[215] 吴玉鸣,徐建华.中国区域经济增长集聚的空间统计分析[J].地理科学,2004,

24(6):654-659.

[216] 吴玉鸣.旅游经济增长及其溢出效应的空间面板计量经济分析[J].旅游学刊,2014,29(2):16-24.

[217] 夏杰长,胡东兰.基于 ELES 模型的城镇居民国内旅游消费结构实证分析[J].河北经贸大学学报,2014,35(4):82-86.

[218] 向晶.人口结构调整对我国城镇居民消费的影响[J].经济理论与经济管理,2013,33(12):14-22.

[219] 向明.中国农村居民文化消费研究[J].农业技术经济,2015,34(7):121-128.

[220] 肖杰.休闲消费选择的动态经济学分析[J].求索,2011,31(9):20-22.

[221] 肖立,杭佳萍.大众消费时代的居民消费特征及消费意愿影响因素分析——基于江苏千户居民家庭消费专项调查数据[J].宏观经济研究,2016,38(2):120-126+136.

[222] 胥兴安,申健健,杨懿.基于浓度理念的旅游消费模型研究——以我国城镇居民国内旅游为例[J].西南民族大学学报(人文社科版),2011,32(1):130-134.

[223] 徐蔼婷,刘波,李金昌.居民收入分配如何影响非正规经济规模——基于城镇中等收入阶层收入份额的考察[J].经济学家,2012,24(4):29-36.

[224] 徐凤,金克琴.中国居民消费与经济增长关系的实证研究[J].北京工商大学学报(社会科学版),2009,24(2):109-113.

[225] 徐索菲.中国城镇居民消费需求变动及影响因素研究[D].长春:吉林大学,2011.

[226] 徐雪高,张振.我国城乡居民文化消费的特征及趋势[J].经济纵横,2014,30(10):35-38.

[227] 许桂华.家庭债务的变动与居民消费的过度敏感性:来自中国的证据[J].财贸研究,2013,24(2):102-109+145.

[228] 闫新华,杭斌.内、外部习惯形成及居民消费结构——基于中国农村居民的实证研究[J].统计研究,2010,27(5):32-40.

[229] 杨阿莉,高亚芳.后现代语境下符号化旅游消费解读与审视[J].内蒙古社会科学,2015,36(1):106-110.

[230] 杨建春,刘晓鹰.我国城镇居民旅游消费与经济增长的动态关系分析[J].西南民族大学学报(人文社科版),2010,31(6):209-212.

[231] 杨圣明.中国特色消费经济理论与实证研究[M].北京:社会科学文献出版社,2017.

[232] 杨勇.收入来源、结构演变与我国农村居民旅游消费——基于2000—2010年省

际面板数据的实证检验分析[J].旅游学刊,2015,30(11):19-30.

[233] 杨勇.收入与我国农村居民旅游消费——基于来源结构视角的省级面板数据实证研究(2000—2010)[J].经济管理,2014,36(8):117-125.

[234] 杨勇.我国城镇居民休闲消费行为的地区差异性分析——基于1995—2005年省级面板数据的检验[J].商业经济与管理,2007,27(11):68-74.

[235] 姚玲珍,丁彦皓.房价变动对不同收入阶层消费的挤出效应——基于上海市的经验论证[J].现代财经(天津财经大学学报),2013,33(5):3-15+27.

[236] 姚唐,郑秋莹,邱琪,等.网络旅游消费者参与心理与行为的实证研究[J].旅游学刊,2014,29(2):66-74.

[237] 依绍华,聂新伟.我国农村居民旅游消费与收入关系的实证研究[J].经济学动态,2011,52(9):83-87.

[238] 易行健,张波.中国城镇居民消费倾向波动的实证检验:基于不同收入阶层视角[J].上海财经大学学报,2011,13(1):74-81.

[239] 尹世杰.闲暇消费论[M].北京:中国财政经济出版社,2007.

[240] 袁宇杰.基于面板模型的城市居民国内旅游消费实证分析[J].旅游科学,2011,25(4):28-35.

[241] 袁志刚,宋铮.城镇居民消费行为变异与我国经济增长[J].经济研究,1999,45(11):20-28.

[242] 臧旭恒,陈浩.不确定性下我国城镇居民消费的习惯形成特征研究[J].湘潭大学学报(哲学社会科学版),2018,42(5):64-70.

[243] 臧旭恒.中国消费函数分析[M].上海:上海三联书店,上海人民出版社,1994.

[244] 臧旭恒.转型时期消费需求升级与产业发展研究[M].北京:经济科学出版社,2012.

[245] 张冲,刘已筠.中国农村居民文化消费影响因素的地区差异研究——基于东中西部地区面板数据[J].农村经济,2016,34(7):65-71.

[246] 张大永,曹红.家庭财富与消费:基于微观调查数据的分析[J].经济研究(消费金融专辑),2012,58(2):53-65.

[247] 张浩,易行健,周聪.房产价值变动、城镇居民消费与财富效应异质性——来自微观家庭调查数据的分析[J].金融研究,2017,60(8):50-66.

[248] 张金宝.经济条件、人口特征和风险偏好与城市家庭的旅游消费——基于国内24个城市的家庭调查[J].旅游学刊,2014,29(5):31-39.

[249] 张梁梁,林章悦.我国居民文化消费影响因素研究——兼论文化消费的时空滞后性[J].经济问题探索,2016,37(8):56-64.

[250] 张苏秋,顾江.居民教育支出对文化消费溢出效应研究——基于全国面板数据的门限回归[J].上海经济研究,2015,35(9):70-76.

[251] 张义博,付明卫.市场化改革对居民收入差距的影响:基于社会阶层视角的分析[J].世界经济,2011,34(3):127-144.

[252] 张永红.马克思的休闲消费理论探析[J].探索,2010,26(2):154-158.

[253] 赵迪,张宗庆.文化消费推动我国消费增长及其结构改善吗?——基于省际面板数据的实证研究[J].财经论丛,2016,32(2):3-10.

[254] 赵金蕊.中国居民消费的影响因素及其经济增长效应研究[M].北京:经济科学出版社,2014.

[255] 赵磊,方成,吴向明.旅游发展、空间溢出与经济增长——来自中国的经验证据[J].旅游学刊,2014,29(5):16-30.

[256] 赵萍.消费经济学理论溯源[M].北京:社会科学文献出版社,2011.

[257] 郑丽琳.中国能源消费、环境污染与经济增长关系研究[D].上海:上海交通大学,2013.

[258] 郑鹏,马耀峰,王洁洁,等.基于格兰杰因果检验的陕西省国际旅游消费与地区经济增长关系研究[J].干旱区资源与环境,2011,25(12):190-195.

[259] 钟若愚,林滨.健康型消费、健康人力资本和经济增长[J].深圳大学学报(人文社会科学版),2014,31(5):99-105.

[260] 周文丽,李世平.基于凯恩斯消费理论的旅游消费与收入关系实证研究[J].旅游学刊,2010,25(5):33-38.

[261] 周文丽.基于投入产出模型的旅游消费对经济增长的动态影响研究[J].地域研究与开发,2011,30(3):79-83,88.

[262] 周永博,沙润,田逢军.国民休闲驱动机制研究——生活方式、信息刺激与休闲消费行为的结构模型分析[J].经济地理,2010,30(6):1033-1037.

[263] 朱勤,魏涛远.中国人口老龄化与城镇化对未来居民消费的影响分析[J].人口研究,2016,40(6):62-75.

[264] 左冰.中国旅游经济增长因素及其贡献度分析[J].商业经济与管理,2011,31(10):82-90.

索　引